KB155813

과정으로서의 교육

파울로 프레이리 저
유성상 외 옮김

기니비사우에 보내는
프레이리의 편지

박영story

역자 서문

요즘 "파울로 프레이리 읽기"가 유행처럼 번지고 있습니다. 프레이리는 성인문해교육 프로그램을 효과적으로 실행했던 교육가로 출발했지만 교육방법과 철학의 성격 때문에 정치적 추방을 당해야 했고, 그때를 계기로 전 세계에 대안적 교육사상과 교육의 해방적 역할에 대해 선구자적 메시지를 전했습니다. 한국에서는 1970년 초에 해방신학과 민중교육을 강조하던 연구자들에 의해 소개되어 교육을 통한 '정치적 의식화'의 상징적 존재로 각인되어 왔습니다. 여전히 프레이리에 대한 우리나라의 정서는 그리 호의적이지 않은 셈이지요. 그럼에도 불구하고 요즘 프레이리의 저서들이 봇물처럼 번역되고 있고, 그의 사상과 실천에 토대한 교육혁신과 학습의 자유를 논의하는 장이 확대되고 있습니다. 많은 이유가 있겠지만, 1997년 프레이리 사후 그의 사상에 대한 평가와 함께 보다 다양한 장에서 그의 이론과 행동의 변증법적인 방법들이 대안적 교육 방안으로 연구되고, 실천되고 있기 때문이라고 여겨집니다.

우리나라의 경우에도 1990년대 중반부터 신자유주의적 교육개혁이 '혁신'이라는 이름으로 제안된 이후 공교육의 장으로서 학교는 지식의 가치에 대한 판단과 성찰의 여유 없이 학생들을 경쟁에 내몰고 있고, 민주적 공동체의 성원으로 자라게 하기보다는 지적 수준에 따라 미래의 권력과 직장을 좇는 개인으로 남아있게 하고 있습니다. 교육의 총체적 난국이라는 이름으로 다양한 교육 주체들과 이해집단들이 '교육혁명'을 이야기하는 것도 이상하지 않아 보입니다. 물론 이러한 현상은 비단 우리 주변의 그리고 우리나라만의 이슈는 아닌 것 같습니다.

지금껏 소개된 프레이리의 저작과 연구 자료들은 프레이리 개인의 생애와 사상을 포괄적으로 기술하고 있거나, 그의 대표 저작들로서 프레이리 사상의 철학적, 사회학적, 윤리학적 통찰과 쟁점을 다루고 있습니다. 본서는 프레이리가 자신의 고국인 브라질로부터 추방당하여 스위스 제네바에 위치한 WCC에 있는 동안 이루어진 아프리카의 신생 독립국 기니비사우의 문해교육 프로그램 및 교육발전, 그리고 국가와 사회발전에 관한 내용을 다루고 있습니다. 그의 저작 페다고지(Pedagogy of the oppressed)에 담긴 사상에 터하여 여러분은 아프리카 대륙의 식민지 해방과 독립국가 건설, 교육의 역할 모색을 위한 프레이리의 노력과 이에 대한 그의 성찰을 엿볼 수 있습니다. 자신과 동료들이 행한 일에 대한 내용을 요약 정리한 도입 부분 이후에는 프레이리와 신생 독립국의 문해교육 담당자 및 혁명정부 고위인사들과의 편지로 채워져 있습니다.

기니비사우는 16세기 이래로 포르투갈의 식민지였습니다. 기니·케이프 베르데 민중혁명군(PAIGC)은 1956년 무장독립투쟁을 시작하여 1973년 독립을 선포하지만, 공식적으로는 1974년 국제사회로부터 독립정부 수립을 인정받았습니다. 포르투갈에서 교육받은 지식인이었던 아밀카 카브랄은 식민모국에 공헌하는 대신 민족의 해방을 위하여 무장혁명군의 지도자 역할을 수행하였습니다. 안타깝게도 독립정부의 수립 이전에 암살당했지만, 해방된 독립국가의 틀과 이념 형성에 큰 역할을 한 것으로 잘 알려져 있습니다. 아밀카 카브랄이 무장독립투쟁을 전개하면서 사회주의 국가와 사회주의적 성향을 보였던 신생 독립국과 긴밀한 관계를 갖고 있었기에 본서 내용은 민중을 중심으로 하는 사회주의 체제로서의 기니비사우를 염두에 두고 있습니다. 오늘날에도 여전히 포르투갈어를 쓰고 있는 숫자는 전체 인구 대비 14%밖에 되지 않지만, 식민지 유산으로서 포르투갈어가 국가공용어로 사용되는 가운데, 언어정책과 문해교육은 당시에도, 그리고 오늘날에도 국가와 사회개발의 핵심 과제였습니다. 어쩌면 프레이리의 모국인 브라질이 포르투갈어를 공용어로 사용하고 있고, 추방된 그가 국제사회에서 비형식교육에 관한 일을 하고 있었지만, 모국어가 포르투갈어였다는 점이 기니비사우 및 아밀카 카브랄과의 인연을 이어지게 했는지도 모르겠습니다. 그러나 그보다 프레이리의 문해교육을 통한 해방과 자유, 그리고 희망의 세계에 대한 비전이 신생 독립국 기니비사우에 필요했기 때문에 두 사람의 인연이 이어진 것이 아니었나 생각해 보게 됩니다.

프레이리는 자유와 해방의 교육학자, 희망의 교육학자로 일컬어집니다. 그의 이론은 수많은 변증법적 상징과 이론과 실천의 대화적 관계를 전제로 쉬운 단어로 이루어져 있지만, 결코 쉽지 않은 사상적 토대를 유산으로 남겼다고 평가되고 있습니다. 그러나 본서에서는 프레이리가 자신의 이론적 틀을 실천 현장에서 어떻게 적용하고, 보다 복잡한 교육현실의 문제를 해결하기 위해 자신의 이론적 틀을 어떻게 극복하는지, 공동의 작업을 해나가면서 어떻게 자신이 중시했던 교육방법으로서의 대화와 변증법적 프락시스를 실천하고 있는지 확인할 수 있을 것입니다.

최근 교육개발협력의 현장에서는 한국의 교육이 국제사회에서 중요한 발전경험의 선례로 소개되면서 마치 그대로 이식되거나 모방될 수 있는 대상인 것처럼 묘사되고 있습니다. 우리처럼 하면 아프리카와 동남아시아, 그리고 중남미 개발도상국들이 교육을 통하여 경제발전과 함께 사회발전을 이룰 수 있을 것 같은 그림을 그리고 있습니다. 그러나 프레이리의 교육학은 결코 그러한 결과가 일어나기 어렵다고 이야기하고, 교육은 개발을 위한 주요한 수단이지만 그 자체가 목적으로서 긴 대화와 변증법적 과정을 거쳐야 함을 강조하고 있습니다. 본서는 해방과 자유, 그리고 희망의 교육학이 긴 여정으로 읽혀져야 하는 이유를 기니비사우의 식민지 유산, 독립국가 건설, 사회주의 체제에서의 민중교육, 그리고 연관된 발전과제를 실현하기 위한 프레이리와 혁명지도자들과의 대화를 통해 여러분에게 안내할 것입니다.

이 역자 서문이 처음 쓰인 날짜는 2012년 4월 6일이었습니다. 그러고 보니, 이 책의 번역을 시작한 지도 8년이 넘었습니다. 프레이리의 저작 중『페다고지: 억압받는 자들을 위한 교육학』,『희망의 교육학』,『자유의 교육학』,『우리가 걸어가면 길이 됩니다』등의 꽤 잘 알려진 책과 달리, 본서는 프레이리를 좀 읽었다는 분들 사이에서도 낯선 책으로 남아 있는 듯합니다. 이 책을 번역한 공저자들의 경우에는 좀 다른 관심사로 이 책을 접했습니다. 우리는 전 세계의 빈곤, 질병, 무지의 문제를 해결하기 위한 국제개발협력을 연구의 주제로 삼고 공부하는 사람들로서, 미디어와 대중적인 책과는 다른 발전 방식을 고민한 흔적을 찾아 다녔고, 기니비사우를 찾은 프레이리의 편지글은 우리의 이목을 사로잡았습니다. 그러나 번역을 시작하면서 주어진 텍스트를 편지 형식의 번역어로 어떻게 옮길 것인가를 고민했던 것과는 아주 다른 차원에서 본 번역서가 나오기까지는 꽤 오랜 시간이 걸렸습니다. 저작권 확인 및 출판 승인이 이루어지기까지 정말 오랜 시간이 걸린 것입니다. 8년, 초벌 번역된 원고와 역자 서문이 완성된 이후 거의 8년이 지나서야 이 번역서가 빛을 보게 되었습니다. 그런 점에서 본 번역서의 출간을 가능하게 해준 출판사인 박영사와 이선경 차장께 고마운 마음을 전합니다. 수년 동안 침묵하던 프레이리 저작권 소유자와의 협상을 끈기 있게 성공시킨 출판사의 노력에 아낌없는 박수를 보냅니다. 더불어 편집 및 교정과정에서 꼼꼼하게 검토해준 배근하 대리께도 감사드립니다. 모쪼록 8년의 이 긴 시간을 기다린 보람이 있기를 손 모아 기대해 봅니다.

역자를 대표하여
유성상 쓰다

기니비사우의 역사와 사회, 그리고 교육에 관한 짧은 글

    기니비사우는 공화국으로 서아프리카의 가장자리에 위치해 위로는 세네갈, 감비아, 아래로는 기니, 시에라리온 등 프랑스어권 국가에 둘러싸여 있습니다. 국가의 지리적 크기는 섬 국가인 대만보다 약간 큰 정도로 저지대 평원으로 이루어져 있습니다. 동북쪽으로는 거대한 사하라 사막이 자리 잡고 있어 뜨거운 바람이 불어오는 시기와 맞물려 우기와 건기가 이어지는 기후지대에 놓여있죠.

    인구는 2백만 명에 미치지 못하는데, 1973년 포르투갈로부터의 독립 이후 정치적으로 불안정한 상태가 이어지고 있습니다. 오랜 독립운동 이후 기니비사우는 중앙집권화된 공화국 체제임에도 불구하고 뚜렷한 정치적 리더십이 부재한 상황에서 1998년, 1999년 발발한 내전, 2003년 군부 쿠데타, 선거 부정 및 미국, 포르투갈, 프랑스 등 외교적으로 영향을 끼치려는 강국들의 내정간섭으로 정치적 안정이 확립되지 못한 채 오늘에 이르고 있습니다.

    정치적 불안정의 결과라고 해야 할지 모르겠지만 기니비사우는 GDP 기준 전 세계에서 가장 가난한 국가에 속해 있습니다. 뿐만 아니라 건강, 교육, 복지, 젠더, 환경 등을 기준으로 만든 UN의 인간개발지수도 가장 낮은 수준에 머물러 있습니다. 식민체제의 유산인 플랜테이션(캐슈너트, 땅콩)의 농산물이 국가의 주요 수출품이지만, 정작 국민들의 자급자족을 위한 농산물 생산은 제대로 이루어지지 못해 인구의 2/3 정도가 절대빈곤자로 살아가고 있습니다. 법률에 따른 국가체제의 확립이 아직 요원한 상황에서 오랜 기간의 정치적 불안정은 경제활동의 위축으로, 다시 사회여건의 악화로 이어져오면서 빈곤의 함정에서 헤어나오지 못하고 있는 것이죠.

사실 이 책에서 읽을 수 있는 기니비사우는 포르투갈로부터 막 독립한 1973년-1975년 시기의 기니비사우입니다. 사하라 이남 아프리카의 많은 신생 독립국들처럼 제국을 꿈꾸며 포르투갈로부터 독립한 기니비사우도 절망을 떨치고 미래를 희망하는 상황에 있었습니다. 그러나 독립을 전후한 1970년대의 짧은 시기를 제외하면 기니비사우는 역사적으로 늘 시끄러운 곳이었습니다.

기니비사우는 18세기 포르투갈의 식민지가 되기 전까지 가부 왕국, 즉 서아프리카를 지배하던 사하라 사막 말리 제국의 일부 부족국가에 속해 있었습니다. 공식적으로 식민지가 되기 이전인 15세기 서아프리카를 탐험하던 이탈리아, 프랑스, 포르투갈인들이 지금의 기니비사우에 정착하기 시작했습니다. 서구인들은 해안가에 정착한 이후 아프리카의 부족 통치자들과 연합하여 노예매매를 중요한 무역거리로 성장시켜 왔습니다. 기니의 포르투갈인들은 주로 비사우와 카투의 항구에 제한적인 거주지를 형성하였지만, 19세기에 이르기까지 대륙의 내부로 들어가려 하지는 않았습니다. 이야기했던 것처럼 아프리카의 부족들이 중개하면서 노예 무역을 중개했던 것입니다. 소수의 유럽 정착민들만이 기니비사우의 강을 따라 내륙에 고립된 농장을 설립하곤 했습니다. 노예 무역을 둘러싸고 다른 국가들, 예를 들어 영국과 적대적인 긴장을 이어오긴 했지만, 전반적으로 포르투갈은 기니비사우 영토의 식민화를 완성했습니다.

이러한 포르투갈의 식민화는 1950년대 들어 아밀카 카브랄의 등장 및 게릴라 투쟁에 도전받으며 혼란을 겪게 됩니다. 1956년 카브랄은 아프리카 기아와 카보 베르데(PAIGC) 독립 회의에서 지도자로 지명되면서 무장 반란을 시작하였습니다. PAIGC는 다른 포르투갈 식민지(앙골라, 모잠비크)의 독립을 위한 게릴라 운동과는 달랐습니다. 대규모 교전을 불가능하게 하는 밀림과 같은 지형, 동맹국을 포함한 주변 국가와의 복잡한 경계선, 사회주의를 표방한 국제사회(쿠바, 중국, 소련)로부터의 무기 지원 등으로 인해 PAIGC는 게릴라식 무장 투쟁을 진행하는데 유리한 위치에 놓일 수 있었습니다. 이 시기 공중 공격으로부터 스스로를 방어하기 위해 상당한 대공 방어 능력을 획득하는 등 1973년까지 PAIGC는 기니의 많은 지역을 장악하게 됩니다. 그런데 무장 투쟁을 지휘하던 카브랄이 1973년 1월 암살당하게 됩니다. 카브랄의 부재로 인하여 무장 독립 투쟁이 좌절하지 않을까 하는 우려가 있었지만, 냉전이 치열하게 진행되던 시기에 사회주의 국가로부터의 전폭적인 지원에 힘입어, 결국 1974년 4월 25일 독립을 쟁취하게 됩니다. 물론 카브랄이 죽은 후 1973년 9월 24일 PAIGC에 의해 선언된 독립이 이 시기 포르투갈의 군부 쿠데타 발생으로 국제사회에서 인정된 것이기는 합니다.

오늘을 살아가고 있는 기니비사우의 사회에 대해 좀 더 소개해야 할 필요가 있습니다. 기니비사우는 문화적으로 이슬람과 기독교 등 서구의 종교적 영향이 강하게 자리 잡고 있는 듯 보입니다. 그러나 기니비사우에는 특정 종교에 따른 문화가 국가 차원에서 주류를 차지한다고 보기 어렵습니다. 대체적으로 아프리카 토속 종교와 문화가 여전히 지역적으로 강하게 자리 잡고 있다고 봐야 할 것입니다. 이는 언어 사용에도 나타나는데, 포르투갈의 식민지배 영향에 따라 국가 공용어로 포르투갈어가 지정, 공공 언어로 사용되고 있지만, 실제 공용어인 포르투갈어를 자유롭게 구사할 수 있는 인구는 14%에 그치는 정도입니다. 식민지로부터의 독립이 이루어졌다고 하지만, 여전히 포르투갈어를 사용하는 엘리트 계급에 의해 서구문화적인 통치 방식에 따른 문화적 신식민 상태가 이어진다고 봐야 할 것입니다. 흥미롭게도 기니비사우에는 여러 지역의 토착언어들을 아우를 수 있는 지배적인 언어, 문화가 아직까지 자리 잡지 못했습니다. 같은 민족적 배경을 가진 사람들은 마을에서 전통적인 종교 의식 및 마을 의례를 진행하는데, 매일의 일상적 소통에서 각자의 언어들이 사용되고 있습니다. 한국의 많은 사람들이 영어를 지배적인 외국어로 배우는 것과 마찬가지로 프랑스어권 국가에 둘러싸여 있는 기니비사우는 학교에서 프랑스어를 외국어로 배웁니다.

기니비사우는 1974년 독립 시기부터 사회주의를 기반으로 한 체제를 작동시키고자 했었습니다. 비록 이러한 시도는 실패했고 지금은 민주적 공화정을 추구하고 있습니다만 자본주의 체제가 근간을 이루는 사회의 여기저기에 사회주의적 모습이 남아있습니다. 교육이 그 하나일 겁니다. 학생들은 7세부터 13세까지 국가에서 무상의무교육을 제공받습니다. 그러나 학교를 기반으로 한 기초교육을 제외하면 영유아교육, 후기중등교육, 고등교육은 모두에게 공평한 기회가 주어져 있다고 보기 어렵습니다. 인구의 절반 이상이 절대 빈곤선 아래서 살아가는 사람들에게 기초교육조차 마치는 것은 아주 어려운 일인거죠. 더욱이 상위 계급을 대상으로 제공되는 사립교육기관은 공립교육기관과는 질적 수준에 있어 상당히 다른데다 대중과는 다른 사회적, 문화적, 경제적 재생산을 이루는 기제로 작동하고 있다고 봐야 합니다.

국가에서 제공하는 교육 통계가 정확한지, 믿을만한 수치인지에 대한 이야기는 뒤로 미루어 둔다고 하더라도, 초등학교 취학률은 2018년 기준 90% 정도(279,000명/311,000명)로 추정됩니다. 이는 2010년 UNESCO에서 발간된 자료에서 보이는 초등학교 취학률 70%에 비추면 상당한 진전이 있는 것으로 보입니다. 그러나 여전히 졸업률은 등록한 학생의 60-70% 수준에 미치지 못하고 여학생은 남학생에 비해 훨씬 적은 교육의 기회를 가질 뿐입니다. 여기에 더해 성인문해율을 들여다보는 것은 더 가슴이 아픕니다. 2015년 기준으로 15세 이상의 성인문해율은 46%에 그칩니다. 남성의 문해율이 62%인 데 비해 여성의 문해율은 겨우 30%밖에 안 됩니다. 가장 교육수준이 높다고 할 수 있는 15-24세의 문해율도 그다지 나을 바가 없습니다. 평균적으로 60%로 남성 71%, 여성 49%입니다. 실제 본서가 다루고 있는 것이 문해능력을 기반으로 '깨어 있는 시민'을 기르자는 내용입니다. 이렇게 문해능력을 토대로 길러진 시민들이 새로운 시대의 기니비사우를 이끌어가도록 해야 한다는 파울로 프레이리의 주장은 앞서 제시한 낮은 수준의 성인문해율과 낮은 학교교육 졸업률을 접하면서 깊은 고민을 갖게 합니다.

과연 어디서부터 어떻게 잘못된 것일까요?

그나저나 한 국가의 사회와 역사를 이토록 간단하게 정리한다는 것이 얼마나 제한적인 정보를 기술하는 것에 그치는 것인지 알고 있습니다. 그럼에도 불구하고 기니비사우라는 국가가 우리의 머릿속에서 얼마나 멀리 떨어져 있는지를 생각해보면, 이 짧은 글로도 기니비사우라는 국가에 대해 조금은 관심을 갖고 바라볼 수 있는 정도의 정보를 제공한 것은 되지 않을까 싶습니다. 이제 본문에서 그 유명한 아밀카 카브랄과 그의 정치적 후계자들이 새롭게 만들고자 꿈꾸었던 국가의 모습에 대해 정치인이라기보다는 교육가였던 파울로 프레이리가 문제를 제기하고 방안을 제시했던 내용들을 볼 준비가 되지 않았나 싶습니다.

역자를 대표하여
유성상 쓰다

조나단 코졸의 추천사

파울로 프레이리(Paulo Freire)가 역사로부터 도피하자고 제네바로 망명을 떠나지 않았다는 사실을 알게 되었다고 해서 우리 북미 독자들은 그리 놀라지 않을 것입니다. 물론 이전에 프레이리의 저작을 읽어 봤던 독자들에게게만 해당하는 이야기입니다.

이와 반대로, 이 책의 편지와 서문이 매우 감명깊게 말하고 있듯이 프레이리는 과거의 향수에 붙잡혀 쉬기에는 너무 프락시스적인 인물입니다. 심지어 과거의 열정적인 회상조차도 허락하지 않는듯합니다.

피델 카스트로(Fidel Castro)는 혁명가의 의무란 "혁명을 완수하는 것"이라고 했었죠. 만약 프레이리의 헌신적 노력이, 단기적으로 볼 때 그다지 신중하지 못한 CIA 작전이라던가 북미 및 유럽의 기업들과 협력하여 비즈니스 사업체를 운영하고 있는 권력자들에 의해 다스려지는 브라질 및 칠레 정부에 의해 저지되었었다면, 지금 그가 여전히 제네바 사무실에 자리잡고 있으려 하지 않았을 것입니다. 더욱이 미국 샌프란스시코나 인도 뉴델리에 있는 자유주의적 독자들이 "주문한대로" 일을 수행하지 않을 겁니다. 대신, 프레이리는 이 시간에도 새로이 독립한 몇몇 아프리카 국가들에서 "세상을 만드는 말"이라고 했던 혁명을 수행하는 일에 매진할 겁니다.

여기서 "생성어"라던가 "기호화"같이 프레이리가 브라질의 가난한 소농들에게, 그리고 그들과 함께 배우면서 썼던 가장 기초적인 주제들을 다시 꺼내고 싶네요. 물론 이 책 대부분의 내용을 이루고 있는 편지글

이전의 서문에서 다시 한 번 논의되고 있듯이 이 주제들을 간명하게 요약해보고도 싶습니다. 그러나 이렇게 하면 프레이리의 앞선 저작들에서 다루었던 주제와 문제들을 또 다시 건드리는 것 밖에 안될 겁니다. 오히려 이 지면에서는 그가 담아내고 있는 아름다운 편지에 대해서만 이야기하는 것이 훨씬 중요하고 또 훨씬 인간적일 겁니다.

편지글의 핵심적 메시지와 근본적 이유를 담고 있는 이 책을 통해 이미 프레이리의 저작을 폭넓게 접해왔던 독자들은 시각이 넓어질 것입니다. 뿐만 아니라 이 책에서 그의 관점을 보다 분명하게 이해할 수 있고, 프레이리라는 사람 자체를 보다 인간적인 인물로 만나실 수 있을 겁니다. 특히 그를 점잖고 언제나 개방적이며 애정이 가득 담긴 사람이라고 잘 알고 있는 친구들과 달리, 그 점을 외면하여 여전히 그를 불온하고 위협적인 인물로 바라보고 있는 사람들의 경우 더 그럴 겁니다.

어찌되었던 이 책은 현재(1978)까지 영어로 출판된 저작 중 가장 뛰어난 글입니다. 좀 더 중요한 것이라면, 이 책은 프레이리와 그의 아내 엘자(Elza)가 다른 교육자들과 특별한 상황에 처해 직접적이고 감성적인 관계를 만들어내고 있다는 점입니다. 포르투갈어에서 영어로 옮긴 번역서라는 점 뿐만 아니라 편지글이라는 점 때문에 영어를 모국어로 사용하는 사람들에게 파울로 프레이리의 인간 됨됨이를 직접적으로 보여줄 수 있을 겁니다. 따뜻함과 겸허한 태도, 전투병과도 같은 열정이 가득한 그의 인격을 말입니다. 이 모든 것들이 한 사람 안에서 특별히 한 단어 혹은 한 문단으로 표현되고 있으니 흥미롭지 않습니까?

그러고 보면 이때까지 파울로 프레이리의 이런 인간적 면모가 제대로 알려지지 않은 것은 그리 놀랄만한 일은 아닙니다. 이전의 그의 저작들이 보여준 형식, 즉 교훈적인 글들에서 프레이리는 인간의 목표와 본성을 가장 정확히 반추해 볼 수 있는 성품들을 보여주지 않았습니다. 서로 질문하고 답변하면서 가능해진 일상적 대화 어투에서야 처음으로 "교육(education)"과 거의 동의어가 되는 "대화(dialogue)"를 끄집어 낸 사람의 적절한 문학적 은유가 나타나게 됩니다.

프레이리는 편지들을 묶은 이 책의 제목을 정말 적절하게 잘 붙였습니다. 『과정으로서의 교육』이라고 말이죠. 한편으로는 그와 그의 세계교회협의회(WCC)[1] 동료들이 새롭게 탄생한 국가, 기니비사우의 교육자들과 함께 "교육적 동반자 관계(pedagogic partnership)"를 어떤 과정을 거쳐 만들어가고 있는지 치밀하면서도 전혀 서두르지 않는 모습으로 기록해 낸 책으로서, 이 책 제목은 가장 잘 어울린다고 봅니다. 이들이 공유한 공동의 목적은 새로이 해방된 민중을 위해 문해교육 프로그램을 만드는 것이었습니다.

편지 교환은 제네바에서 글을 쓰는 프레이리와 기니비사우 지도자인 마리오 카브랄(Mario Cabral) 사이에 일대일로 이루어졌습니다. 그 이후 편지의 수신과 발신은 제네바와 아프리카의 각 팀원들로 확대되어 갔습니다. 이 편지들이 오간 1975년 1월부터 1976년 9월까지 시간이 그리 길지 않았음에도 이들 대화의 반향은 최근 향수에 젖듯 덧붙여진 후기에서와 같이 1977년까지, 그리고 그 이후로도 이어졌습니다. 물론, 꽤 오랫동안 유럽 지배자들이 남겨 놓은 식민 유산을 받은 아프리카 몇몇 다른 신생 독립국가들과 더불어 계획한 문해교육의 노력은 기니비사우라는 한 국가에만 국한되지 않고 확산하고 있습니다.

브라질에서 추방당하고 지금은 스위스에서 망명 생활을 하는 사람이 기니비사우와 같은 국가의 인민들과 어떤 공통점을 갖고 있느냐고 묻는 사람이 있을지도 모르겠네요. 그러나 이런 질문을 하는 사람들조차도 의심할 여지없이 방금 위에서 언급한 바와 같이 예속적 유산을 다 함께 공유하고 있다는 단순한 사실에는 고개를 끄덕일 것입니다. 그러나 파울로 프레이리의 혁명적 태도에는 좀 더 깊은 유대가 자리 잡고 있습니다. 무

---

1 역주: 세계교회협의회(World Council of Churches: WCC): 세계 모든 교회의 통일을 지향하는 초교파적 교회의 협의체로 1948년 성공회교, 개신교, 정교회 성직자들이 네덜란드 암스테르담에 모여서 결성하였다. 제 1차 세계대전 이후 사회문제 해결을 위해 전 교회가 초교파적으로 힘을 모아야 한다는 에큐메니컬 운동(교회일치운동) 과정에서 결성되었으며, 제 3세계 민주화 운동 지원, 핵무기 반대, 군축 및 평화 공존 등 인류 평화를 위한 종교적 실천 활동을 펼치고 있다.

엇보다 그와 함께 일하는 동료 및 기니비사우에서 "서신을 교환했던 교육자"들과 공유하고 있는 유대를 이야기할 수 있습니다. 프레이리가 여러 곳에서 주장하고 있듯, 억압 받는 자들과 투쟁하는 자들의 교육은 가장 첫 순간부터 정치적이어야 합니다. 가치중립적이라는 말의 정반대를 지향해야 합니다. 그렇지 않다면 결코 성공할 수 없을 겁니다.

프레이리의 다른 저작 여기저기에서 자주 다루어지고 있듯, 여기서 핵심적인 부분이라면, 특권적 계급 출신으로 자라고, 교육받은 소위 외부 교육자들은 '계급 타파'를 수행해야 하며, 의식의 재탄생을 이루어야 합니다. 즉, 가르치는 순간에도 늘 배울 수 있어야 하며, 도움을 필요로 하는 국가와 인민들과 늘 "함께" 일할 수 있어야 하는거죠. 국가와 인민들에 관해서 일을 하는 것이어서는 안됩니다. 이는 "문화적 침략"으로 아주 중요한 개념인 "협력"이란 말이 무엇인지 보여줍니다.

프레이리는 교육적 연합을 처음으로 제안하고 만들었으며 또 기록한 사람입니다. 그가 기록하고 있는 교육적 연합의 양 주체들에 대해 전투적이고 혁명적이며 분명한 입장을 취할 필요가 있다는 프레이리의 신념을 보면서, 독자들은 제가 그를 "애정 가득하고" "점잖은" 사람이라고 묘사한 것과 상당히 달라 역설적이라 느끼실지 모르겠습니다. 그러나 저는 이런 역설적으로 보이는 면면에 대답해야 할 사람이 다름 아닌 프레이리라고 생각합니다.

프레이리는 이전 저작에서 가장 겸허한 스승이라며 묘사했던 체 게바라와의 대화를 자주 인용했습니다. 체 게바라(Che Guevara)와 나눈 이야기라고 확인된 문장 중 하나를 프레이리가 꺼내옵니다. "저는 이렇게 말하고 싶습니다. 말할 수 없을 정도로 위험한 상황에 처해서도 진정한 혁명가는 강력한 사랑의 감정에 이끌리는 법입니다."

우리는 파울로 프레이리의 삶과 그의 일에서 무엇보다 이러한 동기가 강력한 힘이 되고 있음을 발견하게 됩니다. 이는 결코 회피하지 않는 그의 혁명적 태도를 보여주는 것으로 프레이리의 진정한 의지를 처음 알고 움츠려들지도 모를 사람들을 무장해제시킵니다.

그의 태도는 가장 이타적인 사랑에서 피어난 혁명적 열정이라 할 수 있습니다. 프레이리의 최근 책이 그의 교육적 투쟁의 비전과 의식을 가장 필요로 하는 모든 대륙의 사람들에게 확산시키는 것은 그의 동기에 기인합니다.

"저는 당신과 당신의 동료와 함께 대화를 이어가기 바랍니다. …"

의심할 여지 없이 프레이리는 지금까지 이런 말을 수 천 번도 넘게 했을 겁니다. 워크숍이나 세미나를 시작하면서 혹은 일상적이고 간단한 이야기를 시작하면서 말이죠. 이 책, "기니비사우에 보내는 편지"에서 프레이리는 고급 교육을 받은 소수가 아닌 보다 많은 사람들에게 그들의 대화가 닿도록 합니다. 따라서 이번 저작은 그의 지난 저작과는 달리 모두가 쉽게 이해할 수 있을 것이라는 데는 의심할 여지가 없습니다. 제 취향으로만 이야기하자면, 이 책은 프레이리의 가장 강력하고도 가장 인간적인 글이라고 할 수 있습니다.

조나단 코졸
보스톤
1978년 1월

차 례

약어표

- PAIGC(Partido Africano da Independência da Guiné e Cabo Verde [African Party for the Independence of Guinea and Cabo Verde]): 기니·케이프 베르데 민중혁명군

- FARP(Forças Armadas Revolucionárias do Povo [The Revolutionary Armed Forces of the People]): 민중혁명군

- JAAC(Juventude Africana Amílcar Cabral [African Youth Amilcar Cabral]): 아프리카 아밀카 카브랄 청년회

- WCC(The World Council of Churches): 세계교회협의회

- CCPD(Commission for the Churches' Participation in Development): 국제개발을 위한 교회참여위원회

- IDAC(Institut d'Action Culturelle [Institute for Cultural Action]): 문화활동협회

- UNESCO(The United Nations Educational, Scientific and Cultural Organization): UN 교육과학문화기구

서 문

서 문

PART 1

이 서문은 무엇보다도 제가 독자께 드리는 편지 형식의 보고서입니다. 따라서 이 책의 본문에 수록된 편지들만큼이나 격식에 얽매이지 않을 것입니다. 꽤 최근까지도 포르투갈 식민주의자들이 '해외 영토'로 불렀던 기니비사우에 출장 갔을 때 인상 깊게 느꼈던 이러저러한 중요한 부문에 대해 설명하기 위해 노력할 것입니다. 포르투갈 식민주의자들은 해외 영토라는 거만한 이름을 붙여 기니비사우의 영토를 침범하고 사람들을 착취했던 자신의 모습을 감추고자 했습니다.

저와 아프리카의 첫 만남은 사실 기니비사우가 아니라, 여러 가지 이유로 인해 아주 가깝게 느끼고 있는 탄자니아에서 시작되었습니다. 이 사실을 언급하는 것은 제가 아프리카 땅에 처음으로 발을 내딛은 순간이 얼마나 중요한지, 그리고 제가 도착한 사람이 아니라 돌아온 사람으로서 제 자신을 느낀 것이 얼마나 중요한지에 대해 강조하기 위해서입니다. 사실 5년 전 다르에스살람의 공항을 떠나 대학교 교정으로 향할 때까지 다르에스살람은 제 자신을 다시 마주할 수 있도록 해주었습니다. 그 순간 이후로 보잘 것 없는 작은 것들도 마치 오래된 지인처럼 저절로 제 자신에 대해 말해주기 시작했습니다. 시시때때로 변하는 하늘빛, 청록빛 바다, 코코넛, 망고, 캐슈 나무들, 꽃들의 향기, 대지의 냄새, 바나나, 그리고 그중 제가 특히 좋아하는 애플바나나, 코코넛 기름에 구워진

생선, 마른 풀숲 사이를 뛰어다니는 메뚜기 떼, 행인들이 만들어내는 물결모양의 몸짓들과 활기찬 미소, 깊은 밤 들려오는 북소리, 춤추는 사람들과 그들이 "세계를 그려내는" 몸짓, 식민주의자들이 강하게 밟아 뭉개고자 했어도 그러지 못했던 그들의 문화를 표현하는 사람들 사이의 존재감 ─ 이 모든 것이 저를 사로잡았고, 제 스스로가 제 자신이 생각해왔던 것보다 더욱 아프리카인들과 가깝다는 것을 깨닫게 해주었습니다.

제게 영향을 준 것은 단지 몇몇 감성적으로 치부되는 사람들이 생각하는 그러한 모습들뿐만은 당연히 아니었습니다. 그 우연한 만남에는 다른 특별한 것이 존재했습니다. 바로 내 자신과의 새로운 만남입니다.

탄자니아로의 연이은 출장을 통해 지속되는 인상들과 제가 배워 온 것에 대해 많은 것을 말씀드릴 수 있습니다. 그러나 그것이 제가 지금 매우 애착을 가진 이 나라에 대해 주목한 이유는 아닙니다. 제가 탄자니아에 대해 말하는 것은 오로지 제가 아프리카 땅에 발을 내딛은 것의 중요성과 제가 어딘가에 도착한 것이 아니라, 어딘가로 돌아온 것처럼 느끼게 된 것을 강조하기 위해서입니다.

1975년 9월 문화활동협회(IDAC)[2] 팀과 함께 처음으로 기니비사우를 방문한, 즉 기니비사우로 "되돌아" 왔을 때, 발 딛고 서 있는 아프리카 땅이 마치 고향과 같다는 느낌이 반복적으로, 그리고 점점 강하게 들었습니다.

이 서문에서 저는 기니비사우의 학습자, 교육자들과의 관계에서 그들"에게" 무언가를 작업하거나 혹은 단순히 그들을 "대신해서" 일하는 것이 아니라, 그들과 "함께" 일하면서 저뿐만 아니라 팀 멤버 전체에게 광의로서의 교육 분야, 특히 성인 교육 분야에서의 풍부하고 도전적인 경험이 어떤 의미로 다가왔는가에 대해 말하고자 합니다.

그러나 그러기에 앞서 저는 먼저 '무엇이 제가 기니비사우의 문해교

---

2 역주: 문화활동협회(Institut d'Action Culturelle, Institute for Cultural Action: IDAC): 프레이리가 망명 중이던 1971년 제네바에서 브라질 망명자들이 중심이 되어 결성한 교육연구 단체이다. 이후 아프리카 지역에 대한 교육 지원 활동에 적극적으로 나선다.

육을 담당하고 있는 교육위원회와 조정위원회에게 써온 몇 통의 편지를 지금 출판하게 만들었는지' 설명해야 합니다. 저의 의도는 근본적으로 독자들께 그 편지들과 이 서문을 통해 기니비사우에서 지금 발전하고 있는 활동과 그 아래 내재된 이론적 문제점들의 역동적인 비전에 대해 말씀드리고자 하는 것입니다. 이러한 이유로 이 책의 제목을 「과정으로서의 교육: 기니비사우에 보내는 프레이리의 편지」로 붙였습니다.

작업이 진행되는 과정을 보여주는 것과 2~3년 뒤에 최종보고서로 책을 출판하는 것 사이에서 저는 전자를 선호합니다. 제가 정말 원하는 것과 같이 만약 같은 경험에 대해 또 다른 출판물을 내게 된다면, 그것은 제가 지속적으로 쓸 편지들로 이루어진 것이 아닐 것입니다. 제가 지금 출판하는 편지들을 준비했을 때 그랬던 것처럼 미래에도 자연스럽게 편지를 쓰고 싶습니다. 만약 제가 미래에 기니비사우에 쓴 편지로 두 번째 책을 쓰게 된다면 이러한 자연스러움과 중립성이 영향을 받을 수 있을 것입니다.

교육 프로젝트의 배경과 가정

이미 설명을 했으니 그럼 지나치게 교수법에 사로잡히지 말고 기니비사우에서의 활동에 대해 이야기를 시작해보도록 할까요? 저는 WCC의 교육국과 IDAC 팀이 1975년 5월 기니비사우 교육위원회를 통해 성인문해교육 분야 협력의 기반에 대해 논의하기 위해 정부의 공식 초청을 받아 처음 방문했을 때의 만족감에 대해 강조하고 싶습니다.

기니비사우와 카보 베르데의 국민들이 아밀카 카브랄과 기니·케이프 베르데 민중혁명군(PAIGC)[3] 동지들의 탁월한 지도하에서 포르투갈 식민주의자들을 축출하기 위해 투쟁한 것은 우리에게도 전혀 낯설지 않을 것입니다. 우리는 이 투쟁이 국민 다수와 지도자의 정치적 의식 형성뿐

---

3 The African Party for the Independence for Guinea and the Cape Verde Islands(PAIGC).

만 아니라 포르투갈의 4.25혁명을4 설명하는 기본 요소라는 것을 알고 있습니다.

우리는 앞으로 냉철하고 객관적인 지식인이나 중립적인 전문가가 아닌 국가 재건을 위해 노력하는 해방군과 일하게 될 것을 알고 있었습니다. 제가 "재건"이라는 표현을 쓰는 것은 기니비사우가 무(無)에서 시작하지 않았기 때문입니다. 기니비사우의 문화적·역사적 뿌리는 식민주의자들의 폭력이 파괴할 수 없는 기니비사우 인민의 혼이라 할 수 있습니다. 그러나 침략자들이 남겨놓은 물질적 조건을 고려하면 기니비사우는 사실상 무에서 시작했다고 볼 수 있습니다. 침략자들은 정치적, 군사적으로 불가능한 전쟁에서 패배하고 결정적으로 4.25혁명 이후 점령을 포기해야 했습니다. 그들이 식민주의의 "문명화의 힘"이라고 구변 좋게 말하는 문제점들과 결핍의 유산을 남겨놓은 채 말입니다.

이러한 모든 이유 때문에 우리는 정부의 초청을 대단히 기쁘게 받아들였습니다. 아주 작은 부분일지라도 재건과 관련된 도전과제에 대처하는 일에 우리가 동참할 수 있는 기회가 되었기 때문입니다.

우리는 그러한 도전과제들이 우리와 깊은 연관이 있다는 것을 알고 있었습니다. 만약 그것이 사실이 아니라면, 우리가 초청을 받아들인 이유를 설명할 수 없을 것입니다. 그러나 근본적으로 그들이 요청한 지원이, 우리가 지원하는 과정에서 결코 배타적 주체인양 가장해서 기니비사우의 지도자들과 인민들을 단지 객체로 전락시키지 않는 노력이 있어야만, 진정한 지원이 될 것이라는 점을 알고 있었습니다. 진정한 지원은 모든 참여자가 서로를 지원하고, 바꾸고자 하는 현실을 이해하는 공동의

---

4 역주: 1974년 4월 25일에 발생한 포르투갈의 무혈 군사 쿠데타가 40년간 포르투갈을 지배했던 우파 National Popular Action당의 독재를 전복시켰다. 이 쿠데타는 장기 독재 정권인 살라자르 정권과 계속되는 식민지와의 전쟁에 대한 반발감으로 좌파 청년 장교들이 주도하여 발생하였다. 카네이션 혁명이란 이름으로도 불리는데, 이는 혁명 소식을 들은 시민들이 거리의 혁명군에게 카네이션을 달아 지지 의사를 표시한 데서 비롯한다. 이 혁명 이후 포르투갈은 마카오를 제외한 모든 해외 식민지에 대한 권리를 일괄 포기하였으며, 정권은 군부의 과도 정부를 거쳐 투표에 의한 민간 정부로 이양되었다.

노력을 통해 함께 성장하는 것을 의미합니다. 지원을 주고받는 사람들이 동시에 서로를 지원하는 프락시스를 통해서만 지원자가 피지원자를 지배하는 지원 행위의 왜곡에서 벗어날 수 있습니다. 이러한 이유로 지배계급과 피지배계급 또는 "제국적" 사회와 소위 말하는 "종속적" 사회 간에는 진정한 지원이 존재할 수 없습니다. 이러한 관계는 계급적 분석틀 밖에서는 결코 이해할 수 없습니다.

그런 이유로 우리가 결코 중립적 전문가나 해외 기술원조 사절단이 아닌, 비록 소규모일지라도 해방군과 같은 진정한 협력자가 될 수 있습니다. 우리는 우리의 정치적 선택과 프락시스에 따라 제네바에서 모든 부문을 세세하게 고려하여 기니비사우에 줄 관대한 선물로서 성인문해 교육 프로젝트를 준비하지 않았습니다. 오히려 이 프로젝트는 기본 협력 계획과 함께 기니비사우의 사회적 환경 및 자국 교육가들의 충분한 생각이 조화되어 그곳에서 탄생되어야 할 것입니다.

이번 기니비사우 프로젝트의 설계 및 실질적 운영에 있어서의 협력은 우리가 기니비사우의 현재 모습을 얼마만큼 이해하느냐에 달려있습니다. 우리는 PAIGC가 해방된 지역에서 실시했던 해방 투쟁과 실험에 대해 우리가 이미 알고 있는 바를 심화시키기 위해 우리가 찾을 수 있는 모든 자료들을, 특히 아밀카 카브랄의 업적 관련 자료들을 읽기 시작했습니다.

제네바에서 시작한 우리들의 연구는 첫 번째 방문을 통해 좀 더 구체화 될 것이며, 기니비사우 당국의 협조를 받아 계속 방문하면서 지속될 것입니다. 앞으로의 방문은 주로 기니비사우 교육부 관계자들이 자국의 교육제도를 자체 평가하는 세미나가 될 것입니다.

우리는 포장되어 있거나 이미 가공되어 있는 방법을 제안하는 것이 아닙니다. 공개적이거나 비공개적인 문화적 침략 형태를 탈피하여 급진적인 입장을 택할 것입니다.

우리의 정치적 선택과 프락시스는 우리가 기니비사우의 관계자들과 함께하며, 기니비사우의 교육자들과 학습자들에게 배우지 않으면서 그들을 가르친다는 생각을 한다는 것이 불가능함을 말해줍니다.

만일 가르침과 배움을 이분법적으로 구분하는 것이 가르치는 사람이 가르침을 받는 사람으로부터 배우는 것을 거부하도록 한다면, 지배의 이데올로기가 확산될 것입니다. 가르치는 사람들은 가르침을 시작할 때 우선 어떻게 배움을 지속하는지부터 배워야 합니다.

엘자와 저는 이렇게 지속적인 학습을 위해 먼저 배우고 나중에 가르치는 경험을 해본 적이 있습니다. 칠레 교육자들과 첫 번째 미팅에서 우리는 우리가 말하기보다 그들로부터 훨씬 더 많은 이야기들을 들었습니다. 우리의 발언은 브라질에서 우리가 실천한 것을 기술하고, 우리 경험의 부정적, 긍정적 측면을 제시하였을 뿐이지 칠레 교육자들에게 처방을 해준 것은 아니었습니다. 칠레 교육자들, 그리고 밭과 공장에서 일하는 노동자들과 함께 배우면서 우리는 좀 더 가르칠 수 있었습니다. 우리가 브라질에서 발견한 것들 중 칠레 환경에 그대로 적용할 수 있었던 것은 오로지 가르침의 행위와 배움의 행위가 분리되면 안 된다는 점뿐이었습니다.

또한, 우리는 브라질의 다른 환경에서 해본 실험을 칠레의 환경에 요구해서는 안 된다는 점도 배울 수 있었습니다. 실험은 전이되는 것이 아니고 새롭게 발명되어야 하는 것입니다. 우리가 기니비사우의 첫 방문을 앞두고 가장 염두에 두고 있었던 바는 사전 실험들을 통해 알게 된 중요한 관점들을 일반화 하려는 유혹을 떨쳐버리는 일이었습니다.

우리는 성인문해교육과 교육 전반의 정치와 이데올로기를 비판적으로 바라보기 위하여 우리의 경험과 다른 상황에서의 경험들을 비교, 분석하는 데 주력하였습니다. 특히 우리는 전체적인 사회 계획 속에서 문해교육과 성인문해, 그리고 생산성을 좀 더 주의 깊게 분석하였으며 문해교육과 일반교육의 관계성에도 관심을 두었습니다. 우리는 기니와 같이 사람들의 삶이 해방 전쟁(아밀카 카브랄의 표현에 따르면 "문화적 사실과 문화의 요소")에 의해 직, 간접적으로 영향을 받아온 사회에서 성인문해교육이 할 수 있는 역할에 대해 비판적으로 이해하기 위해 노력하였습니다. 사람들의 정치적 의식화는 투쟁 그 자체 속에서 싹트게 됩니다. 어느 집단이 문자에 대해 상당히 높은 문해율을 지니고 있어도 정치적인 문해는 낮을 수 있는 반면, 기니는 문자에 있어서는 90%의 비문해율을 보이고 있으나 상당한 수준의 정치적 문해율을 보이고 있습니다.

이런 점들은 우리가 첫 번째 기니비사우 방문을 준비하는 내내 우리 세미나의 중심 주제였으며, 팀원 개개인들이 기니비사우에서의 작업에 대해 개인적으로 반성하는 시간을 갖도록 하였습니다. 우리는 기니비사우를 위한 성인문해교육의 방법론 및 기술에 대한 연구를 하는 데 그리 큰 시간을 보내지 않았으나, 특정한 정치적 입장에 일치하는 성인문해교육과의 관계, 그리고 이러한 분야의 특정한 응용 사례 및 특정 이론들에 대해 연구하였습니다. 만약에 교육자가 혁명적인 입장을 취하고 있으며 그의 행위가 이러한 입장과 일치할 때, 성인문해교육에 있어서 학습자에게 앎이란 행위의 주체가 됩니다. 학습자가 문해교육 과정 속의 학습과의 관계에서 주체적인 역할을 스스로 행할 수 있도록 적절한 길을 찾아주고 최선의 보조를 제공해주는 것이 교육자의 의무입니다. 교육자는 지속적으로 학습자가 추구하고자 하는 목표가 드러날 수 있도록, 그리하여 궁극적으로 배울 수 있도록 하기 위하여 좀 더 쉬운 길들을 지속적으로 발견, 재발견해야만 합니다.

교육자의 과업은 학습의 대상을 찾아서 학습자들을 온정주의적으로 가르치기 위해서 이러한 수단과 경로를 이용하는 것이 아닙니다. 이는 결국 교육자가 앎의 행위에 필수적인 탐색의 노력을 거부하게 만들 것입니다. 가장 중요한 요인은 교육자와 학습자 사이의 연계 속에서 학습의 대상에 의해 매개되면서 이 대상과의 관계에 대한 비판적인 자세를 발전시키는 것이지, 교육자가 하는 학습의 대상에 대한 담론이 아닙니다. 이러한 관계 속에서 교육자와 학습자가 분석의 대상에 가까워지고 이것의 의미를 궁금해하게 될 때, 그들은 정확한 분석에 없어서는 안 될 확실한 정보를 필요로 하게 됩니다. 아는 것은 추정하는 것이 아니며 문제가 제시되었을 경우에 정보는 유용해지는 것입니다. 이러한 기본적인 문제제기 없이 학습자에게 정보를 주는 행위는 학습 행위의 중요한 구심점이 되지 않으며, 단순히 교육자로부터 학습자에게 정보를 전달해주는 행위가 될 뿐입니다.

저는 성인문해교육 분야의 일을 시작하면서부터, 기존의 입문서들을 없애기 위해 노력해왔습니다. 여기서 제가 말하는 입문서는 주 교재로서 일반적으로 학습자들이 학습을 구체화 하고 증진하는 과정에 도움을 주는 학습교구가 아닙니다. 저는 생성어를 해체하고 다양한 형태로 음절을 조합하여 다른 단어들을 만드는 과정을 통해 학습자들이 언어를 정복하는 데 도움이 되는 교구를 항상 옹호해왔습니다. 이러한 교구들은 학습자의 창의적인 활동과 학습을 강화해주는 역할을 하기 때문입니다.

하지만 안타깝게도 "공여자"의 역할에서 벗어나려 노력하는 입문서의 저자들도 학습자들이 단어나 단문을 생성할 기회를 주지 않습니다. 사실, 학습자들이 자신만의 단어를 생성하고자 하는 노력의 상당한 부분도 이미 입문서의 저자들에 의해 프로그램화 되어 있습니다. 게다가 학습자의 호기심을 자극하기보다는 앎의 창의적 행동을 저해하는 수동적인 태도를 조장하고 강화합니다.

혁명적인 사회에서는 교육 분야 문제점들 중 이러한 진정한 의미의 앎의 행위에 대해 언급해야 할 필요가 있습니다. 혁명적인 사회에서 앎의 행위의 역할은 창조자, 재창조자, 재개발자와 같은 주체성이 요구됩니다. 아울러, 학습의 대상에 대한 호기심의 역할에 대해서도 연구가 되어야 하며, 이러한 호기심은 이미 알고 있는 지식들에 대한 탐구와 관련이 있는 것인지 새로운 지식을 창출하는 시도와 관련이 있는지를 파악해야 합니다. 이러한 순간들을 분리하는 행위는 기존 지식에 대한 앎의 탐구 행위를 행정적인 일로 전락시킬 뿐입니다. 이러한 환경에서 학교는 어떠한 단계이든 지식을 사고파는 시장이 되며, 교사는 이미 포장되어진 지식을 잘 팔거나 배급하는 고도로 숙련된 전문가가 되며, 학습자는 이러한 지식을 소비 또는 구매하는 고객의 입장이 됩니다.

이와 반대로 만약 교육자가 이러한 과정에서 관료화되지 않고 호기심을 유지한다면, 학습자들이 학습의 대상을 밝히는 과정 속에서 교육자들에게 학습의 대상이 자연스럽게 밝혀질 것입니다. 종종 이러한 현상을 통하여 교육자들은 이미 알고 있던 분야에 숨겨져 있던 새로운 부분을 인지하게 됩니다.

교육자의 학습과 학습자의 교육에 있어서 지속적으로 관료화되지 않기 위한 노력은 반드시 필요합니다. 관료화는 창의성을 방해하여 학습자들을 진부한 표현을 반복하는 사람으로 전락시킵니다. 관료화될수록 사람들은 점점 더 자신들의 존재의 이유를 이해할 수 있는 기회로부터 멀어지며 반복적인 일상에 젖어들 수밖에 없습니다.

혁명적·정치적 노선을 취하고 이러한 입장을 실제 행동으로 표현하며 일치를 보이는 방법이야말로 이러한 관료화를 피할 수 있는 유일한 방법입니다. 교육자들이 이러한 일치성을 위해 노력할수록, 이들은 특정 분야의 기술자나 전문가의 역할을 거부하면서 진정으로 투쟁가가 될 수 있습니다.

우리가 기니비사우 정부로부터 초청장을 받아들였다는 것이 중립적인 전문가 또는 차가운 기술자가 되는 것을 의미하지는 않습니다. 우리는 직접 보고 들으며, 의논해보기 위해 제네바를 떠났습니다. 우리 짐 속에는 재정계획에 관한 리포트조차 없었습니다.

제네바에서 우리는 프로젝트팀으로서 어떻게 하면 현장을 가장 잘 보고, 잘 듣고, 잘 회의할 수 있는지에 대해 의논했습니다. 그리고 기니비사우 사람들과의 대화를 통하여, 그들에게 필요한 점, 그리고 우리의 원조 가능성을 정확히 파악하여 기니비사우에서 자체적으로 형성되는 발전계획이 나오는 데 조금이라도 기여하기를 바랐습니다. 그러나 우리는 기니비사우에서 멀리 떨어진 제네바에서 그들을 위한 계획을 미리 설계할 수 없었습니다.

성인문해교육은 단순히 읽기, 쓰기의 기술을 습득하는 학습보다는 생산과 보건, 정규 교육 체제 및 전반적 사회 계획을 실현하는 것과 직접적으로 관련이 있는 정치사회적인 행위로 이해되어 왔습니다. 그래서 시찰이나 공청회 및 토론회 등에는 교육위원회뿐만 아니라 대중 조직을 포함한 정치 정당도 가담하게 되었습니다. 그 결과 우리의 첫 번째 실사 계획은 제네바에서 대략적인 방향이 결정되고 나서 기니의 국가 지도자들과의 대화를 통해 구체화되었고, 이 계획에는 결코 엄격하게 분리될 수 없는 세 가지 주요 쟁점들이 포함되게 되었습니다.

▬▬ 첫 번째 강조점: 교육위원회와 다른 지도자로부터 역사를 배우다

첫 시찰 기간 동안, 우리는 새로 조직된 성인교육부와 교육위원회 내의 여러 팀들과 연락을 취하게 되었습니다.

왜냐하면 초·중등학교 교육의 주된 사안과 그 사안들이 다루어지는 방법과 과정에 대한 이해가 필요했기 때문입니다. 우리는 식민 시대로부터 이어진 교육 시스템 전반에 걸쳐 도입된 교육 개선안은 무엇이었는지, 또 그것들이 점진적인 변화를 촉진시킬 만한 가능성을 가지고 있는지에 관심을 두었습니다. 인민당은 사회 재건을 위한 계획과 조화를 이루면서도 이전과는 상이한 교육의 개념을 제시하는 새 교육안을 마련하고자 했습니다.

식민 시대의 교육은 식민 국가들의 탈아프리카화를 주요 목표 중에 하나로 삼았습니다. 당시의 교육은 그야말로 차별적이고, 저급하며 형식적인 교육이었습니다. 식민 시대 교육은 국가 재건을 목표로 이루어진 것이 아니기 때문에 실제로 교육이 국가 재건에 기여하는 부분은 그 어디에도 없었습니다. 식민 시대 교육의 초등학교, 리쎄 및 기술학교로 이어지는 각 단계는 서로 체계적으로 연계되지 않았습니다. 학교교육의 방법과 내용 및 목적은 비민주적이었습니다. 그리고 바로 이런 이유에서 교육은 사회의 현실을 전혀 반영하지 못하면서 대중의 이익과도 부합하지 못한 채 단지 소수만을 위한 것에 머물러 있었습니다. 식민 시대 교육은 교육을 받을 수 있는 소수의 사람들을 가려내고 선발 이후의 끊임없는 선별 과정을 통해 교육에서 배제시킬 학생 수를 점차 늘려갔기 때문에, 몇 년이 지나고 나면 결국 학생 대부분이 학교교육에서 배제되는 결과를 초래했습니다. 열등감과 무력감은 바로 이러한 "실패"의 과정을 통해 길러졌습니다.

이러한 시스템은 어린 아이들과 청소년들 사이에서 식민 시대 이데올로기가 만들어낸 전형, 다시 말해 스스로를 열등하고 무능한 존재라 믿게 만드는 오해를 재생산했습니다. 즉, 이들이 구원받는 유일한 길은 "백인"에게 동화되거나 혹은 "백인의 영혼을 가진 흑인"이 되는 것뿐이었습니다. 또한 이전의 교육 시스템은 "네이티브(native)"라 불리는 사람들과의 연관성에는 관심을 기울이지 않았습니다. 고유의 역사, 문화, 언어와 같이 이들의 진정한 모습을 알게 해주는 것이 모두 부인되었다는 사실은 관심의 부족보다 더한 차별이 이루어졌음을 보여줍니다. 식민 지배를 받는 이들의 역사는 식민 지배자들에 의한 개화와 함께 시작한 것으로 간주되었습니다. 그리고 피식민지의 문화는 세상을 바라보는 저급한 방식의 반영일 뿐인 것으로 치부되었습니다. 문화라는 것은 식민 지배자들이나 가지는 것으로 여겨졌습니다. 피식민지의 음악과 리듬, 춤, 또 그들의 정교한 신체적 표현 행위와 모든 창조성 그 어떤 것도 식민지 지배자들로부터 그 가치를 존중 받지 못하였습니다. 이들의 고유한 문화는 억압되고 식민 본국의 지배적인 문화가 강요되었습니다. 식민지 교육의 기피 현상은 피식민지인들이 독립을 촉구하면서 저항하는 한 방법이기도 했습니다. 당시 사람들은 "그들 고유의 역사에 대해서 인식"하기 시작했고 이에 아리스티데스 페레이타(Aristides Pereita)가 말한 "의식의 탈식민지화"의 과정에 들어서기 시작했습니다. 그리고 아밀카 카브랄은 이를 일컬어 "의식의 재아프리카화"라고 불렀습니다.

이 모든 것이 식민지 지배자들로부터 전수된 교육 시스템의 근본적인 변화를 의미했습니다. 그러나 이러한 변화가 체계적으로 이루어질 수 있는 환경은 아니었습니다. 교육 시스템을 바꾸는 데는 사회 재건을 위한 계획과 조화를 이루는 정치적인 결단 및 변화를 독려하기 위한 어느 정도의 재정적인 뒷받침이 있어야 했고 이는 결국 생산력의 증가를 필요로 했습니다. 이와 동시에 분배라는 새로운 개념을 통한 생산 방향의 재설정이 필요했습니다. 또한 무엇을 어떻게 생산할 것인지, 더 나아가 누구를 위해, 왜 생산을 해야 하는지를 논의하는 과정에서 고도의 정치적 투명성이 요구되었습니다. 새로운 사회를 건설하고자 하는 세력은 그에 맞서는 기존 이데올로기로부터의 저항을 필연적으로 마주하기 마련입니다. 그 변화가 새로운 재정 상태를 도모하는 것에 관한 것이든 혹은 육체노동자와 지식노동자의 양분 현상과 같은 중요한 사회의 양상에 관한 것이든 말입니다. 그리고 이것은 그 변화가 아무리 시의적절하게 이루어진 것이라 할지라도 피해갈 수는 없습니다.

분명 이러한 이데올로기적인 저항은 흡사, '지식이란 이미 완성된 형태의 어떤 것이며, 가르치는 사람이란 이러한 지식을 소유한 이들로서 학습자들에게 이를 전수하는 역할을 하는 사람'이라 여기는 그릇된 개념을 파기하는 과정에서 나타나는 저항과도 같습니다. 더 심각한 문제는 바로 이러한 저항이 지식의 개념과 지적 이해에 대한 저항이 아니라 지적 행위에 대한 저항이라는 점입니다. 이러한 이유에서 식민 지배로부터 전수된 교육 시스템을 근본적으로 바꾸는 데는 사회 전반에 걸친 노력이 필요했습니다. 다시 말해, 인프라 수준에서의 광범위한 변화를 촉진하기 위한 노력과 동시에 이데올로기적 본질에 대한 조치도 필요했습니다. 이는 생산 수단의 재조직과 함께 노동자들에게 특정한 형태의 교육을 제공함으로써, 노동자들의 노동의 행위에 대한 이해를 통해 그들이 스스로를 단순 숙련 노동인력 그 이상의 존재로 인식하도록 돕는 것을 목표로 했습니다.

식민 시대로부터 전수된 교육 시스템을 바꾸는 데는 신규 교사들을 훈련시키고 기존의 교사들을 재훈련시키는 작업이 필요했습니다. 교사 가운데에는, 특히 이미 예전에 교육을 받은 교사들 중에는 구시대의 이데올로기에 사로잡혀 그것을 의식적으로 계속해서 수용하려는 사람들이 있기 마련입니다. 이들은 몰래 때로는 버젓이 새로운 관행을 저지하려는 행동을 취하기도 합니다. 그런 사람들로부터 사회 재건을 위한 긍정적인 실천을 기대하기란 매우 어려운 일이지요. 그러나 또 다른 한편으로는 구시대의 이데올로기에 사로잡혀 있으면서도 새로운 관행에 익숙해지려 노력함으로써 기존의 이데올로기로부터 탈피하려고 노력하는 사람들도 있습니다. 이들은 다른 사람들이 "계급 타파"를 거부할 때 스스로 이를 행하고자 했던 사람들로서 이들과 함께라면 변화를 도모하는 것이 가능할지도 모른다고 생각합니다.

아밀카 카브랄은 국가 독립을 위한 투쟁에 있어 중간 계급의 역할이란 다음과 같다고 말했습니다. "중간 계급이 독립 투쟁의 목적을 저버리지 않을 경우 그들이 취할 수 있는 길은 오직 한 가지뿐입니다. 즉, 혁명 정신을 강화하는 것, 중간 계급의 규범과 중간 계급의 사고방식에 대한 자연스런 이끌림을 거부하는 것, 혁명의 일반적인 전개 과정에서 그 어떤 저항도 표현하지 않음으로써 스스로를 노동자 계급으로 인식하는 것입니다." 이것은 국가 독립 투쟁을 위해 특정한 혁명적 임무를 완수하기 위해서 중간 계급의 혁명 동지들이 자발적으로 자신들의 계급을 타파해야 함을 의미합니다. 마찬가지로 혁명 노동자로서 자리 매김하기 위해서 그들과 운명을 같이 하는 사람들의 마음을 아주 깊이 이해해야만 한다는 것을 의미하기도 합니다.

카브랄은 또한 "혁명을 저버리기 위한 혹은 계급을 타파하기 위한 이 대안은 국가 독립을 위한 투쟁에서 중간 계급의 진정한 선택을 나타내는 것"이라고 말했습니다. 오늘날에도 국가 독립 투쟁 운동 가운데 독립 투쟁의 자연스러운 연장으로서 이와 같은 대안들이 존재하기도 합니다.

성인문해교육의 주제에 관한 이러한 논의들은 앞서 간단히 언급한 이와 같은 문제들을 덮어두고서는 제대로 이해할 수 없습니다. 물론 그렇다고 식민 시대의 교육에 대한 근본적인 변화가 이루어지기 전까지는 문해교육 운동이 실현될 수 없음을 의미하는 것은 아닙니다. 그러나 단순한 개혁 그 이상으로서의 근본적인 변화야말로 분명하고도 조속하게 이루어야 할 목표임에는 틀림없습니다.

식민 시대부터 이어져 온 교육 시스템의 이 근본적인 문제를 둘러싼 논쟁은 필연적으로 교육위원회 구성원과의 대화를 통해 독립 항쟁으로 부터의 또 다른 유산을 분석하는 것으로 이어졌습니다. 후자에 언급된 유산은 오늘날 옛 해방촌이라 불리는 생산과 분배의 지역 혹은 새로운 "인민 시장" 및 보건과 교육, 사회 정의를 바로 세우는 가운데 행해졌던 위대한 시도에서 엿볼 수 있습니다.

우리는 무엇보다도 물려받은 식민 체제의 변화에 사로잡혀 있는 교육위원회 구성원들이 어떻게 다른 유산, 즉 해방 투쟁을 보고 있는지 알고 싶었다. 새롭게 등장한 체제는 단순히 두 유산의 결합이 아니라, 해방된 지역에서 성취된 모든 것을 아주 심도 있게 고찰하고 발전시키는 것이어야 했습니다. 이 해방촌에서는 엘리트주의적인 교육이 사라지고, 매우 대중적인 교육이 발전했습니다.5 그리고 지역주민들이 게릴라 투쟁자들을 후원했던 것처럼, 교육 문제를 스스로 해결했습니다. 실제로 필요로 하는 것에 대응하여, 해방 투쟁은 생산과 밀접히 연계되고 학습자의 정치적 교육에 전념하는 형태의 직업학교를 만들어냈습니다. 아이들은 심지어 학교에서 적 비행기의 파괴적인 공습으로부터 살아남기 위해

---

5 "이러한 국가 내부의 교육적 업적은 10세 이상의 아이들에게 학교 교육을 제공함에 있어 중요한 성과를 보여줍니다. (전쟁 때문에 초등학교에 입학하는 가장 어린 나이가 10세이어야 했습니다) 1971－72학년도에 PAIGC는 해방촌에 총 164개의 학교를 가지고 있었습니다. 그리고 이 학교에서는 258명의 선생님들이 14,531명의 학생을 가르치고 있었습니다. 그 후, 가장 우수한 학생들이 당에 의해 선발되어 인접국에 만들어진 기숙사 학교에 들어갔습니다. 덧붙여 PAIGC는 단지 군역으로 복무할 젊은이들을 양성하는 것과 같이 전쟁을 위해 필요한 것이 아니라, 국가 재건을 위해 필요한 사항을 항상 잘 알고 있었습니다. 따라서 많은 집단의 학생들에게 중/고등교육을 제공하는 것에 특별한 관심을 기울였습니다. 이를 위해 학생들은 인접국가의 후원에 의지하며 중/고등교육을 받을 수 있었습니다. 그 결과, 전체 포르투갈 식민지 시기보다 해방 투쟁 동안 훨씬 더 많은 수의 기니비사우 학생들이 고급과정을 마칠 수 있었습니다. 포르투갈이 지배한 5세기보다 PAIGC 치하의 10년 동안 더 많은 계층이 졸업했습니다. (1963－73년 10년 동안, PAIGC 치하에서 36명이 고등교육을, 46명이 중급수준의 기술과정을, 241명이 전문적이고 특화된 과정을, 174명이 정치적 통합 과정을 마쳤습니다. 이에 비해 1471년부터 1961년까지는 오직 14명이 고등교육을, 11명이 기술교육을 마쳤습니다)": Luiza Teotonio Pereira and Luis Motta, 기니비사우 － Tres anas de Independencia (Lisbon, 1976), pp. 106－7.

무엇을 해야 하는지 배웠습니다.

정치적 신념에 전념하는 이러한 교육은 해방 투쟁 자체로 인해 형성된 연대의 풍토를 표현하는 교육일 뿐만 아니라 이를 심화하는 교육이었습니다. 전쟁의 극적인 상황을 의인화해 표현하자면 전쟁은 사람들의 진정한 과거를 찾는 것과 동시에 현재를 위해 자신을 내놓는 것입니다.

여기에 해방 투쟁 과정의 모든 차원으로서, 아밀카 카브랄의 예언적인 전망을 엿볼 수 있습니다. 카브랄은 국가의 현실을 분석하는 역량을 가지고 있었고, 절대로 국가의 현실을 부정하지 않았습니다. 선언(announce)할 때나 고발(denounce)할 때나, 그는 항상 무엇이 진실한지를 이야기했지, 자신이 바라는 진실이 무엇인지 이야기하지 않았습니다. 아밀카 카브랄에게 있어서 고발과 선언은, 마치 두 가지가 혁명적인 프락시스에서 절대 벗어나지 않는 것처럼, 서로 절대 분리되지 않습니다. 해방 투쟁 중에 그는 동료 옆에서, 식민주의자들이 항상 착취를 덮어버리는 방법을 찾는 착취적인 익살극 같은 억압적 현실을 고발했습니다. 같은 방법으로 그는 당시 발생하고 있는 혁명적인 변화를 통해 마음속 깊은 곳에서 만들어지고 있던 새로운 사회에 대해 선언했습니다. 정치적 선택과 행위 간의 일관성을 갖고 진실하게 살아가는 모든 사람들과 같이, 카브랄에게 말이란 항상 행위와 성찰, 실천과 이론 간의 변증법적 결합이었습니다. 그는 절대로 언행이 불일치하는 것에 유혹되지 않았습니다.

그의 정치적인 명료성, 그의 선택과 실천 간의 일관성은, 규율이 잡히지 않은 대응에 말려들어가는 것이나 조작을 거부하는 것에 근거하고 있습니다. 그는 군중이 군중을 움직이고 조직하고 지도할 혁명적 당이나 지도자 없이, 자신의 의향에 따라 모든 것에 대응하고, 나아가고, 갈라지는 것에 대해 반대했습니다. 동시에 그는 군중들을 "소유"한다고 느끼는 리더십에도 반대했습니다. 카브랄은 제한되지 않는 자유와 관료주의적 권위주의에 대해 똑같이 부정적으로 생각했습니다. 그가 이상적으로 생각하는 리더십은 군중들로부터 너무 뒤처진 상태로 따라가서 사람들에 의해 흐트러진 먼지 속에서 길을 잃는 리더십도 아니고, 너무 앞에 나서서 먼지 속에서 사람이 보이지 않는 상태가 되어 결국 사람들을 떠나보내는 리더십도 아닙니다. 리더는 항상 사람들과 함께 있어야 하고, 해방투쟁에서 서로 가르치고 배워야 합니다. 이것이 바로 그가 생각하는 올바른 리더십입니다. 게바라나 피델처럼 카브랄은 사람들과 지속적으로 소통합니다. 그는 사람들의 과거를 잘 알고, 그 사람들의 현재에 깊이 뿌리내리고 있습니다. 현실은 투쟁으로 가득 차 있었고, 그는 몸을 사리지 않고 투쟁에 자신을 던졌습니다. 따라서 그는 다른 사람들이 보기 전에 미래를 내다볼 수 있었습니다. 그가 매우 강도 높게 살고 있는 하루하루에는 이루려는 꿈과 역사가 있었습니다.

언젠가 군인들과 함께 부적의 마력에 대해 토론할 때 그는 다음과 같이 말했습니다. "우리가 전쟁을 일으키거나 취약한 상태의 적을 공격하지 않는다면, 우리는 죽지 않을 것입니다. 이러한 상황에서 다른 출구는 없습니다. 당신은 저에게 '카브랄은 모르지만 우리는 부적이 죽음으로부터 동료를 구해준 여러 사례를 봤습니다. 총알이 날아오다가 방향을 바꿨습니다.'라고 말할 것입니다. 당신은 그렇게 말할지도 모릅니다. 저는 우리 아들의 아들들이 이러한 이야기를 듣고 PAIGC가 국가의 현실에 맞게 투쟁을 지휘할 수 있었던 것을 기뻐하면서 '우리의 선조들은 열심히 투쟁했지만 그들은 매우 이상한 것을 믿었습니다.'라고 말하기를 바랍니다. 제가 당신에게 말하는 것은 지금은 이치에 맞지 않을 것입니다. 저는 훗날 이에 대해 다시 말할 것입니다..."

아밀카 카브랄은 대포만으로 전쟁을 일으킬 수는 없으며 종전은 억압받는 자들의 힘이 강해지고 억압하는 자들의 권력이 약해졌을 때에만 가능하다는 것을 알았습니다. 이러한 생각이 그를 계속 걱정하도록 만들었습니다. 그는 조급함을 참아가며 당원들의 수준이나 활동하고 있는 분야에 관계없이, 정치적이고 이데올로기적인 민병대들을 양성하는 데 변함없이 헌신했습니다. 이는 또한 해방촌의 교육 사업에 헌신하고 특별한 관심을 갖는 것과, 출전하기 전에 작은 학교를 방문하여 아이들과 함께 게임을 하고 아이들에게 필요한 말을 해줄 때 보여주는 온화함의 근원입니다. 그는 아이들을 "혁명의 꽃"이라고 불렀습니다.

따라서 우리는 기니비사우의 국가조직이 이러한 측면들을 모두 분석해냈다는 점에 별로 놀라지 않았습니다. 기니비사우의 교육위원회 위원인 카브랄은 이 세션에 참석하여 모든 이들이 사회를 재창조하는 과정에서 중요한 역할을 하고 있다고 느꼈습니다. 교육위원회 위원들은 프로젝트를 실행에 옮기려 할 때 항상 맞닥뜨리는 장애물, 타자기와 같이 가장 작은 물질적 대상들이 부족한 것부터 다양한 영역에서 리더십을 가진 집단을 훈련시켜야 하는 막중한 필요성까지 잘 알고 있었습니다.

우리는 교육위원장 마리오 카브랄이 해방 투쟁 중에 이루어진 풍부한 교육 경험에 대해서 뿐만 아니라 식민 체제의 급진적인 변혁 방법에 대해 명료하게 이해하고 있다는 것을 확인할 수 있었습니다. 그는 변화가 마법을 통해 이루어질 수 없다는 것을 항상 알고 있었습니다. 마리오 카브랄은 교육위원회에서 그의 투쟁적인 리더십의 결과로 나타나는 교육체제와 사회 전체 사이의 관계가 본질적으로 변증법적이지, 기계적이지는 않다는 것을 알고 있었습니다. 그는 더 큰 체제 안의 하위 체제로서 공교육의 한계가 존재한다는 점, 그리고 교육이 창조될 새로운 사회의 목표와 연계되는 새로운 사고방식을 형성하는 데 근본적인 역할을 한다는 점을 깨달았습니다. 더 나아가, 교육이 국가에서 발생하고 있는 사회적인 실천을 다루는 대신에, 지금 만들어지고 있는 미래 사회에 맞는 교육을 창조하려고 하면 교육의 근본적인 역할이 실현되지 못할 수도 있다는 것을 알고 있었습니다. 미래 사회에 맞는 교육을 창조하려는 시도는 매우 이상적이고, 이러한 이유 때문에 현실이 될 수 없습니다. 전체적인 교육체제 방향의 재조정과 동시에 식민지 시대로부터 물려받은 모든 초·중등 수준의 학교를 갑작스럽게 폐쇄하는 대안과, 사회의 물질적 기반을 작동시키는 변화와 일관되게 미래의 급격한 변혁을 촉진시킬 수 있는 근본적인 개혁을 기존의 교육체제에 도입하는 대안 사이에서, 그는 후자를 선호했습니다.

식민주의적 이데올로기가 깊이 스며들어 있는 모든 읽기자료를 바꾸는 것과 함께, 지리, 역사와 포르투갈어 프로그램을 새로 만드는 것이 반드시 필요했습니다. 기니비사우의 학생들이, 테주강(Rio Tejo)6이 아니라 기니비사우의 만에 대해, 포르투갈의 지리가 아니라 자국의 지리에 대해 배우는 것이 절대적인 우선순위가 되어야 했습니다. 그리고 기니비사우 학생들이 자기 선조들의 역사, 특히 침략자들에 저항한 역사와, 포르투갈 왕과 포르투갈 법원의 관심사항이 아니라 그들 자신의 역사를 만들 권리를 가져다준 해방 투쟁을 공부하는 것이 시급했습니다. "눈 먼 계관 시인이 진흙 모형을 만드는 연습을 하는 것"이 아니라, 기니비사우의 학생들이 국가 재건을 위한 노력에 참여하도록 하는 것이 필요했습니다. 그리고 처음에는 작게 시작해서 기니비사우의 중학생들과 생산적인 일 사이의 연관성을 위해 첫 발을 내딛는 것이 중요했습니다.

"나라 속의 학교(The school in the country)"라는 사업은 마리오 카브랄이 우리에게 말했던 프로젝트 중 하나였습니다. 이 프로젝트는 일시적으로 도시의 학교들을 교사와 학생들과 함께 시골 지역으로 옮기는 것을 포함합니다. 정규 학교 활동을 없애지 않고, 시골에서 학생들은 캠프에 살면서 생산적인 활동에 참여하고 농부들에게 가르치면서 농부들과 함께 배울 것입니다.

이 프로젝트는 1975년에 시작되었고, 1976년까지 연장되면서 생산 활동과 학교 활동이 함께 실시되었습니다. 이것은 최대한 경제 활동과 학업을 함께 진행하게 하려는 의도였고, 이를 통해 경제 활동이 학업에 방향성을 제시해주고 나중에는 하나의 연합체를 이루게 하려는 뜻이었습니다.

이러한 실험은 그 체계성과 심화의 정도에 따라, 이전에는 구두로 이뤄졌던 학습의 형태가 다양한 분야의 프로그램화 된 생산 활동들로 대체가 가능해졌습니다.

---

6 역주: 포르투갈의 강 이름. 영어로는 타구스(Tagus) 강.

어느 시점에 와서는 그 누구도 일하기 위해서 공부하거나 공부하기 위해서 일하는 사람이 없어지게 됐습니다. 대신에, 사람들은 일을 하면서 함께 공부하였습니다. 그래서 실천과 이론의 실질적인 일치가 이뤄졌습니다. 그러나, 우리가 명백히 할 것은 이것은 실천을 비판적으로 반영하는 이론의 사라짐이 아닌, 이론과 실천의 구분이 사라짐을 의미합니다. 이 실천과 이론의 일치는 학교들 간에 공통적으로 나타났으며, 학교의 단계와는 상관없이 생산 활동이 학교에서 확고한 위치를 차지하게 되었습니다.

위원회는 일하기를 거부하는 학생들의 저항과 같은 가치관의 문제, 그리고 대중교통의 부족과 같은 물질적 어려움의 문제에 직면하였습니다. 그럼에도 불구하고 긍정적인 경험들이 늘어났습니다. 방금 중학교 과정을 마친 120명의 학생들이 일요일 아침마다 주(the state) 곡물창고에서 일하게 되고, 중학교 2학년, 3학년 학생들은 우정기구(the Institute of Friendship) 정원에서 생산 활동을 하게 되었습니다. 또한 목축지역에 있는 살바도르 아옌데 학교의 2학년 학생들은 두 달 동안 일을 도왔고, 수도에 있는 초등학교 학생들은 많은 수의 나무를 심었습니다.

중학교 학생들이 농촌지역으로 견학을 다녀온 전후로 중요하게 바뀐 점이 있습니다. 그들은 견학 기간 중에 농업 전문가들을 만나서 다양한 활동들에 대해 이야기를 나누고 견학 동안 함께 시간을 보내었습니다. 그들이 돌아온 이후에 평가를 하였고, 사전 준비 회의에서 나왔던 학생들이 견학을 통해 이해해야 하는 중요한 요소들은 모두 그 수준에 도달하였거나 심화된 것을 발견할 수 있었습니다.

이 견학에서는 도시 학생들을 받아들이고 그들과 함께 배우고 익힐 준비가 된 소작농민들의 역할이 중요합니다. 하지만, 기본적으로는 수고스럽게 땅을 개간하고, 추수하고 경작하는 충실함을 처음 경험하는 학생들의 배움이 더 크다 할 수 있습니다.

이러한 실험은 어려움이 상대적으로 많았던 기니비사우에서만이 아니라 환경이 보다 우호적이었던 다른 지역에서도 이뤄졌습니다. 그리고 나라 전체로 그 범위가 확산되었습니다. 바파타 지역의 중학교와 같이 몇몇 학교들은 농업의 두 분야를 가지고 있습니다. 이전에 해방촌의 학교들은 선생님과 학생들의 생산 활동을 통해 자급자족을 이어나갑니다. 바파타 지역의 106개 학교 중에서 96개 학교는 일정한 농업 활동을 하고 있습니다.

이와 같은 수치는 더 많은 변화를 이끌어 내는데 선도자적 역할을 합니다. 교육위원회는 이 같은 노력을 다짐하면서 동시에 중앙집권적 방식을 피하려고 합니다. 우리가 방문했을 당시에, 두 명의 쿠바 출신 교육자들이 교원 양성 및 재교육과 관련된 일에 밀접하게 관여하고 있었습니다. 저는 현재 진행되고 있는 이와 같은 변화의 모습들을 이 책에서 더 많이 소개할 것입니다.

▬▬ 성인문해교육 활동

성인문해교육은 기본적으로 두 기관에서 맡고 있습니다. 하나는 민중혁명군(the Armed Forces of the People: FARP)이고, 다른 하나는 성인교육 부서를 최근에 만든 교육위원회입니다.

최근 이 두 기관은 국가 프로그램을 효율적으로 운영하기 위해서 각 기관들의 특성을 존중하는 통합을 향해 노력하고 있습니다. 하지만, 각 기관의 특성은 모두 존중될 것입니다.

문해교육에서 흥미로운 점은 FARP나 교육위원회 모두 이것을 정치적인 활동이라고 본다는 것입니다. 배우는 사람들은 가르치는 사람들과 함께 그들에게 주어진 단어나 문장들을 기계적으로 외우는 것이 아니라 비판적 접근에서 읽고 쓰게 된다고 생각합니다. 물론 이러한 자세는 우리가 추구하는 것과 완벽하게 일치합니다. 하지만, 문제는 개념적인 단계에서가 아니라 과정에서 발생한다는 것입니다.

성인문해교육에서 가장 중요한 부분은 단순한 읽기와 쓰기가 아닙니다. 속해 있는 사회적 맥락에 대한 비판적인 수용 없이 문자를 읽게 된다면 이는 지배층들이 피지배층을 선동할 때 수단으로 쓰는 문해일 뿐입니다. 글자로의 입문이 비판적이지 않을수록 권력을 소유한 이들에게 유리한 입지를 내주게 됩니다.

반대로 혁명적 측면에서 보면, 문해교육을 받는 사람들이 그들의 인식과 관점을 갖는다는 것은 굉장히 중요한 것입니다. 이를 통해 역사가 만들어질 수 있고 만들어진 역사를 다시 쓸 수 있습니다. 구조적 대칭의 등장 위험을 염두에 두고 말하자면, 첫째로 학습자는 결코 비판적으로 사고하라거나, 자신이 처한 현재 상황을 살아보라고 요구받지 않습니다. 또한, 그들에게 나타난 새로이 "읽을" 수 있는 것은 단순히 받아들여야 하는 것이 됩니다. 객관성과는 터무니없이도 멀게, 사고의 언어나 지배적인 사상을 가로챌 수 있는 메커니즘에 대해서는 결코 교육받지 않습니다. 그들은 지식을 "소비"하는 것이지 만들거나 재구성될 수 있는 것으로 배우지 않습니다. 비문해는 한때 해로운 잡초로 여겨지기도 하고, 질병으로 여겨지기도 했습니다. 따라서 사람들은 이것을 "퇴치"하자고 표현하고, "전염병"과 관련 지어 말하기도 했습니다.

억압받고 잊혀진 존재, 보통 계급사회에서 피지배자의 존재는 계속해서 읽고 쓰는 것을 익히는 과정에 놓입니다. 그들은 단순히 배우는 과정에 놓이는 것이지, 개인이 지난 시간의 지식을 배움으로써 그 한계를 인식하고 더 많은 것을 알아갈 수 있는 것은 아닙니다. 오히려, 그들에게 준비된 지식의 꾸러미를 수동적으로 받아들이게 하는 데 문해교육의 목적이 있습니다.

혁명적 관점에서 봤을 때, 학습자들은 생각하는 사람이 되도록 초대받습니다. 의식을 갖는다는 것은 이런 면에서 하나의 단순한 공식이나 구호가 아닙니다. 그것은 존재의 극적인 형태이며 인간의 존재를 나타내는 것입니다. 또한, 단순히 어떤 것을 아는 존재가 아닌, 그들이 아는 것을 인식하게 하는 것과 관련이 있습니다. 예를 들어, 읽고 쓰는 것을 배우는 행위는 현실을 비판적으로 이해하는 창조적 행위의 일부가 됩니다. 당시 사회적 상황을 고려한 방식을 통해 도출된 이전의 초기 지식들은 그들에게 새로운 지식의 기회를 열어주게 됩니다. 새로운 지식은 이전 지식의 한계를 뛰어 넘고 사실 뒤에 숨겨진 존재의 이유를 나타내줍니다. 따라서 학습자는 같은 사실에 대한 잘못된 해석들을 재구성할 수 있게 됩니다. 이후부터는 사고의 언어와 객관적 사실 간의 구분은 존재하지 않습니다. 문자를 읽는다는 것은 문자가 품고 있는 사회적 맥락 안에서 "읽는 것"을 요구합니다.

이 관점에서 볼 때, 성인을 위한 문해교육은 도시와 교외지역 노동자들이 매일의 삶에서 활용하는 지식을 체계화하는 첫 단계가 됩니다. 이들의 지식은 결코 지식 자체로 설명되는 것이 아닙니다. 오히려 이 지식은 항상 지향하는 목표에 맞춰 이해되어야만 하는 그런 지식이죠. 지식의 체계화는 문해력의 단계에 따라 점차 강화되어갑니다.

혁명적 사회에서는 생산수단의 재조직화와 동일 선상에서 비판적 이해와 관심을 증진시켜야 합니다. 이를 위한 국가의 근본적 책무는 민중의 지혜를 가치롭게 만드는 일입니다. 민중의 지혜를 가치롭게 한다는 말은 인민들의 창조적 활동을 포함하는 것이고 실제에 관한 자신들의 지식 수준을 드러내는 것으로, 이상적인 이념으로 만드는 일과는 다른 일입니다. 이 말이 의미하는 바는 사전에 정교화된 지식 덩어리를 민중에게 전달한다거나 그들이 체득해 알고 있는 지식을 무시하라는 것이 아닙니다. 오히려 이는, 이전에 민중들은 별로 체계적이지 않은 형태에서 스스로 지식을 만들어 왔다면 좀 더 조직된 형태로 민중에게 되돌아가는 행위로 보라는 것입니다.7

다른 말로, 어떻게 사물에 대해서 알게 되고 또 그 지식의 수준에 도달하는지를 민중들과 함께 알아나가는 과정이라 할 수 있습니다. 이러한 과정은 그들에게 상당한 도전입니다. 비판적 성찰을 통해서 그들의 실제적 경험과 자신이 발견한 것들을 조직하기 위해, 그래서 자신이 중요하게 생각하는 것들을 점차 치밀하게 이해하면서 사실에 대한 단순한 의

---

7 마오(Mao)는 "우리는 대중에게 혼란스러운 것들을 정확하게 가르쳐야만 합니다."라고 안드레 말로(Andre Malraux)와의 인터뷰에서 말했다(Antimemoires [paris, 1967]. p. 531).

견을 바꾸도록 동기를 부여하는 목표라는 점에서, 아밀카 카브랄은 이 문제에 상당히 관심을 기울였습니다. 해방 투쟁을 문화적 사실이자 문화의 요인으로 분석하면서, 문화라는 것이 점차 보다 과학적이어야 할 필요성을 강조하였던 것입니다. 즉, 카브랄은 자신이 문화의 약점이라 불렀던 것을 가장 진실한 관점에서 극복해야 한다고 했습니다.

이와 같은 일, 즉 언제나 실천에 관한 사고의 실천을 통해 실천이 완전해지는 과정이 받쳐주는 일은, 예를 들어 농업이나 보건과 같은 주제에 관한 국제적 분석을 발전시킬 수 있는 진정한 연구센터를 만들도록 할 것입니다. 비록 이들 주제를 넘어 급격히 다양화되기보다는 모아지는 경향이 있기는 하겠지만 말입니다. 이들 센터는 지식을 지속적으로 체계화하고 심화하는 과정을 통해 미래에 대학으로 발전할 것입니다. 이 대학들은 노동자 계급에서 나와 이들과 함께 성장할 것이지만 이들에게 배움을 강요하지는 않을 것입니다. 배움을 강요하게 된다면 늘 그렇듯이 종국에는 대학이 노동자들의 반대편에 서게 될 것입니다.

민중과 함께 그러한 일을 하는 데 있어 가장 중요한 특징은 실재에 직면하여 비판적 시각을 연습하는 것입니다. 그렇게 되면 실재는 지식을 변혁하게 하는 행위에 대한 분석으로써 지식의 목적이 됩니다. 하루하루 이루어지는 실천적 행위는 영원한 연구의 대상이 됩니다. 그 결과를 이해하는 것이 어떤 행위를 위하여 그 결과를 유용한 목적으로 다루려는 것보다 훨씬 중요합니다. 따라서 행위는 그 자체에 관한 지식의 근원 혹은 원리일 뿐만 아니라 그와 관련된 다른 문제를 이해할 수 있는 수단이 됩니다.

혁명적 사회에 던져지는 질문은 생산을 증가시키기 위하여 필요한 기술과 관련하여 노동자들에게 어떤 훈련을 제공할 것인가와 함께 생산적 과정 자체에 대한 이해를 통하여 노동자들의 지평을 어떻게 확대할 것인가이어야 합니다.

자, 이런 맥락을 염두에 두고, 우리가 처음 기니비사우를 방문했을 때, 성인문해교육 현장에서 도대체 무슨 일이 있었는지 이야기해보도록 합시다.

충분히 예상할 수 있듯이, FARP 구성원들의 정치적 목표는 분명했습니다. 즉, 극복해야 할 것들이 많음에도 불구하고 그들의 작업은 아주 긍정적인 결과를 만들어왔습니다. 물론 많은 문제들은 본질적으로 물리적인 것이었습니다. 다른 것들은 문해교육에 종사하는 사람들 사이에 효율적으로 일하는 능력이 결여되어 발생하는 것들이었지요. 그들은 노력의 결과가 즉각적이고 영원한 사회변화를 가져올 것이며 또한 완벽해야 한다는 기대를 품고 있었습니다.

1975년 7월, 우리가 처음 방문하기 두 달 전입니다. 한 지도자의 지시에 따라 초기에 시행된 훈련에 이어서, 82명의 문해교육 종사자들과 FARP에서 파견한 7명의 감독관들은 이미 비사우의 군부대에서 활발하게 활동하고 있었습니다. 물론, 그때는 이미 150명의 다른 문해교육 교사들이 훈련을 끝마쳤을 때입니다.

군정 위원인 줄리오 드 카르발류(Julio de Carvalho) 동조자들에 의해 제안된 FARP 프로젝트는 세 단계로 구성되어 있었습니다. 첫 번째 단계는 문해교육에 집중적 노력을 기울이는 단계로, 비사우 지역 군인들의 비문해 문제를 가능한 한 빨리 극복하도록 하는 전략을 취하고 있습니다. 두 번째 단계는 비사우에서 문해교육 이후의 정책 추진과 동시에 진행되는 것으로 전국의 모든 군사조직에 문해교육을 확대하는 것입니다. 마지막으로 세 번째 단계에서 FARP는, (줄리오 드 카르발류의 표현을 빌리자면) 전 세계 모든 민중들에게 미칠 수 있도록 문해교육이 국경을 넘어 흐르도록 해야 하는 것입니다. 이 '넘어 흐른다'는 표현은 군 인사에 의해 행해질 수 있는 것으로 FARP와 지속적으로 관련되어 있어야 할 것입니다. 비록 이 일을 해야 하는 사람들이 더 이상 공식적으로는 군인이 아니며 국가적 차원에서 생산적인 노동에 관여해야 한다고 하더라도 말이지요. 특별히 군에 머물러 있을 사람들에 의해서 민중을 대상으로 하는 문해교육이 추진되어야 한다고 봅니다.

이 도입 부분을 쓰고 있는 동안, 벌써 제 1, 제 2단계가 진행되고 있음을 확인할 수 있었습니다. 문해후교육은 비사우의 군부대에서 시작되었습니다. 이곳에는 실제 비문해자가 한 명도 없습니다. 그리고 문해교육이 전국의 모든 군인들 중 80%에 이르도록 확대 추진되고 있습니다. 세 번째 단계가 이제 막 시작되었습니다. 이러한 모든 노력들은 FARP에서 대표자들과의 협력에 덧붙여 성인문해협력위원회와 함께 이루어지고 있지요. 물론 성인 FARP의 구성원으로서 성인문해협력위원회는 당과 정부의 정책과 조율되는 방식으로 대중을 대상으로 하는 성인문해교육을 계획하고 자문합니다.

문해교육을 실시하고 있는 문화 써클(culture circles)의 일부를 방문하기 위해서는 우리 5명의 팀원들이 나뉘어야 할 필요가 있었습니다. 보고, 듣고, 묻고, 토론하고 있는 우리들을 발견하는 상황에서, 우리는 각 문화 써클에서 배우는 대중들과 문해교육가들 사이에 도대체 무슨 일이 일어나고 있는지 살펴보는 것이 필수적이라고 본 것이지요. 그들이 얼마나 창의적으로 일을 하고 있는지와 함께 (이와는 대조적으로) 단순 반복 혹은 암기를 강조하는 교수방법을 쓰고 있는지에 대해서도 직접 보고자 했습니다. 학습자들이 스스로 자신의 말을 얼마나 적절하게 사용하고 있는지에 대해서 알고 싶었습니다. 예를 들어, 정치적 행위에서 의식적 참여자로서 스스로를 표현하는 능력을 함양하기 위해 배우는지, 또는 단지 읽고 쓰는 것을 배우자는 의미에서 문해교육에 참여하는지 등에 대해 알고 싶었습니다.

우리들이 문화 써클을 방문하면서 보였던 태도는 우리가 본 것을 과대평가하려는 것이 아니었습니다. 오히려 그들의 이상과 구체적 현실 사이의 간격을 볼 수 없을만큼 이상에 들떠있는 그런 사람들의 태도와도 거리가 있음을 강조해야 했습니다. 우리가 느낀 것은 그들의 훌륭한 일을 바라보면서 느끼게 되는 텅 빈 행복감도 아니었고, 그들이 저지르는 실수들로 인하여 휩싸이는 부정적 인식도 아니었습니다. 중요한 것은 이미 우리도 알고 있는 정도의 부족한 물적 조건 속에서 실제로 일어나는 일이 무엇인지 보는 것이었습니다. 그러한 조건에서 조금 더 잘 해낼 수 있는 것들을 발견하는 것이 우리가 바라던 것이었습니다. 만약 그것이 불가능한 소망이었다면, 현재의 물적 조건을 어떻게 향상시켜야 할지를 고민해야 했습니다.

물론 어려움도 있었고 잘못된 것도 있었지만, 우리가 문화 써클에서 발견한 것은 학습자와 문해교육가들이 대단한 노력을 하고 있고, 이것들이 상당히 창의적이었다는 점입니다. 기계적으로 읽고 쓰는 것을 완수하는 것을 넘어서 많은 일들이 이루어지고 있었지요. 이것이 중요한 사실입니다.

그럼에도 불구하고 몇몇 문제점이 있었는데, 그 중 문해교육가들이 보이는 성급함을 지적하지 않을 수 없습니다. 그들의 성급한 태도는 학습자가 스스로 단어를 형성하도록 도전을 주는 대신, 자신들이 그 일을 하고 있었습니다. 또 몇몇은 음절을 소리내어 반복하는 교수방법에 의존하는 경향이 있었습니다. 그리고 형성어와 관련된 주제 토론에 참여하면서 몇몇 문해교육가들 중 일부는 활기찬 모습을 전혀 보여주지 못했습니다.

비록 문제가 있기는 했지만 그리 많은 실수들을 접하지 못했다는 점에 저희는 자못 놀라지 않을 수 없었습니다. 그들에게 주어진 훈련과 이론 습득의 시간이 아주 짧았다는 것을 고려하면 말이지요. 프로그램 평가를 위한 세미나를 하는 과정은 앞서 이야기한 문제점을 극복하도록 하는 강력한 수단이 될 것입니다. 효과적인 실천은 강화될 것이고, 실수는 점차 감소할 것입니다.

이제 우리가 현장에서 만난 많은 문해교육가들이 보여준 창조적 상상에 대해 이야기하려고 합니다. 예를 들어, 한 명은 문화 써클 회의 장소에 도착해서 학습자들을 인사로 맞이하고, 바로 수업이 이루어질 교실을 오래된 빗자루를 들고 청소했습니다. 천천히 한쪽 구석에서 다른 쪽 구석으로 이동하면서 가끔 학습자들이 앉아 있는 의자 아래를 쳐다 보기 위해 멈추는 정도였지요. 학습자들은 이미 조급해하는 모습을 띠기 시작했습니다. 물론 학습자들은 문해교육가의 이러한 행동을 온전히 이해하지 못했을 뿐만 아니라 그들의 눈에는 이미 깨끗한 교실 바닥을 문해교육가가 또다시 쓸고 있다고 생각했을 것입니다. 결국 이러한 의아함을 참지 못하고 한 사람이 묻습니다. "동지, 언제 수업을 시작할 건가요?"

"수업은 여러분이 도착하자마자 시작했습니다." 교사가 대답했습니다. 그리고는 이어서 바로 묻습니다. "제가 지금 무엇을 했나요?"

"교실을 청소했습니다" 그들이 대답합니다.

"정확하게 맞습니다" 교사가 대답합니다. 임시로 마련된 칠판으로 다가가 그는 다음과 같이 씁니다. "청소(CLEAN)" "이 말이 오늘 여러분과 함께 공부할 말입니다."

그 문해교육가는 교수기법을 사용해야 하는 정치인이자 예술가입니다. 그러나 그렇다고 냉정하거나 가치중립적인 기술자가 되어서는 안 됩니다.

만약 우리가 앞서 언급된 사례에서와 같이 효과적인 것에 대한 단순한 행복감이나 실수에 대한 비관적 태도를 가지고 문화 써클을 방문했다면 우리가 본 모든 것들을 이상화하거나 혹은 모든 실험이 실효성이 없는 것으로 단정해버렸을 것입니다. 어느 경우에도 우리는 잘못된 판단을 했을 것입니다.

가장 인구밀집도가 높은 비사우 지역에서 일반 시민들과 함께 한 실험의 상황은 완전히 달랐습니다만, 다른 한편으로는 그 상황 또한 충분히 이해할만한 것이었습니다. 오랜 기간 동안 투쟁에 참여했기 때문에, FARP는 국가 재건과 지속되는 투쟁에 대해 명확한 신념을 가지고 있었습니다. 한편 도시 인구밀집지역의 사람들은 해방 투쟁과 직접적으로 아무 관련 없이 오히려 식민주의적 이데올로기에 깊은 영향을 받았기 때문에, FARP와 함께 일하는 것과 도시의 인구밀집지역에서 일하는 것은 상당히 다른 일이었습니다. 그러므로 우리가 처음 방문했을 때 기니비사우 지역 군대 내에 82개의 기능적 문화 써클이 있었음에도 불구하고 민간인들 사이에서는 모든 것들을 새로 시작하거나 많은 경우 옛 것을 뒤집고 다시 진행해야 했습니다.

FARP와 비사우 인구밀집지역에서의 실험으로 성인을 위한 문해교육에서 우선순위를 확립할 필요가 있다는 점이 매우 분명해졌습니다. 문해교육이 전국적 범위를 목표하고 있더라도 문해 프로그램은 가능한 가장 명확한 기준에 근거해 미리 결정된 특정한 지역에서 시작해야 합니다. 국가 재건에 효과적으로 기여하고자 하는 문해교육의 주요한 목적을 달성하려면, 어떤 식으로든 문해와 관련 있거나 문해에 의존하는 다른 형태의 사회적 조정기제와 문해교육 사이의 역학적 관계를 확립하는 것이 필요합니다. 다른 형태의 교육이 모두 그러하듯 성인문해교육은 사회적 관행으로 강요될 수 없으며 사회의 다양한 차원 중 하나로서 실천하는 것에서 시작되어야 합니다.

최근에 생겨난 국가 성인문해교육 프로그램을 우리가 모두 잘 알고 있는 전통적 유형의 캠페인의 하나로 변형시키는 것은 전혀 앞뒤가 맞지 않습니다. 그런 캠페인들은 모두 진지하게든 계략적이든 문해를 이상화하고 문해에는 본질적으로 나타나지 않는 권력을 갖게 합니다. 기니비사우인들에 닥친 문제는 자신을 위해서나 혹은 변혁의 수단으로서 문해교육을 하는가의 문제가 아니라, 오히려 어떻게 국가 재건의 일환으로 만들 것인가의 문제입니다.

이러한 이유로 문해교육은 정부가 이행하는 정당의 정책에 따라 어떤 변화가 생산의 사회적 관계 속에서 발생하고 있거나 혹은 곧 시작되려고 하는 지역의 프로젝트들을 통해 구체화되어야 합니다. 두 번째로 중요한 것은 고용자들이 국가재건을 위해 필요한 다른 새로운 일에 참여하도록 문해교육이 역할할 수 있는 병원, 우체국, 공적 단체와 같은 다양한 행정 기관입니다.8 마리오 카브랄은 교육위원회와 기획, 농업, 보건위원회 사이의 긴밀한 관계의 필요성에 대해 크게 강조했습니다. 아프리카 아밀카 카브랄 청년회(African Youth Amilcar Cabral; JAAC)와 같이 조직원들이 이미 문해 분야에서 의미있는 일을 하고 있는 당 내 대중 조직과의 협력도 국가 재건을 위한 합동 노력에 기여할 수 있습니다.

---

8 이러한 사안이 우리의 첫 번째 방문에서 간략히 논의되었으나, 1976년 2월 두 번째 방문 때 보다 더 중요하게 논의되었다.

이미 언급했던 FARP의 정치위원회 외에도 우리는 방문의 첫 번째 단계에서 이러한 조직과 위원회를 모두 만났습니다. 최고 위원 프란시스코 멘데스(Francisco Mendes) 동지와 국무 위원장인 루이즈 카브랄(Luiz Cabral)[9] 대통령은 우리를 단순히 의전으로서가 아니라 일을 위해 방문한 것으로 맞이해주었습니다.

우리는 향후 문해교육 프로그램을 위한 정보위원회의 기여 가능성에 특히 관심이 있었습니다. 그들은 단순히 메시지를 전달하는 차원이 아니라 커뮤니케이션 발전의 역학에 따라 정보를 명확히 이해했습니다. 그리고 그들은 라디오와 신문, 다른 경로들을 통해서 많은 사람들이 문해교육에 활발히 참여하도록 동원하는 일을 도울 수 있었습니다.

우리는 교육위원회 담당자보다 보건과 농업위원회 담당자들과는 짧은 대화를 나누었지만, 그들은 우리가 문해와 보건, 농업 생산의 필연적인 상호의존 관계를 볼 수 있게 도와주었습니다. 예방약과 협동조합, 국영농장 발전을 위한 상호 지원 고무책은 국가 발전의 목표를 위해 모든 위원회가 노력하는 중요한 교육적 관심으로 보였습니다.

그러므로 교육위원회 위원이 명료하게 지적한 바와 같이 교육위원회의 당면 과제는 성인문해교육 프로젝트에 이러한 모든 관심을 수렴하는 것입니다. 예를 들어, 학생들은 배우고, 읽고, 쓰는 동시에 말라리아 퇴치와 모기에 관한 자신의 관행에 대해 생각해볼 수 있습니다. 생산 협동조합의 해방군 노동자들은 문해교육자로 종사하면서 동시에 새로운 협동조합 설립의 기반이 되는 상호 지원을 통한 업무 경험을 나눌 수 있습니다. 효과적인 성인문해교육은 일과 배움의 범주를 배타적으로 구분하지 않습니다. 다양한 위원회의 관심은 대중의 삶에 있고, 그들의 배움과 성장의 과정을 통해 구체화됩니다.

아프리카 다른 국가의 경험에 근거하고 지리적 경계를 초월하는 시각 자료는 사람들에게 현실의 폭넓은 비전을 전달하는 데 사용될 수 있

---

9 역주: 아밀카 카브랄의 동생.

습니다. 기니비사우 교외 지역의 모기 퇴치를 고려하면서 모잠비크, 탄자니아, 상투메 프린시페의 동일한 상황을 보는 것은 그 문제 자체에 대해 생각해보는 것뿐만 아니라, 이 나라들의 경험과 관련지어 다른 문제들도 고려할 수 있는 기회를 제공합니다.

▬▬ 두 번째 강조점: 오래된 해방촌 방문

첫 번째 기니비사우 방문의 두 번째 단계는 몇몇 오래된 해방촌을 급하게 둘러보는 데 할애됐습니다. 그곳은 제가 앞서 언급했던 것처럼 PAIGC가 교육, 보건, 사법, 생산과 분배 분야에서 대단히 중요한 몇몇 실험을 했던 곳입니다. 생산과 분배 실험은 완전한 국가 독립을 이룬 지 일 년 반 뒤에 상업 조정력을 얻는 데 성공한 "인민 시장(People's Markets)"을 통해 이루어졌습니다.10

굳은 날씨에 부분적으로 영향을 받았지만 이 방문들로 우리는 지역구 정치 위원들과의 중요한 만남을 많이 가질 수 있었습니다. 우리는 그들이 투쟁 중 자신의 생존과 적군의 패배를 통해 경험한 것과 배운 것들을 국가재건운동 과정에서 행동으로 실천하는 것에 대해 들었습니다. 또 우리는 많은 국내외 기술자들과 프레네(Freinet)11의 교육 원칙에 근거한 첫 번째 훈련 세미나에 참여하는 초등학교 교사들을 만났습니다.

그러나 1976년 2월 우리의 두 번째 기니비사우 방문에서야 비로소 교외 지역을 더욱 폭넓게 여행하고 학생, 소작농들과 대화하며 내부의 상황에 대해 깊이 이해할 수 있었습니다.

나는 이곳에 방문했을 때 매우 깊게 감동받았던 사건들 중 적어도 한 가지를 기록하고 싶습니다. 엘자와 나는 기숙학교의 젊은 교장과 놀라운 대화를 했습니다. 그는 부드럽고, 차분하고, 객관적으로 얘기했습

---

10 1976년 4월 22일 제 1회 인민국가헌법국회의 두 번째 세션 개회식에서 이루어진 루이즈 카브랄 대통령의 연설 내용.

11 셀레스틴 프레네(Celestin Freinet): 1896년에 태어난 프랑스 교육가.

니다. 그리고 어떤 의미에서 그가 만들어왔고 또한 그를 만들기도 한 역사의 부분 부분들에 대해 얘기했습니다. 미사여구나 과장된 수식어도, 냉정함이나 공정함도 없이 그는 인간적인 태도로 우리에게 해방촌 내 그의 학교에 대해 설명했습니다. 그는 해방 투쟁을 지속하기 위한 공동의 과업에 학교와 지역이 통합된 방식과, 침략자들을 정복하여 몰아내고 국가를 해방시키기 위해 PAIGC가 그들에게 부과한 과업에 대해 말했습니다. 그는 결코 감상적이거나 숭배 받는 신화적 인물로서가 아닌 역사의 대단히 중요한 존재, 상징으로서의 아밀카 카브랄에 대해 말했습니다.

젊은 교장이 카브랄이 어떤 존재인지에 대해 "상징" 또는 "대단히 위대한 존재"라는 표현을 사용하지 않아도 저는 알 수 있었습니다. 위대한 지도자를 직접 본 사실과 전심을 다하여 대중과 함께 교감한 카브랄에 대해 기니비사우 지역과 카보 베르데 섬에서 이러한 감정은 일반적인 것이었으며, 이러한 공감대가 형성되지 않았다면 카브랄이 이룩해 놓은 것들은 존재하지 않았을 것이고 대중과 계속 함께 할 수 없었을 것입니다. 어느 누구도 전적으로 혼자 생활할 수는 없습니다. "기니비사우의 아버지"가 된 카브랄도 이전에는 혁명 과정 속에서 그들과 함께 배웠고 가르쳤던 "기니비사우의 아들"이었습니다.

젊은 노동자는 저와 엘자와 함께 이야기를 나누면서 학생들과 선생님들이 잔혹한 적군의 폭격들로부터 어떻게 그들을 보호하면서 함께 배우고 일했는지를 말해주었습니다. 국가의 재건을 위한 투쟁들로부터 생성된 이러한 경험들이 어떠한 역할을 하고 있는지에 대한 개념이 갈수록 명확해져 갔습니다. 또한 우리는 이러한 역할들이 식민 종주국들로 답습되어온 오래된 교육제도를 어떻게 대체하는지를 알아볼 수 있었습니다.

세찬 비바람이 치는 작은 집의 좁은 처마 밑에서 우리는 기술한 것보다 훨씬 많은 사실들을 들을 수 있었습니다. 종종 우리는 그 젊은 교육가에게 다시 설명을 요구하거나 다른 사건들을 기억해 달라는 요청을 하였습니다.

그는 우리에게 다음과 같이 말해주었습니다. "우리는 학교로부터 그리 멀지 않은 곳에 언제 닥칠지 모를 적들의 공격으로부터 아이들과 사람들을 보호할 수 있는 대피호를 항상 가지고 있습니다. 폭격기 소리가 들리면 대부분 본능적으로 재빨리 있었던 장소에서 피신했습니다. 우리는 그러한 상황에서는 무엇을 해야 하는지를 잘 알고 있었으며 지금껏 그렇게 해왔습니다." 그는 계속 말을 이어갔습니다. "한번은 우리가 공격으로부터 대피했다가 돌아왔을 때, 세 명의 동지가 배가 찢겨진 채로 학교 앞마당에 쓰러져 있는 것을 발견하였습니다. 두 명은 이미 죽었고, 한 명은 죽어가고 있었으며, 그 곳에는 세 명의 태아가 총검에 찔려 있었습니다."

저는 어떻게 그러한 만행을 저지른 자들이 이 해방촌에 올 수 있었는지를 묻지 않았습니다. 그들이 폭격을 한 후에 비행기로 이곳에 왔는지 아니면 식민 군대 선봉대의 일원이었는지에 대해서 알고 싶지 않았습니다. 그때 저에게는 그 어떠한 것도 관심 사안이 아니었습니다. 오로지 손을 부들부들 떨며 그들이 그런 살인자들을 생포한 후에 어떻게 하였는지에 대해 물어볼 수밖에 없었습니다.

제 목소리 톤과, 떨리는 손, 표정, 그리고 엘자의 모습과 그녀의 침묵 속의 통곡들을 통하여 저와 엘자가 이루 헤아릴 수 없는 혐오감을 느꼈음을 그 젊은 청년이 인지하였다는 인상을 받았습니다. 그의 목소리는 차분하였고 다음과 같은 그의 대답은 가르침 그 자체였습니다. "그런 악마 같은 사람들이 잡히면 민중의 심판에 의해 처벌받습니다. 고문을 주는 것이 아니고 혁명을 통하여 응징하는 것입니다. 우리의 카브랄 동지는 항상 적들에게 경의를 표해주어야 한다고 말하였고 그것은 우리당과 PAIGC의 기본 철학입니다."

그리고 이런 점이 박해자들의 폭력과 억압받는 자들의 폭력의 근본적인 차이점을 보여줍니다. 억압자들의 경우, 암묵적으로 착취와 지배를 통하여 폭력을 행사하고, 억압받는 자들의 경우 현실을 뒤엎는 혁명적 변화를 통하여 폭력을 제거합니다.

정치적 성숙도는 그 한 명의 젊은 투사를 통하여 밝혀졌고 기니비사우에서 "문화적 사실과 문화의 요인"로서의 해방 투쟁에 의한 정치적 성숙도는 이러한 투쟁의 영향을 덜 받은 몇몇 지역을 제외하고는 끊임없이 지속되었습니다. 기니비사우에서 그들은 투쟁을 장황한 미사여구를 사용한 열변을 통하여 말하지 않습니다. 그들은 배운 대로, 필요한 대로 지속적인 과정의 일부로서 투쟁을 가르치고 요구합니다. 그들의 투쟁은 참여를 내포하고 있으며 각성을 촉구하는 것입니다.

사실, 한편으로 이러한 단순함과 승리주의를 표방하지 않는 투쟁은 자신감에 기인하는 것이며 거짓된 겸손이 아닌 진정한 겸손으로부터 나오는 것입니다. 이러한 안보의식과 겸손은 저항들을 극복하는 어려운 투쟁들 속에서, 그리고 적을 물리치는 승리 속에서 형성된 것입니다. 사람들이 이런 안보의식과 겸손에 뿌리 깊게 근거하고 있기 때문에 권리침해를 극복하고, 다른 이들로부터 당하는 착취로부터 벗어나며, 그들의 사회를 재구성하기 위해 시작한 투쟁의 처음부터 그들이 추구하고자 하는 꿈을 실현해 줄 수 있는 지도자들과 사람들의 굳은 헌신을 인지하는 것입니다.

젊은 투사는 그와 함께 하는 민중들의 역사적인 역할에 대한 절대적 확신과 이에 상응하는 혁명적인 겸손이 그의 동지들과 함께 해왔고 앞으로도 함께 할 것이라고 우리에게 말해주었습니다. 그리고 그는 투쟁의 고난에 참여하며 얻는 즐거움과 자신의 나라를 재건하는 데 동참하는 즐거움을 말해주었습니다.

헬리콥터 조정을 배우는 두 명의 기니비사우 청년들과 함께 두 명의 소련인이 조정하는 헬리콥터를 타고 비사우로 돌아오는 길에, 헬리콥터 창밖으로 네이팜탄에 불탄 나무들을 보았습니다.

저는 호기심을 갖고 그 모습을 골똘히 쳐다보았습니다. 거기에는 한 마리의 동물도 없었고 큰 새들 몇 마리만이 조용히 날아다니고 있었습니다. 투쟁 속에서 보이는 다른 양상들에 대하여 루이즈 카브랄 대통령이 우리와의 첫 만남에서 말해주었고, 젊은 학교 교장을 통해 비춰진 심각성을 상기시켰습니다. 대통령은 다음과 같이 말했습니다. "한때 기니의 모든 동물들이 옆나라로 도피할 때 해방촌으로 데려온 작은 원숭이들만이 남아있었습니다. 그 원숭이들은 "백인"을 무척 두려워했습니다. 그 불쌍한 것들은 우리를 위협했고 결국 우리는 그 원숭이들을 잡아먹을 수밖에 없었습니다. 저는 우리의 모든 동물들이 전쟁이 종식되었다고 확신하고 하루 속히 돌아오기를 희망합니다."

저는 헬리콥터 창문을 통하여 바라보았지만 이 나라의 어느 곳에도 아직 동물이 돌아온 것을 보지 못하였습니다.

비사우로 돌아와 우리 팀의 이번 방문 중 마지막 단계를 준비하던 때에 우리에게 큰 영향을 준 사건이 있었습니다. 그 때 이후로 저는 자주 그 사건을 언급하기 때문에 여기서 그냥 지나치고 싶지는 않습니다.

따뜻한 9월의 아침이었습니다. 숨을 멎게 할 정도의 더위와 독립을 자축하는 기념행사가 준비 중이었습니다. 큰 공원의 깊숙한 곳에 위치하고 있는 커다란 단상 위에는 국가의 관료들, 외국 대사 및 특사들 그리고 해외에서 온 외교사절들이 앉아 있었습니다.

비사우의 다른 지역들로부터 온 시민조직들로 구성된 다양한 그룹들이 퍼레이드 속에 남녀노소 할 것 없이 화려하게 차려입고 노래를 부르며 춤을 추고 있었습니다. 훌륭한 리듬에 허리놀림을 맞추며 사람들이 오고가고 하였습니다. 수많은 군중이 공원까지 열려있는 대로를 따라 퍼레이드 속에서 역동적으로 참여하고 있었습니다. 그들은 퍼레이드 속에서 보고 듣는 것만이 아니라 의식적으로 투쟁의 승리를 마땅히 쟁취해야 했던 군중으로써 즐거움을 표출하고 있었습니다.

군중은 함께 노래 부르며 이동하였으며 멀리에서 보이는 이러한 광경은 민속적 행위라기보다는 축제 그 자체였고 모든 사람들은 이 중요한 날을 함께 즐기고 있었습니다.

이 퍼레이드는 FARP가 행사를 준비하고 루이즈 카브랄 대통령의 연설이 시작되면서 끝났습니다. 루이즈 카브랄 대통령은 자신이 서있는 단상의 바로 정면에 위치하고 있던 군악대에 주목하게 되었습니다. 군악대의 한 병사가 기절하면서 고꾸라지듯 쓰러졌기 때문입니다. 대통령은 연설을 멈추었고 다른 동지들이 부축한 그 사병에게 시선이 고정됐습니다. 군중은 무슨 일이 벌어졌는지를 인지하였고 사병을 태우고 병원으로 갈 차가 접근할 수 있도록 바로 길을 열어주었습니다. 대통령은 차가 사라질 때까지 바라보았고 차가 사라진 이후에 다시 연설을 재개하였습니다.

제 곁에 있던 엘자는 "우리가 이 나라를 방문했던 기간 중 가장 아름다운 광경인 것 같아요. 우리는 진정으로 말과 행동이 끈끈하게 결속되어 있는 이 사람들에게서 배울 점이 많은 것 같아요. 여기에 있는 한 사람 한 사람이 인격체로서 대접받으며 그 인격체는 추상적인 개념이 아닌 실제라는 사실이네요."라고 낮은 소리로 말하였습니다.

대통령은 계속해서 이야기를 이어나갔습니다. 그는 참으로 진정성 있는 인물이었습니다. 그의 말에는 사람들을 위한 진심이 담겨져 있었고, 그로 인해 말과 행동이 일치한다는 것을 확인할 수 있었습니다. 아주 짧은 찰나였지만, 그의 말을 통해 그가 겪어온 수년에 걸친 투쟁의 과정들을 짐작해 볼 수 있었습니다. 해방군 루이스 카브랄이 어려움에 처한 그의 동료들과의 연대를 어떤 방식으로든 드러낸 것은 이때가 처음이 아니었습니다. 지도자로서의 루이스 카브랄은 연설을 멈추고 9월의 따가운 아침 햇살 아래 쓰러진 그의 전우들을 걱정스러운 듯이 바라보았습니다. 해방군의 한 사람으로서 루이스 카브랄은 인민 해방 투쟁을 위한 군 대열에 수없이 많이 합류했을 것입니다.

기니비사우에서의 이 사건들이 중요한 의미를 가진 것은 부인할 수 없습니다. 그렇다고 이런 사건들이 아주 예외적이거나 일회적인 것은 아닙니다. 왜냐하면 이번 일들이 인민의 삶을 구성하는 한 부분이기 때문입니다. FARP가 모두에게 비난받고 있는 상황에서도 만약 "다정하지 않고 냉철한" 대통령이 계속해서 대화를 이어나가려 했다면 오히려 그것이 더 이상한 일인 것이지요.

제 생각에 가장 주목해야 할 사실은 투쟁의 압력 속에서 싹틔운 가치들이 지속적으로 퍼져나갈 수 있었다는 부분입니다. 인민들이 PAIGC

가 인민의 선봉임을 가슴 속에 새기고 있었기에 PAIGC 스스로가 그 유대감을 잘 인식하려 노력하는 한 혁명은 왜곡 없이 진행될 수 있을 것입니다. 노동자 계급과의 일치감을 어느 정도로까지 지키고 발전시켜 나갈 것인가의 문제는 오래 전 아밀카 카브랄이 생각해 낸 "계급 타파"에 대한 이해와도 직결되어 있었습니다. 만약 이 "계급 타파"가 방향성을 상실한다면 그들 스스로가 아무리 노동자 계급의 편에 서있다고 주장하더라도 결국 노동자 계급과는 확실히 차별화되는 관료화적 부르주아의 재집권을 초래할 것입니다.

▬▬ 세 번째 강조점: 미래 협력 방안 작성

저는 이미 도입부에서 우리의 계획이 제네바에서의 논의나 동지들과의 충분한 협의를 통해 완성되었음을 말씀드렸습니다. 우리의 계획은 한 지역에서의 체류 기간을 3단계로 구분하고는 있지만 이들이 결코 서로 완전히 구분되는 것은 아닙니다. 앞선 두 단계는 주로 보고 듣는 과정이나 질의 및 토론을 통한 탐색기라고 특징지어질 수 있습니다. 그리고 특성상 매우 분석적인 단계라고 말할 수 있습니다. 마지막 3단계인 종합의 단계는 앞선 두 단계와 자연스럽게 이어집니다. 사실 마지막 단계에서의 활동은 분석 단계에서나 앞선 다른 단계에서도 항상 일어나고 있기 때문에 결코 분리될 수 없는 활동입니다. 이런 이유에서 우리의 답사 마지막에 진행되고 있는 일들이 일부 미확정적이라고 해도 이미 앞선 분석의 두 단계에서 상당 부분 결정된 것으로 이해해도 됩니다. 우리는 관심을 가졌던 국가의 현실을 가능한 전체적인 하나의 모습으로 파악해 보려고 애쓰고 있습니다. 또한 동시에 그에 대한 깊이 있는 이해를 위해 전체를 몇 개의 부분으로 나누어 분석해 보기도 했습니다.

앞서 말씀드린 바와 같이 분석의 과정에서도 이미 종합화가 진행된 부분이 있습니다. 그러나 마지막 종합화 단계에서는 각각의 분류된 사실들을 본격적으로 재조합해 보았습니다. 기본적으로 앞선 두 단계가 분석과

종합화를 모두 아우르는 하나의 역동적 작업 안에서의 종합인 셈이지요.

처음 두 단계의 과업을 진행하는 동안, 평가 회의를 하면서 때로는 국가기관으로서 또 때로는 답사팀으로서 현실이란 겉으로 드러나는 모습 뒤에 숨어있는 의미를 해석해야 하는 대상임을 잊지 않으려 노력했습니다. 그래서 우리는 갑절의 일을 해야만 할 때도 있었습니다. 또 어떤 때는 현실이라는 것을 우리가 분석해야 할 대상이라고 생각하고 비판적 이해를 시도하기도 하였습니다. 또 한편으로는 기니비사우 팀들과 힘을 모아 현실을 이해하고자 애쓰던 바로 그 작업 과정 자체가 우리의 성찰의 대상이라고 생각해 보기도 하였습니다. 이런 방법으로 우리는 앞선 단계의 분석을 다시 분석함으로써 한 가지 현실을 두고서 그것을 우리의 호기심의 대상으로 바라보기도 하고 또 한편으로는 비판적 재검토 작업을 진행하기도 했습니다.

우리가 참여자로서 기니비사우 팀과의 대화를 통해 현실을 분석하는 과정을 거치는 동안, 우리는 침묵하는 방관자가 될 수 없었습니다. 그렇다고 현실 분석이라는 행위의 독점적인 주체가 될 수도 없었습니다. 즉, 해석은 기니비사우 팀이 하고, 우리는 그저 그들의 보고를 받는 역할을 했습니다. 마지막 종합 단계에서 철저히 보호된 비밀을 밝히듯이 우리가 이해한 바를 마치 신비스러운 무엇인가를 전달하는 양 행동하는 것은 원하는 바가 아니었습니다. 우리 스스로가 현실을 해석하는데 독점적인 주체가 된다는 것은 기니비사우를 방문할 때 세운 기본 원칙에도 어긋나는 것이었습니다.

사실, 우리는 기니비사우 팀과 연루되어 우리 스스로가 그들과 마찬가지로 '앎'이라는 행위에 있어 "앎의 주체"가 되어야만 한다는 생각을 하게 되었습니다. 우리가 알기를 갈구하는 현실에 의해 조정된 기니비사우 팀들과의 대화는 "앎"이라는 행위의 인증과도 같은 것이었습니다. "앎"과 "다시 앎"을 통해 우리는 배우는 것과 가르치는 것을 동시에 하고 있었습니다.

제가 이 점을 강조하는 데는 단지 어떤 사실을 소개하고 나면 그에 부연 설명이 응당 뒤따라야 하는 것이기 때문이 아닙니다. 오히려 "앎"이라는 행위와 이러한 행위 중 "앎의 주체"를 입증하는 대화들 가운데 항상 제대로 이해받지 못하는 나의 위치를 분명히 하고 싶었기 때문입니다.

게다가 이것은 원칙적으로 마리오 카브랄과 그의 교육 사절단과의 공부 모임에서 우리가 방문 초기부터 논의하고자 했던 주제이기도 했습니다. 또한 우리의 뒤이은 방문에서 다시 논의해보고 싶었던 주제였습니다. 이 주제는 제가 쓴 글의 앞부분에 바로 이 같은 이유로 종종 언급이 되었습니다. 그러나 그 논의가 충분한 깊이가 있었던 것은 아니었기에 다시 한 번 빠트리지 않고 말씀드리는 것입니다.

우리의 세 번째 방문을 다시 두 부분으로 나누어 보면, 첫 번째 부분에서는 마리오 카브랄과 그의 단원들과 함께 우리의 초기 노력들을 개요화시키는 데 대부분의 노력을 기울였습니다. 우리가 수행할 수 있는 해석의 과정인 현실을 분석하는 일을 함께 구상하고 시행하고자 했던 것입니다.

우리의 최초 과업인 개요화 작업은 우리가 국가 현실을 바탕으로 만들어낸 "해독(reading)"을 명백히 해야만 한다는 것을 의미했습니다. 우리의 "해독"은 교육위원회에게 전달되어야만 했습니다. 우리가 그것을 받아들일 것인지 혹은 거절할 것인지, 받아들인다면 전체를 수용할 것인지 혹은 부분적으로 수용할 것인지, 더 나아가 그것을 개선할 것인지 아니면 더 심화시킬 것인지 그 어떤 형식으로든 응답해야만 했습니다. 그래서 종합의 과정에서 우리는 다시 분석의 과정으로 돌아가 또 다른 새로운 종합의 과정을 거쳐야만 했습니다.

방문 마지막 결론 단계에서 우리는 국가 지도자들과 함께 차기 방문에서 우리가 어떤 기여를 할 수 있을 것인지 논의했습니다. 그리고 이 논의는 정부와의 동의하에 마리오 카브랄이 건의한 것이었습니다. 이 단계에서 우리는 그간에 직접 보고 들어왔던 것과 우리의 요구에 대한 응답, 그리고 특히 국가 재건의 과정에서의 일반교육과 문해교육의 역할에 대한 공통의 이해를 논의의 기초에 두었습니다.

핵심을 말하자면, 우리가 구상한 프로젝트를 수행하려면 제네바에서 완수해야 할 몇몇 과업들과 기니비사우에서 완수해야 할 또 다른 과업들이 바탕이 되어야 했습니다. 1976년에는 세 차례에 걸친 방문이 계획되었고, 모두 무사히 완료되었습니다. 또한 IDAC팀이 정부에게 그 어떤 비용도 받지 않고 기니비사우에 파견되어 성인문해조정위원회를 위해 상근으로 일하는 데 합의하였습니다. 이 계획은 1976년 2월부터 실행에 옮겨졌습니다. 사실 위원회 그 자체도 우리의 최초 방문 기간 동안 가졌던 회의 결과, 마리오 카브랄에 의해 제안된 것이었습니다.

여러 차례에 걸친 우리들의 방문 일정 사이사이에 올라오는 보고서에 기초하여 성인문해교육 분야에서의 활동을 평가하기로 합의했습니다. 그 과정의 일부로서 첫 번째 방문 기간 동안에 논의의 가장 핵심이 되는 부분을 더 깊이 있게 조사했던 것이었습니다.

차기 방문 기간 동안의 작업 방법은 근본적으로는 제가 앞서 말씀드린 것과 같이 역동적인 의미에서의 첫 번째 방문과 같습니다. 즉, 분석 기간과 새로운 분석에의 필요성 도출로 이어지는 종합의 기간 동안에 채택되었던 방법 말입니다.

제네바에서 우리는 계속해서 국가 교육 문제, 특히 제가 이 글에서 끊임없이 고집해왔던 넓은 의미에서의 문해교육 분야에서의 문제를 파악하고자 우리의 이해를 심화시켜갈 것입니다. 저는 요구받은 대로 제네바에서 교육 자료를 준비해서 그것들이 실제로 사용되기에 앞서 검증받도록 할 것입니다. 우리는 또한 비사우에서 준비되어 우리에게로 보내질 또 다른 자료들을 평가하고 그에 대한 의견을 모을 것입니다.

바로 이런 방식으로, 오늘날 우리가 기니비사우 교육 위원회와 재정 지원을 담당하게 될 개발을 위한 기독교 위원회나 IDAC, WCC가 참여하여 공동으로 작업할 프로젝트가 탄생하게 된 것입니다. 그리고 앞선 1년은 우리 모두가 이해하기 위한 공통의 학습 시간이 되었습니다.

Part 2

이 서론 부분은 1975년 9월 이래로 발생한 주요 활동들을 묘사하고 있지만, 현재 시점에서 보면 불완전한 부분이 있을지도 모릅니다.

── 기니비사우의 교육 시스템

저의 첫 번째 코멘트는 기니비사우의 교육 시스템에 도입되어 온, 또는 도입되고 있는 변화에 대한 것입니다. 이것은 제가 전에 언급했던 것에 더해 수정하는 것입니다. 마리오 카브랄은 당의 목표와 정부의 방침에 충실했고, 이를 통해 식민지로부터 물려받은 교육시스템의 급진적 변혁을 준비하고 있었습니다.

식민지의 유산인 교육시스템의 급진적 변화가 성인교육에 필연적으로 영향을 주게 될 것이므로, 저는 이 변화와 함께 이야기를 시작하려 합니다. 제가 전에 살펴본 바에 따르면 성인교육은 그 나라 정규 교육 시스템에 포함되어 있는 전반적인 교육계획과 분리될 수 없습니다.

교육 시스템이 전반적인 사회 시스템에 적대적이어서 바꾸려 하는 노력은, 사회운동과 혁명적인 당이 권력을 잡기 위해 피지배계급의 전략적 기관에서 사용하는 방법이 될 수도 있습니다. 이렇게 되면 성인들을 위한 비형식교육 부문과 사회의 교육 시스템 사이에서 갈등이 발생하게 됩니다. 하지만 기니비사우는 이와 다르게, 성인교육으로 의도된 것과 국가 정규 교육 시스템을 통해 이루고자 하는 것 사이에 조화를 이루었습니다.

발생하고 있는 변화에 대한 첫 번째 정보의 출처는 교육위원장 마리오 카브랄입니다. 기니비사우에서 열린 작업회의에서 마리오 카브랄과 측근들은 기니비사우의 교육 변혁에 대응하는 방법에 대해 확신을 가지고 말했습니다. 저는 앞으로 카브랄이 기니비사우의 신문 중 하나인 '노

핀차(*Nô Pintcha*)'와 진행했던 인터뷰 내용을 언급할 것입니다. 그리고 이 인터뷰 내용으로부터 몇몇 구문을 인용할 생각입니다.

새로운 시스템은 사회의 기반시설과 관련하여 문답 형태로 구성됩니다. 도입되고 있는 변화들은 절대 기계적이지 않습니다. 이 변화들은 더 큰 과정의 한 부분입니다.

이러한 비전과 완전히 일치하는 것은, 시스템의 각 부분이 서로 떨어져 있는 독립체라고 보는 관념과 실천을 대체하는 새로운 사고방식입니다. 시스템의 각 부분이 다른 부분과 떨어져 고립되어 있으면 학습자들의 자체적인 발전은 잊혀지고, 각 발전의 단계는 단지 다음 단계를 준비하기 위한, 동떨어진 순간순간이 될 것입니다.

기니비사우 교육위원회의 계획은 나라의 상황에 맞게 현실적으로 개입하는 것입니다. 이 계획은 서로 다른 교육 수준 사이의 관계를 인지하고 있습니다. 하지만 이는 각각의 교육 수준에 있어 특정한 학습 과제가 가능한 한 완전하게 이루어질 것을 목적으로 하여 계획된 것입니다. 따라서 기초지도와 일반교육 과정 또는 중급기술학교 사이의 관계는 기초지도가 다음 과정에 도달하기 위해 몇몇 과정을 통과하여 결국에는 대학으로 가는 '엘리트'에 도달하는 식으로 한정되지 않을 것입니다.

마리오 카브랄은 "우리의 지도"는 "세 가지 수준으로 나뉠 것입니다."라고 말했습니다. 이 세 가지 수준은 "(1) 기초교육: 4년과 나머지 2년의 두 사이클로 나뉘는 6년, (2) 일반교육: 3년, (3) 중급종합기술교육: 특정한 요구사항에 따라 다양하며 2-3년"입니다.

기초지도는 당과 국가가 이를 보편화시키는 것이 가능해지는 대로 보편화 될 것입니다. 기초지도에는 새로운 사회를 발전시키기 위해 시민의 완전한 참여에 필요한 근본적인 배경지식들이 포함되어 있을 것입니다.

우리는 단순히 다음 수준 학교의 학습자를 준비하는 학교의 지도에 대해 말하고 있는 것이 아니라, 나라의 필요와 끊임없는 변증법적 관계를 가지는 내용을 담고 있는 진정한 교육에 대해 말하고 있는 것입니다. 이러한 종류의 교육에서는, 실제 행동으로 이어지는 지식 자체가 이론과 실천 사이의 결합으로부터 발전됩니다. 이러한 이유로 학습의 과정과 학습자 자신의 삶 속에 있는 학습의 근원이 분리될 수 없습니다.

이러한 교육이 추구하는 가치들이 삶 속에서 인간화되지 않으면 공허한 가치가 될 뿐입니다. 이 가치들은 오직 실천으로 옮겨질 때만 인간화될 수 있습니다. 따라서 지도의 최초 사이클인 첫 네 학년에서 실제 경험에 참여하는 것이 개인주의보다는 사회적 연대의 양성을 도울 수 있습니다. 상호지지의 원칙, 즉 실제 문제를 직면했을 때 발휘하는 실천적인 창의성과 정신적·육체적 노동의 결합은 매일 이루어져야 합니다. 그러면 학습자들은 공동체 안에서 그들이 가져야 할 책임감에 따른 새로운 형태의 행위를 만들어내기 시작합니다.

기초교육의 두 번째 사이클인 5-6학년은 학습자들이 전에 경험한 학습행위보다 더 높은 수준의 학습행위를 포함합니다. 즉, 그들의 지식을 확장시키기 위해서 뿐 아니라 지식을 더 깊이 조사하기 위해, 일하고 탐색하는 것을 동시에 하는 것입니다. 이 과정에서 학습자들은 교사와 함께 자신의 학습에 대한 주체 역할을 수행합니다.

만약 학습자들이 식민주의 교육 시스템 속에서 계속 학습하거나, 교사들에 의해 전달된 패키지화된 지식을 단순히 수용한다면, 연대, 사회적 책임, 창의성, 공공재 서비스에서의 규율, 경계와 비판적인 정신과 같은 구체적인 가치들—PAIGC는 이러한 가치들에 의해 그리고 전체 자유화 과정을 통해서 더 단단해졌습니다— 의 형성을 꿈꾸는 교육은 불가능할 것입니다. 이 식민주의 교육이나 패키지화된 지식을 수용하는 학습과정은 그것을 교육자의 "교육적" 행위의 단순한 "사건"으로 축소시킵니다.

교육은 국가의 현실과 함께 지역의 현실에 기반하고 있습니다.

마리오 카브랄은 "우리는 인구의 적어도 90%가 농민이라는 것을 알고 있습니다. 우리가 구성하고 있는 지도는 이 사실을 고려해야 하고, 따라서 지방에 맞게 기획되어야 합니다. 학습자는 이 교육을 통해서 주체로서 지역 커뮤니티가 필요한 변혁에 참여할 수 있어야 합니다."라고 강조했습니다.

그리고 기초교육의 두 번째 사이클에서 지식의 범위를 확장할 필요성에 대해 언급할 때, "우리는 지금 시작해서 이 정도 수준의 물리학, 화학, 생물학 개념을 자연의 과정을 이해하는 기반으로서 도입하고 있습니다."라고 말을 이었습니다.

그는 이어서 해방군의 형성에 반드시 필요한 역사 공부에 대해 언급하며, 역사는 기초 사회과학 과정의 일부가 될 것이라고 말했습니다.

"지리학을 포함하여 우리가 이 정도의 수준으로 도입하려 하는 과정을 통해, 그리고 이러한 공부들을 위해 주어질 입문 지도와 함께, 과정을 수료한 학생들은 농부, 기계공, 진보적인 의학 관계자가 되기 위해 필요한 종류의 지식을 갖게 될 것입니다."

두 번째 지도단계인 일반교육 과정에서, 국가가 가장 시급하게 요구하는 것에 대한 대응으로서 학생들을 준비시키려는 목표는 여전히 다양한 영역 내에서 학생들이 선택할 수 있도록 허용합니다. 학생들의 과학적 능력은 일반교육과정과 동등한 방식으로 점차 강화될 것입니다. 당연히 군사행동과 사회적 책임, 이 둘은 비판적 성찰이라는 영구적 과정의 일환으로 서로 분리될 수 없습니다. "하지만 무엇보다도, 실천적인 행위가 각 지역의 수요와 특성에 맞게 따라갈 것입니다. 그리고 우리는 학습자들이 실천을 통해 습득할 목공, 전기, 그리고 농업에서의 일반적인 기술을 내버릴 수 없습니다."라고 카브랄은 말했습니다.

그 계획은 또한 전문화(specialization)가 절대로 "전문성(specialism)"으로 왜곡되지 않는 전문학교의 설립을 요청합니다. 초등학교 선생님, 간호보조원, 농학자, 목수, 대장장이를 훈련시키기 위한 학교는 국가의 수요에 맞춰 만들어질 것입니다. 이러한 학교들은 교육위원회뿐 아니라 발전되고 있는 기술에 관심이 있는 다른 위원회와도 강력한 유대관계를 가지고 있습니다.

일반교육 수준의 학교에서 제공되는 훈련은 중급종합기술 교육기관에서 계속되고, 심화되고, 다양화될 것입니다. 중급종합기술 교육기관들의 중요한 목표는 나라의 변혁을 위해 필수적인 서로 다른 분야의 기술자를 양성하는 것입니다. 다른 모든 것과 괴리되어 세부적이고 집중된 전문성의 비전을 가지고 권력을 행사하는 과학기술 분야 전문가로 만드는 것을 피하기 위해, 훈련은 포괄적으로 이루어질 것입니다.

이 수준에서 요청되는 교육기관 중에는 교육학(초등과 중등학교의 교사를 양성하는 것), 간호학과 사회과학과 같이 전문적인 발전이 이루어져야 하는 것들이 있습니다. 농업과학뿐 아니라 행정학을 위한 교육기관을 만드는 것 또한 고려됩니다.

이러한 모든 교육기관에서, 젊은이들은 나라의 실질적 수요와 연계하여 해외 대학에 들어갈 수 있도록 훈련받을 것입니다. 물론 많은 젊은이들이 국가 재건에 직접적으로 관여하는 것을 지속할 필요가 있습니다.

어떠한 경우에도 이러한 기관에서 외국의 대학교로 바로 진학한 것은 어느 정도의 자격을 갖췄다고 볼 수 있습니다. 마리오 카브랄 위원장 또한 직장에서 가장 능력이 출중하고, 성실한 사람이 외국에서 수학할 수 있는 기회를 제공받을 것이라고 말했습니다.

또한 기초교육에서 일반교육 과정으로, 그리고 중급종합기술 교육 단계로 넘어갈 때에 충족시켜야 하는 일정한 자격요건이 있는 것은 당연한 일입니다. 학생들은 "이전 단계의 성취도에 따라서" 다음 단계로 넘어갈 수 있습니다. 이때에는 연구의 진지함, 각 단계별로 요구되는 과학적, 기술적인 자질, 도덕성, 그리고 사회적 이니셔티브가 고려됩니다.

이전에 언급했듯이 이 계획에서 가장 중요한 것은, 각 단계별로 이동하는 길이 교육체계 안에서 줄어들지 말아야 한다는 것입니다. 한 단계는 단순히 다음 단계로의 "준비" 과정이 아닙니다. 따라서 기초교육 단계에서 학업을 마친 학생이나 체계적으로 교육을 받을 기회가 없는 학생들은 국가 재건에 이바지하는 의식적인 군인으로서의 성장을 위한 기회를 박탈당하지 않습니다.

이 모든 것들을 현실에 적용하기 위해서는 교사들을 준비시켜야 합니다. 학생들을 가르침으로써 자기 증식을 할 수 있는 능력을 갖춰야 합니다. 마리오 카브랄은 다음과 같이 말하면서 교사의 중요성을 강조했습니다. "만약 우리가 양적으로나 질적으로 교사가 충분히 확보되지 않으면 국가 재건의 어떠한 분야에서도 개발을 이뤄낼 수 없습니다. 우리는 이미 교사 양성 기관을 위한 기금이 마련되어 있고, 이 국가의 중심부인 만사바(Mansaba)에 기관을 만들 생각을 갖고 있습니다."

초기에 위원회의 목적은 250명의 우수한 교사를 배출하는 것이었습니다. 이들은 1년의 현장 경험을 가지며 그 경험을 바탕으로 지속적 교육을 위한 세미나에 참여할 것입니다. 이 기관은 교사들이 다양한 단계의 교육을 할 수 있도록 준비할 것입니다. 각 코스에 입학하기 위해서는 교사들이 가르칠 단계별로 요구되는 자격 요건이 다릅니다. 예를 들어, 기초교육을 담당할 교사는 6년의 교육 과정을 마친 사람이어야 합니다. 기관에서 제공하는 훈련 과정은 3년 과정입니다. 기초교육의 두 번째 단계를 담당할 교사는 9년의 교육과정을 마쳐야 하며 기관에서 제공하는 3년의 추가적인 훈련 과정을 마쳐야 합니다.

일반교육 과정을 가르칠 교사들은 11년 공부를 마친 사람이어야 하며 기관에서 3년의 추가 훈련 과정을 마쳐야 합니다.

마리오 카브랄은 다음과 같이 선언했습니다. "이 기관은 우리 국가의 첫 번째 대학의 초기 형태를 갖출 것입니다. 교사양성학교에서 교수가 될 사람들은 11년의 학업이 요구되며 교육학 기관에서 4년의 훈련 과정을 마쳐야 합니다."

그리고 저는 학생들의 점진적인 과학적 형성을 중시하는 기니비사우 교육위원회의 정신을 거스르지 않을 것입니다. 이것은 학생들이 세계에 나갔을 때 현실을 이해하도록 도울 것입니다. 이것은 과학을 숭배하거나 이성의 의미를 왜곡시키는 "과학만능주의"와는 전혀 다른 이야기입니다. 그들이 마침내 교육과 생산성 간의 필수적인 관계에 대해 관심을 갖기 시작한 것처럼, 그들은 소비지상주의적 생산성을 찬양하는 우를 범하지 않을 것입니다.

제가 보건데, 근래 기니비사우에 형성된 체계의 기본적인 양상 중에 하나는 학생들에게 현장실습을 통해 연대를 키우고 사회적 책임을 갖게 한다는 것입니다. 그들은 현장의 일들을 지식의 자원으로 바라보고 사회적으로 꼭 필요한 것들을 생산함으로써 개인주의가 낳은 경쟁보다는 진정한 동지애를 구현합니다.

"새로운 체계의 진짜 목적은 식민지의 구습을 제거하고 PAIGC의 정신에 이바지하는 것입니다. 역사적 책임의식을 가진 새로운 개인과 노동자를 배출하고, 창의적이며 효과적인 사회 변혁 과정에 이들을 참여시키는 것을 목표로 합니다. 우리는 이러한 이상이 실현되기를 꿈꿉니다. 이것은 우리 국가의 필요에 대한 정확한 이해와, 개발 계획에 대한 정의, 산업 현장, 그리고 각 단계에 있는 학교들과 기구들에서 일어나는 토론들을 통해 이뤄질 것입니다. 토론에서는 기술적인 내용뿐만 아니라 삶 그 자체의 필요에 대한 것도 다뤄집니다."라고 마리오 카브랄은 말했습니다.

그러나 그는 이후에 다음과 같이 경고했습니다. "국가 교육 시스템 변혁의 전체적인 계획은 각각의 모든 분야에서 이와 비슷한 변혁이 실행되지 않는다면 어떠한 의미도 갖지 못할 것입니다."

1976년 9월, 우리가 마리오 카브랄과 했던 마지막 회의에서 그는, "어떤 면에서, 교육은 하나의 도전을 일으켜낼 수 있습니다. 게다가, 그 도전을 위한 구조적 변혁은 필수적이며 이를 통해서 그 도전에 적용되는 현장은 견고해질 것입니다."라고 말했습니다.

PAIGC와 정부의 공개적인 토론이 항상 고무되던 기니비사우의 현실에 맞춰, 위원장인 마리오 카브랄은 학생과 그들의 가족, 교수, 교육 공무원과 그 외 관심이 있는 사람들을 모아 큰 규모의 공청회를 열었습니다. 그는 전년도에 있었던 활동들을 평가했으며, 위원회의 2차년도인 차기년도의 주요 활동을 소개했습니다(노 *핀차*, 1976년 11월).

연설의 첫 부분에서 그는 1974년 10월 PAIGC가 기니비사우에 들어와 정부를 장악하면서 맞이하게 된 어려움들에 대해 명확하고 직접적인 방식으로 말했습니다. 그는 다수의 중등학교 교사 철회에 대해 말했습니다. 그들의 대부분은 "군인이었으며, 그들은 우리 인민들을 억압하였고 우리의 진보에 장애가 되었습니다."라고 밝혔습니다. 그리고 위원회의 계획, 조직, 교육과정의 재개편을 위한 경험의 부족, 식민시대 교육의 잔재를 어떻게 처리해야 할지에 대한 어려움을 말했습니다. 하루아침에 변화를 일으키는 것은 불가능해 보였습니다. 위원장은 이 시점에서 모든 학교의 체계적 폐쇄의 제안을 철회했습니다. "몇몇은 우리 교육에 필요한 것을 재정립하고 우리 위원회의 재조직을 위해 모든 학교들을 폐쇄해야 한다고 주장했습니다. 이것은 이상일 뿐입니다. 만약 우리가 그렇게 했다면, 오늘날 학교에서의 수업이 진행되지 못하고 있었을 것입니다. 왜냐하면, 우리는 이상적인 형태의 지도안이 요구하는 완벽한 환경을 아직 이루지 못했기 때문입니다."

그러고 나서 그는 몇몇의 긍정적인 성과와 그간의 실수를 언급했고, 누군가의 헌신과, 어떤 이의 실패에 대해서 말했습니다. 그는 1974년 2월부터 1975년 9월까지의 기간 동안 모두가 교육 업무를 위해 헌신하고 애썼다는 것을 강조했습니다. 그는 이 기간을 "실험적 연도"라고 부르면서 그 다음해 "기구의 첫 해"를 위한 기반을 제공했다고 밝혔습니다.

기구의 첫 번째 연도가 마무리되면서 그 성과를 분석하였고, 결코 숨겨서는 안 되는 실패에 대한 비판과 함께 성취의 내용 및 대다수 위원회의 구성원들이 가지고 있던 강한 정신력과 의지에 대해 말했습니다. 또한, 위원회의 구조적인 확장을 위한 노력 역시도 언급했습니다. 그는 이러한 구조적 확장의 결과로서 정책위원회, 기술교육위원회, 행정위원회를 예로 들었고 각각의 위원회에서는 역동적인 방법으로 각자의 역할을 다하고 있으며, 국가의 교육적 현실을 반영한 끊임없는 논의를 하고 있다고 말했습니다.

이러한 위원회들의 중요성은 그 존재에 있지 않습니다. 왜냐하면, 여타 다른 기관에도 같은 위원회들이 존재하기 때문입니다. 중요한 것은 그들의 실행의 진보와 명확한 목표에 대한 이해, 그리고 그들을 특징 짓는 대화와 탐색의 환경이 조성되었다는 점입니다. 카브랄은 말했습니다.

"사실상, 그들의 활동은 우리의 업무를 발전시켰습니다."

연설의 후반부에서는 그가 계속해서 생각하고 있는 프락시스에 대해 말했습니다. 카브랄은 그가 가장 고민하는 문제 중 하나로 각 단계의 학교들과 지역, 지방, 그리고 국가적 현실과의 관계를 들었습니다.

"우리의 주요 목표 중 하나는 학교와 생활을 연결 짓는 것입니다. 학교가 위치한 지역사회에, 작은 촌락에, 혹은 이웃지역에 학교를 재위치시키는 것입니다. 마찬가지로 우리는 학교를 그 지역에서 생산적인 노동, 특히 농업과 관련짓기 위해 애쓰고 있습니다. 학교를 대중 조직, JACC, 젊은 개척자들, 노동조합, 그리고 여성조직 등과 보다 밀접하게 가져가도록 말이지요. 이러한 과업의 많은 부분은 이미 그 목표가 달성되었습니다. 그리고 어떤 지역에서는 훨씬 더 효율적으로 이루어졌지요. 바파타(Bafata) 지역을 예로 들어 봅시다. 총 106개 학교 중 96개의 학교가 학교의 농장에서 작물을 생산해 내고 있습니다. 비사우의 경우에서도 유사한 일들이 일어나고 있지요. 물론 같은 정도의 목표를 달성했다고 보기는 어렵지만요."

마리오 카브랄은 말을 이어나갔습니다. "학교와 생산적인 노동, 그리고 학교와 지역 대중들과 최대한 연계해 나가는 일을 성공적으로 추진한 곳은 코(Có) 지역의 학교에서였습니다. 이를 위하여 그 지역의 대중들을 학교의 문화활동에 참여하도록 했던 것이지요. 막 해가 저물어가던 그해 코 지역의 학교는 전국에서 최고의 학교로 볼 수 있었습니다."

엘자와 저는 코 지역에서의 '교사 양성을 위한 막심 고리키 센터'라 불리는 그 학교에 특별한 친밀감을 가졌습니다. 국가 차원의 교육적 노력의 중요성뿐만 아니라 성인문해교육을 위한 모델 개발에 특별한 기여를 했기 때문이지요. 우리가 기니비사우를 방문할 때면 꼭 빼놓지 않고 그곳을 찾았고, 그곳의 교사들이 보여주는 헌신에 깊은 감명을 받았습니다. 그 교사들의 비판적 낙관주의는 자신들의 일이 이루어지는 모든 곳에 침투해 있었습니다.

위원회 보고서는 1975-76학년도에 다음과 같은 성과가 있었음을 강조하고 있습니다. (1) 비사우 지역 중학교 학생들의 생산 활동에의 참여, (2) 당을 지원하고 있는 문화사업과 사회정치적 활동에서 초등학교 교사와 함께 일할 당 운영위원회를 만든 점, (3) 20주년을 맞는 PAIGC 기념식에서 학생들과 교사들이 보여준 특별한 공헌, 특히 함께 만든 체조 시범, (4) 기니비사우 각 지역에서 교육에 책임있는 사람들이 함께 모여 자신들의 경험을 이야기하고, 자신들의 문제를 어떻게 극복할 수 있었는지 의견을 교환할 수 있었던 각종 세미나, (5) 교사들을 위한 계속교육을 증진하고, 다른 교사들의 훈련 및 재훈련에 참여한 몇몇 교사들의 노력 등입니다.

마리오 카브랄은, "이번 해에는 30개 초등학교 교사들의 교육을 마칠 수 있었습니다. 이 숫자는 포르투갈 식민정부가 지난 500여 년을 지배하는 동안 이 나라에서 행했던 학교의 교사교육과 동일한 것입니다"라고 말을 이었습니다.

최근의 이 통계는 식민체제의 수월성을 웅변적으로 이야기하고 있습니다.

마리오 카브랄은 자신이 내린 평가의 가장 마지막 부분을 1967 – 77 학년도, 즉 두 번째 해의 교육위원회의 주요 과업을 평가하는 데 할애했습니다. 세 가지 과업이 있었다고 언급하고 있는데, 그 첫 번째는 학교들이 보여줄 제 3당 의회에 대한 공헌에 관한 것으로, "동지들, 우리는 이 의회에 무엇을 기여할 수 있습니까?"라고 질문하고 있습니다.

자신이 던진 질문에 대해서 위원회의 대답 형식으로, 그는 학생들이 PAIGC의 역사를 암기하거나 당과 당의 역사에 대해서 뻔한 글쓰기를 하는 등 쓸데없는 노력을 함으로써 일상적이고 틀에 박힌 참여를 해서는 안 된다고 했습니다. 훌륭한 당원이라고 자부하는 사람으로서 그는 그 원리를 잘 알고 있습니다. 그 이유는 당이 발전해 온 긴 과정의 한 부분이었기 때문입니다. 위원회는 틀에 박힌 행사들이 교사들의 동기를 유발하지도 못하고 학생들이 의회에 실질적 기여를 하지 못하게 한다는 점에 대해 잘 알고 있었습니다. 그는 당에 단체로 가입하는 것에 대해 속임수를 써서는 안 된다고 보았습니다. 그가 생각하기에 정작 중요한 것은 당을 위한 새로운 기회주의적 구성원들이 아니라 노동 대중에 대한 인식과 그들에 대한 헌신이었습니다.

따라서 학생과 교사들에게 이미 성취된 것보다 더 긍정적인 결과를 얻기 위하여 가능한 열심히, 함께 일할 것을 부탁하였습니다. 이러한 노력에 의식적으로 참여하는 것이 제 3의회의 원년에 부여할 수 있는 가장 훌륭한 기여가 될 것입니다.

"우리가 헌신해야 할 두 번째 임무는 성인문해 교육 캠페인을 조직하는 것입니다." 지금까지 무엇이 성취되었는지, 그리고 무엇이 확대, 추진되어야 하는지, 그리고 다가오는 기간에 심화시켜야 할 것은 무엇인지에 대해 보고하는 자리에서 위원회가 한 말입니다. 문해교육 조정위원회로부터 훈련과 자문을 받은 "군부대"에 의해 다양한 지역에서 이루어진 일들을 언급했습니다.

"올해 우리는 그 지역들에 다가갔습니다. 내년도에는 비사우 지역뿐만 아니라 전국의 다른 지역으로부터 우리 학생들의 보다 적극적인 참여가 필요합니다."

두 번째 과업의 일부분으로서, 정부는 교육위원회를 통하여 비사우에서 열리게 될 제 1회 국제 세미나를 지원하게 될 것입니다. 기니비사우, 케이프 베르데섬, 상투메 프린시페, 앙골라, 모잠비크의 교육부에 의해 공동 운영될 것입니다. 이러한 국가들의 각 대표단들이 함께 모여, 각 국가 교육 분야의 이론적 실천을 평가할 것입니다. 특별히 성인문해 교육에 대해 특별한 관심을 갖고 평가할 것입니다.

이러한 회의의 결과는 참가자들에게 풍부한 학습의 기회를 주고, 각 국가의 특성에도 불구하고 그들 사이의 협력에 있어 실천적 추진력을 제공해야 합니다. 국가 건설을 위한 하나의 기초적 투쟁이 이들을 묶고 있습니다.

세 번째 과업은 학교와 생산적 노동과의 관련성을 강조합니다. 이 과정은 한편으로 학교와 노동의 관련성을 제고하고, 다른 한편으로는 가능한 한 국가의 다른 전 지역으로 이러한 연관성을 확대하려는 노력으로 이루어질 것입니다.

"아밀카 카브랄 동지는 이렇게 이야기하곤 했습니다. '저는 빚진 자에게 빚을 갚고, 자신의 시대를 충만하게 살아가기를 바라는 단지 한 명의 아프리카 사람입니다.' 우리 모두는 우리의 빚을 우리 인민 대중들에게 갚기 바라고, 우리의 시대를 충실하게 살 것을 바랍니다. 우리가 서 있는 역사적 시간은 완전한 해방, 완전한 독립, 그리고 국가 재건에 있어 비문해를 극복하고, 저개발을 넘어서도록 온전한 참여를 요구하고 있습니다." 이는 마리오 카브랄의 결론이었습니다.

저는 이 책의 독자들을 크게 괴롭히지 않으면서 이 서장에서 의도했던 것을 제대로 성취했는지에 대해 확신할 수 없습니다. 이 글을 쓰는 맨 처음부터 저는 기니비사우에서 일어나고 있는 일들을 보여줄 수 있는 사진을 제공하고 싶었습니다. 물론 이 일을 완벽하게 해낼 수 없긴 하겠지만 말이지요. 그곳의 모든 성과들은 집중적으로 우리의 관심을 끌었습니다. 그들로부터 참 많은 것들을 배웠습니다. 우리의 노력은 소극적인 전문가적 자문보다는 자주 적극적인 참여의 형태를 취하였습니다.

제가 기니에서 풍부하게 경험한 것들을 몇 마디 말로 다 표현할 수는 없습니다. 따라서 정말 중요하다고 생각하는 어떤 모습에 대해 어쩔 수 없이 빈 구석이 생기기는 하겠지요. 그래서 저는 여전히 좀 더 두고 살펴보아야만 합니다.

코(C6) 지역의 막심 고리키 센터

우리는 1976년 2월 처음으로 막심 고리키 센터를 방문했습니다. 마리오 카브랄 자신이 가이드를 자청한 방문에서 엘자와 저는 IDAC 연구조사팀과 함께했습니다.

카셰우(Cacheu) 부근의 작은 농가 마을인 코는 비사우에서 50Km 북쪽에 위치하고 있지요. 코로 향하는 이른 아침에, 마리오 카브랄은 센터에 대해 열정적으로 연설하였고, 저희에게 센터의 역사에 대해 이야기해 주었습니다.

1975년 11월 한 그룹의 교사들이 교육위원회의 한 위원을 찾아왔습니다. 아무런 사전 설명도 없이, 그들은 그 위원에게 교사훈련센터를 만들 계획을 내놓았습니다. 이 교사훈련센터는 독립할 때 식민 군대가 버리고 간 곳에 만들어진 군사 기지에 위치할 예정이었습니다. 그 군사 기지는 식민 군대가 전국의 농촌지역에 걸쳐 차지하고 있던 다른 곳과 비슷했습니다. 철조망과 지뢰에 의해 둘러싸여서 말이지요. 다른 것과 마찬가지로 혹시 모를 침입자들을 위한 성벽이 있었고, 기니비사우 국민들을 고문하는 곳으로 기능하기도 했습니다. 가끔은 고문을 당하다 못해 죽음에 이르기까지 했습니다. 대개 포르투갈 식민주의자들은 자신들이 가두어 두었던 자들의 강한 결단에 주눅 들어서 자신들의 캠프 안에 스스로 갇혀 있곤 했습니다.

기지를 깨끗이 하고 뭔가 쓸 만한 것을 만들기 위해서는 많은 일을 해야 했습니다. 포르투갈 식민주의자들은 원치 않았겠지만, 자신들도 모르게 미래의 정치적, 교육적 훈련센터가 들어설 자연적 장소를 마련해 두었던 것입니다. 민중들이 고문을 받았던 사람들을 영웅으로 떠받들고 있는 만큼, 민중들은 군사 기지를 변혁하고자 찾아오는 교육가들을 새로운 영웅, 즉 선조들의 유산을 물려받은 자들로 볼 마음의 준비가 되어 있었던 것이지요. 저는 그 마을 사람들에 의해 최근에 밝혀진 한 영웅의 묘소를 찾았습니다. 식민주의자들을 향한 그들의 반역과 민중들의 편에 서고자 했던 그와 동지들의 염원은 충분한 대가를 치렀습니다.

우리가 방문했을 당시, 그를 찾아왔던 교육가들이 센터를 세우자고 시작한 과정이 벌써 4개월째 접어들고 있었습니다.

그들은 해방촌에서의 생생한 교육경험을 반영하여 군사기지를 청소하고, 쓸모없는 작은 건물들을 무너뜨리고, 위생 상태를 개선하고, 나무들을 심고, 지금은 훌륭한 식수를 공급하게 된 우물을 복구하는 데 헌신을 다 했습니다. 센터의 관리 업무를 위한 계획을 시작하고, 센터가 주변 지역사회의 삶에 효과적으로 녹아들어갈 수 있도록 하는 데도 그만큼의 헌신을 바쳤습니다. 첫 번째 학생들을 받아들이는 일을 준비하고 착수하기 위해 그들은 정치적인 페다고지 활동을 설계하였습니다.

아밀카 카브랄과 나란히 싸웠던 사람들은 그들의 꿈이 실현되기 위해서는 그 꿈이 반드시 민중 속에서 구현되어야 한다고 이해했습니다. 코 지역의 교육가들도 똑같이 연수센터를 위한 그들의 꿈을 발전시키는 데 인근의 주민들을 참여시켰습니다. 교육가들은 프로젝트를 해석했고, 프로젝트의 이상과 그에 필요한 실제적 활동들에 맞춰 주민들을 동원했습니다. 여기저기서 부지를 청소하려는 사람들이 자신들의 연장을 들고 모여들었습니다. 교육가들과 지역 주민들은 나란히 일했습니다. 그들 사이에서 성장한 대화는 센터를 위한 그들의 공동작업과 함께 영원히 기억될 것입니다.

하루하루가 지나는 동안 센터는 일하는 사람들의 삶의 진수로 탄생해서, 그들의 생산노동에 기초해 실제 경험에서 나온 지식을 체계화하는 데 헌신하는 민중대학(people's university)의 모습과 점차 닮아가게 됐습니다. 코 지역의 센터는 지적 노동과 육체 노동, 배움과 가르침 사이에 존재하는 이분법을 극복하고자 했습니다.

최초의 학생들도 이러한 원칙을 따라 활동했습니다. 학생들은 지적인 활동과 긴밀히 연관되는 생산적 노동에 전념해왔습니다. 코 센터는 해방촌에서 수립된 양식들을 충실히 받아들이고 확장했습니다. 지난 9월에 저는 학생들이 밀, 옥수수, 감자, 과일, 야채를 키우는 텃밭을 보았습니다. 기니비사우 농업부처와 협력하여 닭, 오리, 돼지, 양도 키우기 시작했습니다. 이러한 노력들로 말미암아 센터는 자급자족할 수 있게 되었습니다.

학생들이 생산적인 일에 참여하는 것은 그 자체로 매우 긍정적인 일입니다. 학생들이 농업 활동에서 얻는 것보다 더욱 다양한 지식의 원천을 함께 가질 수 없다면 불행한 일입니다. 또한 기초교육 교사의 교육과 재교육이 실질적인 교육활동과 단절되어 있는 것도 매우 불행한 일입니다. 만약 학생들이 단순히 심고 수확하는 실질적 활동 없이 가르치는 방법에 대한 전통적 강의만을 받게 된다면 그들의 연수는 완전하지 않을 것입니다. 센터가 자체의 부설 초등학교를 가지고 있지 않음에도 불구하고 학생들이 실제적인 교수 활동을 수행할 수 있도록 인근의 학교와 협의가 이루어졌습니다.

군이 여기서 열거할 필요가 없는 물질적 환경에 의한 거대한 장애와 씨름해야 할지라도, 센터는 실천의 분석에 근거한 연수를 하고자 노력하고 있습니다. 실천을 분석하는 바로 그 과정에서, 학생들이 교수의 행위와 학습의 행위의 일치를 경험하게 됩니다. 센터의 교사와 학생도, 교사와 학생들로 구성된 팀과 그들과 성장하는 관계를 맺고 있는 센터 주변에 사는 주민들도, 이 일치를 경험하고 있습니다.

"무엇이라도 아는 사람은 그렇지 못한 사람을 가르친다"라는 격언은 교수와 학습 사이의 변증법적 통합에 관한 획기적인 의미를 품고 있습니다. 무언가를 아는 사람이 첫째로 그가 배운 과정이 이미 사회적이라는 것을 이해하고, 두 번째로 다른 사람에게 무언가를 가르치는 과정에서 그도 그 자신이 미처 몰랐던 무언가를 배운다는 것을 이해하면 모두가 변화됩니다. 이것이 코 센터에서 느껴지는 정신입니다. PAIGC와 코나크리(Conakry)[12]의 정치교육 연수센터의 정신도 코 센터와 같이 아밀카 카브랄이라는 살아있는 표본에서 생겨난 것입니다. 그 정신이 투쟁을 지속하고 해방촌에서 교육하는 데 생명을 불어넣었습니다. 코 지역의 센터는 똑같은 연속선상의 일부입니다.

대중과 센터 사이의 대화의 힘이 코 센터를 기니비사우의 성인문해교육의 모범 사례 중 하나로 만들었습니다. 이 센터는 1976년 6월에 시작되었고 우리는 9월에 그곳을 방문했습니다.

성인문해교육 조정위원회의 총괄로 코 지역에 거주하는 학생들이 연수를 위해 이 실험을 수행했습니다. 그리고 이 나라에서 가장 우수하고

---

12 역주: Guinea의 수도.

놀라운 사회, 경제, 문화적 조사를 만들어냈습니다. 이 조사에 근거하여 적합한 생성어가 선택됐고 역동적 문해교육 접근법이 시작됐습니다.

센터는 조금씩 활동의 범위를 늘리고 심화시켰습니다. 센터장 호르헤 암파(Jorge Ampa)가 말했습니다. "우리는 우리 학교의 목표를 달성하고 그것을 주민의 삶과 결부시키는 일에 최선을 다해왔습니다. 구급의학을 연수받은 세 명의 학생 팀은 진료소를 운영합니다. 진료소는 매일 열고, 가끔은 한 달에 100명이 넘는 사람을 진료합니다. 올해 4월에서 7월 사이 모두 294명이 치료받았습니다."

예방약은 최우선 관심대상입니다. 센터는 주민위원회와 함께 보건에 관한 특정한 대중적 믿음에 대해 논의하고, 그 믿음의 "마법"적 측면에 관해 분석하는 일련의 회의를 열도록 후원했습니다. 아밀카 카브랄은 이런 대중적 믿음을 "문화의 약점"이라고 했습니다.

그 회의들은 보건 문제에 관한 세미나였습니다. 세미나는 나무 그늘 아래 빈터나 사람들이 짚으로 지은 쉼터 같은 곳에서 열렸습니다. 세미나의 주제는 지역사회의 사회적 관행에 관한 것이었고, PAIGC가 특징적으로 했던 것과 같이 그들을 둘러싼 세상에 대한 대중의 이해를 높이기 위해 마련되었습니다. "문화의 약점"을 극복하기 위해서는 그것이 사회적 관습에서 발견되는 것이므로 그 관습들을 완전히 변형시켜야 한다고 최종적으로 분석되었습니다. 그것은 당연히 생산과 관련된 사회적 변화를 수반해야 합니다. 이 변화는 기계적이라기보다는 오히려 변증법적이므로, 정치적인 페다고지 활동이 필요합니다. 그러므로 본 교육 세미나는 보건에 관한 분석뿐만 아니라 국가 재건을 위한 전반적 목표를 비판적으로 이해하는 것과도 긴밀히 연결되어 있습니다. 세미나에서의 논의는 종종 정치적 논쟁이 되었습니다.

정치적 의식을 고취시키는 활동은, 그것이 보건, 교육, 생산수단, 성인문해 무엇이 됐던 그 접근 방식에 기초적 통합성이 있습니다. 센터장은 센터의 모든 활동이 모든 마을의 지역주민회과 협력하여 계획되고 실행된다는 것을 강조했습니다.

저는 세미나에서 센터의 상근 교사가 별개의 분야에 대해서 그들의 특정 관심과 더불어 보건, 교육, 생산수단 사이의 기본적 관계에 대해 고려할 필요가 있다고 생각합니다. 그 관계는 센터에 공부하러 오는 학생들과 관계있는 모든 것의 기저를 이루는 것입니다. 아밀카 카브랄은 그 기저 관계의 중요성에 대해 언급하며 이렇게 말했습니다. "생산수단은 역사의 모든 단계에서 생산의 힘과 그 힘의 사회적 활용을 관장하는 정치 체계 사이의 역동적인 평형을 찾고자 하는 끊임없는 탐색의 결과를 대변합니다."13 식민주의 집단의 존재로 인해 특정 대중 집단에 도입된 문화적 소외에 관한 세미나는 교사들에게도 매우 유용할 것입니다.

코 지역의 첫 번째 수업은 30명의 학생이 참여했고, 두 번째는 60명이 참여했습니다. 1977-78학년도에 센터는 100명의 학생을 받아들일 수 있을 것입니다. 그 학생들이 마을 주민과 함께 정치교육 작업을 심화시킬수록 마을 주민의 삶에 영향을 미치는 현실에 대한 이해는 점점 더 명확해져 갈 것입니다.

교사와 학생으로 구성된 팀들이 상호학습의 과정에 더욱 더 깊이 참여해 감에 따라 그들은 한편으로 자신이 학습의 주체인 동시에 다른 한편으로는 그들과 대화에 참여하는 대중 집단도 학습의 주체라는 사실을 발견하게 될 것입니다. 이러한 대중 집단과 함께 배우고, 대중 집단에게서 배우면서 센터의 팀들은 그들이 회피할 수 없고 반드시 잘 대비해야 하는 과업을 가지게 됩니다. 그것은 대중 집단이 그들의 프락시스를 분석하고 그 프락시스에서 파생된 학습을 체계화하는 데 진실된 의미로서의 도움을 주는 일입니다. 이렇게 해서 그들은 사실에 대한 단순한 의견을 가지는 것을 넘어, 같은 사실에 대해 비판적으로 이해하게 됩니다.

민중들은 일반적으로 자신이 속해 있고 자신의 행태의 요인이 되는 일상적 삶으로부터 일정한 거리두기를 해야 합니다. 거리두기를 통해서만 일상 생활에 뿌리박고 있는 타성에서 벗어나 무슨 일이든 발생시키

---

13 아밀카 카브랄, "작은 부르주아에게", L'arme de la theorie, p. 320.

고 비로소 독립적인 발전 단계를 시작할 수 있습니다.

모든 행동은 사회적이라는 점을 인지하고, 일상으로부터 거리를 두기 위한 필수 조건은 과거와 현재의 행동에 대해 분석적인 입장을 취하는 것입니다. 아울러, 이는 미래를 분석하는 기본이 될 수 있습니다.

자신들의 일상생활과 밀접하게 연관되어 있는, 자신들이 속한 마을도 포함하는 세계 속에서 사람들은 그들 자신의 존재에 대하여 보고 분석하게 되고, 일상생활이 어떠한 요인들에 근거하는지를 인지하게 됩니다. 그리고 그들은 자신들이 속해있던 마을, 그리고 지리적으로 자신들이 살고 있는 지역이라는 좁은 안목에서 점차 실제에 대해 글로벌한 시각을 갖게 될 것입니다.

정치적인 교수법은 이렇게 실천적 지식의 변증법적 이론이며 이는 국가재건사업의 토대가 되는 것입니다. 국가재건사업에 대한 이러한 이해를 기반으로 새로운 사회로 진화할 수 있고, 새로운 유형의 지식인들이 나오게 되는 것입니다. 육체 노동과 지적 노동의 일치, 그리고 이론과 실천의 융합이 실제로 증명되는 것입니다.

만약 코 지역의 학교가 지속적으로 일상경험들로부터 기인하는 체계적인 지식을 구성하는 활동을 진행한다면, 이전에 언급했듯이 새로운 지식인들의 집합체를 구성하고 대학 센터로 거듭날 수 있다고 저는 확신합니다. 늘어나는 자신들의 호기심 및 지역과 국가가 필요로 하는 것들을 인지하고 그에 걸맞은 활동들을 통하여 학교가 지역의 간호사, 농업 전문가, 수리공, 기술자, 가축을 기르는 사람들을 길러낼 수 있게 할 것입니다. 이러한 일련의 활동들에 대한 지속적인 평가는 특정분야 사람들의 전반적인 능력과 기술을 증가시킬 것입니다.

이런 미래의 전문가들은 크게는 자신들의 삶 자체가 되는 학교에서 배우게 될 것입니다. 그들은 자신이 속해 있는 큰 사회에서 통용되는 프락시스 범주에서 자신의 프락시스에 대한 비평적 이해를 키우게 될 것입니다. 이런 비평적 이해의 부분적 활동과 사회적 활동은 충분히 숙달된 기술훈련 또는 전문훈련과 같이 정치적 형성이 뒷받침되어야 합니다.

학교가 추구하고자 하는 이러한 모든 활동이 있음에도 불구하고, 만약에 학교행정이 한 명의 학교장에 의해 운영이 된다면 모순될 수밖에 없습니다. 사실 학교에 상주하게 되는 교원인 학교장은, 학교에 공부를 하러 오는 교사들과 동등하게 학교 거버넌스에 참여합니다. 학교의 운영 진들은 지난 주 학교에서 발생했던 일련의 일들에 대한 평가를 하기 위해 매주 미팅을 갖고, 자유로운 분위기 속에서 문제점들과 개인들의 생각을 논의합니다. 가급적이면 투표하게 되는 상황을 만들지 않지만 호르헤 암파에 따르면 운영진들 사이에 의견 차이가 있을 경우에는 투표를 합니다.

센터 생활에 대한 전반적인 방향들이 이러한 운영진들의 미팅을 통하여 심도 있게 고려되며 설정되는 것입니다. 센터 공동체 안에서 이루어지는 활동들에 대한 모든 계획이 논의되며, 다시 이런 문제들에 대해서는 학생들을 포함한 위원회를 구성하여 토론하게 됩니다. 이러한 위원회들을 통해서 공동체 구성원 모두가 혜택을 받을 수 있는 새로운 아이디어와 제안들이 자주 제기되며 운영진들에 의해 실행으로 옮겨질 수 있는 생각들을 풍성하게 해줍니다.

만약 이 학교가 50km나 떨어져있어 의사소통이 어려운 교육위원회에 학교의 일상적인 문제들에 대한 해결책이나 실행계획을 진행하고 발전시키는 결정을 의존한다면 이 또한 모순일 수 있습니다. 이 학교에 주어지는 단 하나의 요구사항은 국가의 교육목표에 부합해야 한다는 점밖에 없습니다. 마지막 분석으로 교육위원회는 국가 차원에서 운영되고 코 지역의 학교는 그 지역 차원에서 개방적이고 민주적으로 운영되는 것입니다. 교육위원회는 이런 이니셔티브로 쓸모없고 관료적인 절차 안에서 오고가는 문서들로 방향을 잃거나 절차들에 의해 저하되기보다는 주체성과 창의성을 촉구하도록 요구합니다. 코 지역의 학교 또는 교육위원회 그 어느 곳에도 사람들에 의해 채워져서 제대로 작동하지 않는 부분은 없을 것입니다. 해방촌 안에서 PAIGC의 실험적 활동을 통하여 코 지역의 학교는 훗날 창의성과 활동성의 좋은 본보기가 되었습니다.

센터장은 "우리는 개교 2주년까지 제 3당 의회를 위한 활동에 집중하여 더 열심히 일할 것입니다. 우리는 센터의 실천적, 이론적 활동들을 강화함으로써 개교 2주년 행사를 축하하고자 합니다. 만약에 우리가 지난해 100%의 승인을 받았다면, 우리는 내년에 같은 결과를 달성하기 위해 최선을 다할 것입니다."라고 말했습니다.

이러한 연유로, 코 지역 교사양성을 위한 막심 고리키 센터는 1975년부터 1976년까지 1년간 전국 모든 곳에 좋은 사례가 되었습니다.

농촌지역 방문

1976년 2월에 나는 코 지역으로부터 북쪽으로 몇 Km 떨어진 곳에서 그 지역의 농민들로 구성된 중요한 단체와 정치적 지도자들, 그리고 교육위원회 구성원들에 의해 열린 회의에 참석하였습니다.

기니비사우의 실정을 알아가는 과정에서 처음으로 농민단체들과 만날 수 있던 경험이었습니다. 국가재건사업이라는 큰 그림 속에서 그리고 정부와 정당 간의 관계 속에서 농민들은 자신들을 어떻게 바라보고 있는지 발견하는 것은 분명 우리에게는 흥미로운 일이었습니다. 그들에게 민족해방을 위한 다른 투쟁들과의 연장선에서 국가재건사업은 어떤 의미를 갖는 것이었을까요? 식민지 억압 하에서 농민들은 노동력을 제공하도록 강요받았음에도 불구하고, 국가재건사업을 위해 그들이 할 수 있는 한 모든 지원을 아끼지 않았습니다.

회의는 강당 같은 곳이 아닌 크고 오래된 나무 그늘 아래에서 진행되었습니다. 지역주민들의 친밀한 관계에서 보여주듯 방문단들을 나무 그늘 아래로 모시는 환대를 보여주었습니다.

나무 아래의 그늘진 공간은 그들이 함께 실행계획을 수립하는 정치－문화센터(비공식적인 대화를 나누는 장소)의 인상을 주었습니다. 또 한편으로 저는 그늘을 활용한 이러한 공간이 비형식교육 프로그램을 진행할 수 있는 장소도 될 수 있겠다는 생각도 해보았습니다.

나무 쪽으로 다가설수록 저는 두터운 나뭇잎에 감탄하게 되었습니다. 이러한 나무 그늘 아래에서 아밀카 카브랄이 식민 군대에 대항하는 해방 투쟁 무장군들과 함께 전투 계획을 나누었을 거라는 상상을 했습니다. 그 당시의 군 전술분석은 항상 정치적인 의견과 문화에 대한 담론이 공존하는 것이었고, 이를 통하여 변하지 않는 군대가 형성되었을 것입니다.

아울러, 저는 아밀카 카브랄이 농민들과도 많은 회의들을 가졌다는 한 투사의 말도 떠올렸습니다. 카브랄은 기니비사우의 농지 현황에 대한 조사를 진행하면서 나라 전체를 다녔습니다. 카브랄은 그런 기회를 활용하여 탄압의 현실 속에서 자신들을 발견하는 사람들과 조심스럽게 대화를 가졌습니다. 이 대화들을 통하여 그는 PAIGC를 위한 미래 리더들이 누구인지를 확인할 수 있었으며 인구조사 실시 3년 뒤인 1956년 9월에 PAIGC는 창설되었습니다.

한번은 나무 그늘 아래에서 카브랄이 야자나무 씨를 손에 쥐고 일어나 씨를 심기 좋은 곳을 찾아 땅을 파고 씨를 심은 적이 있었습니다. 카브랄은 자신의 주위에 모인 농민들을 바라보며 이렇게 말하였습니다. "우리 기니비사우의 사람들은 이 씨가 나무가 되어 열매를 맺기 전에 많은 일들을 성취할 것입니다."

한 젊은 청년이 제게 다음과 같이 말해주었습니다. "몇 년 뒤 바로 그 나무가 첫 열매를 맺던 때, 그 지역의 PAIGC 위원회의 회의가 있었습니다."

카브랄은 그 연설을 통하여 희망을 말한 것입니다. 그는 단어로 그 자신을 제한하지 않고 씨를 심으면서 자신의 생각을 극적으로 표현한 것입니다. 이는 희망을 위한 희망을 하거나, 헛된 희망을 하며 살아가는 사람의 거짓된 희망이 아니었습니다. 희망은 세상을 변혁시키는 행동과 그 행동의 의미에 대한 비판적 성찰과 일치될 때 진실이 되고 잘 형성되는 것입니다.

희망의 언어를 농민들에게 말함으로써, 카브랄은 자신을 농민들 사이에 뿌리내리기 시작한 것입니다. PAIGC 창설과 함께 아프리카 지식인들을 위한 "계급 타파"를 내포하고 있는 재아프리카화 과정이 강화되었습니다.

우리들의 모임은 나무 그늘 아래서 시작되었고, 마리오 카브랄은 몇 마디 짧은 말로 기니비사우에서 우리들의 존재가 무엇을 의미하는지, 그리고 국가 지도자들과 수행한 교육 관련 과업은 무엇이었는지에 대해 간단히 언급했습니다. 끝으로 그는 스스로가 궁극적으로는 교육 발전을 바라는 사람들 중 한 명임을 말했습니다. 그리고 그가 그곳에 함께 자리했던 이유도 가장 시급하게 해결해야 할 문제가 무엇인지에 관해 이야기 나누기 위함이었음을 밝히면서 이야기를 마무리했습니다.

그리고 곧이어, 조직원 가운데 다섯 명의 원로 멤버들이 다른 조직원들이 숨죽여 기다리는 동안 큰 그룹 안에 다시 작은 그룹을 만들어 작은 목소리로 그들만의 토론을 이어나가기 시작했습니다. 자신들의 문화 이외에 다른 문화에는 둔감하고 오직 자신들의 방법만이 효과적이라고 믿는 서방의 교육가들 눈에는 이들이 그 어떤 "진지한 계획"도 세우지 못하고 있는 것으로 보이겠죠. 아마 그들 눈에는 이들의 행위 가운데 모든 비효율성의 징표들만 보일런지도 모르겠습니다.

제 곁에 있던 한 젊은이는 "원로들은 지금 토론의 순서와 주요 논의의 쟁점들을 정하고 있는 겁니다. 이게 그들의 오랜 관습이거든요."라고 귀띔해 주었습니다.

정해진 시간이 되자, 다섯 명은 한 명씩 순서대로 자신의 의견을 말하기 시작했습니다. 그들은 지나칠 정도로 많은 비유와 몸짓을 사용했는데 이것은 그들이 매우 확신에 차있으며, 그들의 주장이 매우 중요하다는 것을 강조하고자 할 때 사용하는 방법이었습니다.

식민 지배자들의 폭력성에 관해서 그들 가운데 한 명이 그간 겪어야 했던 끔찍한 대우에 대해 묘사하던 와중에 몸을 굽혀 고개를 떨어뜨렸습니다. 그는 우리가 서있던 나무 그늘 아래 그룹에서 나와 다른 쪽으로 걸어가면서도 계속해서 그가 이야기하고 싶었던 것들에 관해 몸짓을 써가며 말했습니다. 무아지경이 되어 말하고 있을 때에는 몸짓을 곁들이지 않고 말하는 사람이 없을 정도였습니다. 그들은 말을 한다는 것이 그저 상대방에게 무엇인가를 들려주고자 할 때 하는 행위라고는 생각하지 않았습니다. 아프리카에서 말을 한다는 것은 보는 것이기도 하기 때문에, 다른 말로는 몸짓의 일부분이기도 한 것입니다. 아프리카에서는 일부 탈아프리카화 된 지식인을 제외하고는 이와 관련해 스스로의 뿌리를 부정하거나 의사를 전달하는 데 몸짓을 사용하는 것을 부끄러워하고 꺼려하지 않습니다.

그들이 강한 비유와 간단한 몸짓을 사용하며 이야기하는 모습을 지켜보면서 우리는 아프리카 문화의 원천을 이용한 해방 교육의 무한한 가능성에 대해 생각하게 되었습니다.

그들은 스스로가 현재에 충실한 삶을 살아가려 노력하고 있으며 국가의 재건을 위한 투쟁에 참여하기를 간절히 바라고 있다고 말하였습니다. 그리고 그들이 직면한 어려움에 대해서도 말하였습니다.

울창한 나무 그늘 아래 마지막으로 논의를 이끌었던 가장 나이가 많은 한 원로위원은 우리 모두에게 희망에 찬 어조로 다음과 같은 말을 했습니다.

"PAIGC는 20년이라는 세월이 지났지만 아직도 미숙한 상태입니다. 20년이라는 세월을 한 개인의 삶에서 놓고 보자면 아주 오랜 시간이지만 민족과 정당의 생명에 비유하자면 그렇게 길지도 않습니다. PAIGC가 하고 있는 일들 가운데 잘하고 있다고 칭찬할 만한 것은 그들이 민중들과 함께 걸어가는 법을 깨우쳤다는 것이지요. 나는 기니비사우의 사람들과 PAIGC, 그리고 정부도 언젠가 그렇게 될지 모른다는 헛된 기대는 하지 않습니다. 그렇지만 우리 자식들의 자식들 세대가 오면 언젠가 그렇게 되겠지요. 바로 이것이 비록 나를 포함한 지금 우리 세대가 그런 순간을 보지 못하게 된다 하더라도, 우리의 자손들을 위해 지금 우리 세대만이 할 수 있는 일을 해야 하는 이유입니다."

기니비사우를 방문할 때마다 우리는 재회나 재방문뿐만 아니라 새로운 만남과 새로운 방문을 위한 시간을 따로 떼어 둡니다. 이렇게 함으로써 우리는 은연중에 현실을 점점 더 잘 인식하게 되는 것입니다. 새로운 만남과 방문은 기니비사우 팀과의 프락시스에 매우 핵심적인 것입니다. 그들과 함께 일을 하는 것은 과업을 수행하기 위해 우리가 채택한 방법의 일환으로, 우리는 그들을 통해 보고 들으며 묻고 논의하는 것과 다름없습니다. 이러한 방문과 만남을 통해 우리의 관심을 불러일으키는 가장 세세한 세부 항목 하나에까지 주의를 기울이게 되고 기니비사우 팀 동료들의 새로운 면모에 호기심을 느끼게 되는 것입니다.

기니비사우를 방문하는 동안에 우리가 만약 비사우에만 체류하고 다른 지역에서의 활동들을 보지 못한다거나 혹은 성인문해교육 이외의 다른 섹터에서 무슨 일이 일어나고 있는지 이해하지 못한다면 문해교육 조정위원회와의 평가 세미나에 우리가 효율적으로 참여하는 것은 불가능하겠지요.

1975-76년 사이의 성인문해교육 활동

나는 앞으로 우리가 일을 진행하는 과정에서 숙고해야 할 사항들에 관해 기술하고자 합니다. 그리고 기니비사우 성인문해교육 분야에 최근 진행되어 왔던 활동들도 종합해보고자 합니다.

무엇보다 가장 우선해서 강조해야 할 것이 있습니다. 그것은 다름 아닌 '민중 노선(mass line)'으로 이는 기니비사우에서의 문해교육 활동을 특징짓는 것이기도 합니다. 핵심적으로 의도했던 바는 성인문해교육을 PAIGC의 기본 원리들에 충실한 정치적인 행위로 보고자 한 것입니다. 이는 정부의 활동에 대해 정보를 제공하는 행위이자 민중들의 실재적인 참여에 기반한 것이었습니다. 정부와 정당이 내세우는 우선순위에 부합하여 성인문해교육 프로그램이 시작된 곳에서는 얼마 지나지 않아 지역민들이 그 프로그램들을 이어받곤 하였습니다. 이러한 방식으로 성인문해교육 프로그램과 주변 마을 혹은 도시의 정치 조직과 필수불가결한 관계가 형성되는 것입니다. 이런 위원회를 거쳐 교육자들과 지역의 교사들, 자원 활동가들은 직접적으로 인민들과 연락을 취하게 됩니다. 진정으로 '민중 노선'을 특징짓고 정의하게 해주는 것은 혁명적인 반엘리트주의와 반가부장주의, 그리고 캠페인을 계획하는 과정을 통해 지역민들이 어떤 인식을 가지고 주체의 역할로 참여하는가에 달려있습니다. 전략과 전술의 역동적인 관계는 유지됩니다. 전략은 캠페인을 전체적인 사회개발 계획 안으로 우리의 계획을 통합하는 것입니다. 그리고 전술은 그러한 활동을 전개시키기에 이미 충분한 조건을 갖추고 있는 지역에 한하여 캠페인을 시작하는 것입니다. 전국 단위로 캠페인을 벌이고 싶다고 해서 모든 장소에서 같은 시기에 시작해야 하는 것은 아닙니다. 모든 조건이 충족되거나 적어도 부분적으로 조건들이 우리에게 유리하다면 문해교육은 훨씬 더 빨리 진행될 것입니다. 구체적인 성과도 거두면서 말이죠. 만약에 조건들이 미흡하거나 불리하다면 문해교육을 위한 노력들은 아무런 의미가 없습니다. 이런 이유에서 문해교육에 대한 '민중 노선'과 자원주의자(voluntarist)들의 접근 방식은 헛갈릴 수가 없는 것입니다. 자원주의자들은 지역 사회의 현실에 부합하는 세심한 전술을 사용하기보다는 일반화된 계획에 더 많이 의존하기 때문이죠.

'민중 노선'을 따르는 문해교육 캠페인은 오래지 않아 일반화되어 전체 사회를 포섭하게 될 것입니다. 그러나 비록 일이 이런 방식으로 진행된다 할지라도, 전체 사회의 문해를 목표로 한 모든 문해교육 캠페인이 '민중 노선'의 일부분이라는 식의 결론으로 이어져서는 안 됩니다. 기니비사우에서 문해교육 캠페인 진행을 위한 우선순위 지역을 정하는 것은 '민중 노선'에 대한 부정(不定)이 아니라 오히려 그것을 실현시키는 한 방법입니다."

일반적인 자원주의자식 문해교육 캠페인과는 반대로, '민중 노선'은 관련된 사람들에게 인내와 조바심 사이의 끊임없는 긴장 속에 살아갈 것을 요구합니다. 반면에 자원주의자식 문해교육 캠페인은 긴장을 거부하고 지속적인 조바심의 상태에 빠진 이들은 배제시키는 결과를 초래합니다. 그들은 이런 긴장에서 탈피하기 위해서 조건이 적절한지 적절하지 않은지와 상관없이 일의 진행 속도를 높이고자 합니다. 그리고 이는 결국 가르침은 있되 배움은 없는, 그리고 지식을 단순히 전수하는 것에 그치고 마는 결과를 초래하는 것이지요. 왜냐하면 그들에겐 낭비할 시간이란 있을 수 없기 때문입니다.

그러한 환경에서 인내와 조바심 사이의 긴장을 낮추는 것은 반드시 소통 없는 가르침으로 이어지기 마련입니다. 의도가 어떠하든, 지식은 이미 완성된, 그리고 결론지어진 형태로 전수되는 것이지요. 가끔은 학습의 과정에 대한 한 사람의 인식과 실행 사이에 미처 인식하지 못한 모순이 발생하기도 합니다. 종종 역동적인 지식의 본질에 대한 달변을 늘어놓기만 하는 논의의 과정을 통해 지식이란 마치 그저 한쪽에서 다른 한쪽으로 던져 주기만 하면 되는 보따리와 같은 것으로 여기는 인내심 없는 교육가가 있기도 합니다.

인내와 조바심 사이의 긴장에 파열이 존재한다면 동시에 늘 그 반대의 경우도 존재합니다. 즉, 조바심이 사라지는 상태인 것이죠. 이 경우 교육가는 아마도 수동적인 존재로 전락할지도 모릅니다. "무슨 일이 발생할지 예측할 수 있도록 모든 것을 현 상태로 유지합시다."라는 태도는 투지가 넘치고 혁신적인 '민중 노선'과 전혀 공통점이 없습니다. 인내는 순응과는 다른 것입니다. 오늘 불가능한 일들을 성사 시키는 최고의 방법은 그것이 무엇이든 바로 그 가능한 일부터 해결하는 것이 최선입니다.

아밀카 카브랄은 이러한 긴장을 잘 유지했습니다. 그가 그의 글을 통해 우리에게 남긴 혁명적인 프락시스와 그것에 대한 고찰에서 긴장은 항상 분명했습니다. 그것은 다름 아닌 "우리는 서둘러 걸어야 하지만 그렇다고 절대 뛰어서는 안 됩니다."라는 것이었습니다. 또한 "우리는 기회주의자가 되어서는 안 되며 우리의 열정이 우리로 하여금 구체적인 실재에 대한 비전을 잃게 내버려둬서도 안 됩니다. 너무 일찍 혹은 지속성과 인민을 위한 성공에 대한 확신을 가질 수 있는 여건이 충분하지 않은 상태에서 일을 시작하는 것보다 지체된 것처럼 보이지만 지속성을 가지고 충분히 준비되었을 때 일을 시작하는 것이 더 중요합니다."라는 말을 통해 그 뜻을 분명히 밝혔습니다. 그리고 "우리의 강점을 아는 것은 우리가 무엇을 할 수 있는지에 대한 즉각적이고도 완성된 의식을 가지는 것과 같습니다."라는 말도 잊지 않았습니다. 그의 말은 모든 지역 그리고 모든 무장한 세력 가운데에서 우리의 가능성을 평가하리라는 것을 의미했습니다. 더 나아가 이는 항상 이러한 가능성에 부합하여 행동하고 인력이든 물질이든 우리의 강점과 역량을 키우기 위해서라면 전력을 기울여야 함을 의미하기도 했습니다. 또한 우리가 할 수 있고 해야만 하는 것보다 더 적은 일을 하지 말되, 일부러 우리가 준비된 이상의 것을 할 수 있다고 자만하지도 말라는 뜻도 담고 있었습니다.

기니비사우 정부가 교육위원회를 통해 성인문해교육 분야에서 활동하는 것은 이러한 원칙들에 기반하고 있습니다. 이 원칙들은 과거의 해방 투쟁뿐 아니라 현재의 국가 재건을 위해서 타당합니다. 그리고 앞에서 제가 강조하였듯이 이러한 이유로 인해, 문해교육 캠페인은 국가 전체를 범위로 하고 있다고 하더라도 유효한 경험이 가능한 곳에서 시작되고 있으며, 참가자들에게 풍부하고 역동적인 학습의 기회를 제공하고 있습니다. 그리고 참가자들은 이 학습의 기회를 기반으로 하여 미래에 필요한 역량을 강화할 것입니다.

이러한 기본적인 원칙들과 일치하는 페다고지를 실행으로 옮길 수 있는 간부단의 준비는, 기니비사우 정부가 현재 관여하고 있는 문해교육 캠페인과 같은 노력에 있어 근본적인 요소가 될 수밖에 없습니다. 문해의 필수적인 역량은 이론과 실천의 결합으로부터 도출됩니다. 선진 자본주의 국가에서는 제한된 소수의 기술에 대한 훈련이 점점 더 많이 이루어지고 있습니다. 하지만 이러한 몇몇의 기술에 대한 "훈련"에서 문해의 필수적인 역량을 끌어낼 수 없습니다.

위원장 마리오 카브랄과 긴밀하게 협력해서 작업하고 있는 성인문해 조정위원회가, 이러한 문해 프로그램에 대한 접근 방법을 직접적으로 관할하고 있습니다.

사실상 위원회의 어떠한 활동도 수행하기 쉽지 않습니다. 또한 문해 교육 활동이 담고 있는 희망과 상응하는 결과가 항상 나타나는 것은 아닙니다. 위원회는 처음 몇번의 시도에서, 잘못된 기획과 지역 현실에 대한 적절한 이해 부족으로 인해 발생한 실수들을 분석했습니다. 위원회 내부의 분석 절차에는 어려움이 있었습니다. 하지만 이러한 자아 비판의 과정에서, 위원회의 위원들은 직면하고 있는 문제를 극복하는 방법을 배우고 있습니다. 아밀카 카브랄이 "우리가 저지른 실수로 인해 사기가 저하되어서는 안 된다. 이는 승리로 인해 우리의 실수를 잊어서는 안 되는 것과 같습니다."라고 말했듯이, 중요한 것은 실수를 통해 문제점을 극복하는 것을 배우는 것입니다.

1975－76년 국가 수준에서 이루어지는 성인문해 조정위원회의 주요 과제는 보건, 농업, 국내 서비스와 정보 위원회와의 관계를 더 강화하는 것이었습니다. 위원회에서는 지역 당위원회, 청년조직 또는 노동조합과 더 적극적으로 협력하기 위해 노력했고, 코 지역의 센터와 긴밀히 협력하였습니다. 우선적으로 리더십을 지닌 간부들을 훈련하는 것에 관심이 집중되었습니다. 지속성이 보장되는 곳에는 어디든지 문화 써클이 만들어졌고, 모든 중점 지역에는 핵심적인 프로그램이 조직되었습니다. 이에 더하여, 위원회에 의해 조직된 단체가 기니비사우와 다른 중점 구역 전역을 돌아다니면서, 문해교육이 국가 재건의 일환임을 확실히 하였습니다. 이를 위해 여론 또한 동원되었습니다.

첫 해에 발생한 실수를 인정한 위원회는, 지금 두 번째 해에 이루어질 활동들을 준비하고 있습니다. 두 번째 해에는 국가 문해 캠페인이 정부의 3개 중점 과제 중 하나로 지정되었습니다.

1976년 5월에 작성된 보고서에서, 위원회는 "우리는 특히 문해의 중요성을 강조한 당과 정부의 지도자들로부터 위원회가 받은 막대한 후원에 대해 언급하고자 합니다."라고 말했습니다. 이러한 후원은, 기니비사우의 몇몇 지역에 단체를 파견하는 것에 앞서 있었던 접촉에서 여러 차례 입증되었습니다. 루이즈 카브랄 대통령과 문해교육 위원회 산하의 여러 위원회들, 그리고 그 위원회의 위원들, 대중조직들, 그리고 정부 기관들은 모두 가치 있는 연락을 주고받았습니다.

1976년 9월 코 지역에 있는 학교를 방문하는 동안, 우리는 그 지역에 있는 4개의 작은 마을을 둘러보기로 했습니다. 우리는 짚을 엮어 만든 지붕을 가진 쉼터에서 이루어지고 있는 문화 써클과, 그곳에서 이루어지고 있는 훌륭한 문해교육의 모습을 관찰할 수 있었습니다. 코 지역의 문해교육은 이 지역 학교의 정치적-교육적 가치로 인해 더욱 성장하고 있었습니다.

또한 우리는 코 지역 방문 일정 중 8일을 위원회의 모든 활동을 평가하는 세미나를 위해 사용했습니다. 앞에서 언급했듯이, 평가는 전문적인 분위기를 풍기면서 조정위원회와 위원회의 활동들을 분석의 대상으로 삼는 과정이 아니었습니다. 오히려, 우리와 위원회 위원들은 현재 어떤 활동이 이루어지고 있는지에 대한 대화에 함께 참여하였습니다. 우리는 평가에 있어서 적극적인 주체였고, 어떤 실수이든 그 원인을 함께 분석하고, 실수를 극복할 대안적인 방법을 찾기 위해 함께 연구했습니다.

FARP를 통해서 군대에서 수행된 문해교육 프로그램들은 효율성 면에서 높은 수치를 보여줬습니다. 민간인 지역 중에서 가장 긍정적인 결과를 보여준 곳은 코 지역의 학교들을 둘러싼 마을에서 나타났는데, 이것은 우연의 일치가 아닙니다.

평가 세미나에서 내린 결론은, 위원회가 지역 당 위원회와의 연계와 더불어, 가능한 한 지역 차원에서 찾을 수 있는 모든 서비스 기관들과의 관계를 수립하기 위해 노력해야 한다는 것입니다. 이것이 보건소, 학교, 생산협동조직, 다른 어떤 서비스 집단이든 간에 말입니다. 이러한 활동들을 즐기고 있는 사람들과의 깊은 소통은, 문해교육 프로그램을 후원하기 위한 실질적인 원천이 될 것입니다.

우리가 평가를 통해 확신한 한 가지는 조급하지만 인내심을 갖고 전진하라는 것입니다. 자신감을 가진다면, 기니비사우의 성인문해교육 활동은 약속 이상의 것, 즉 현실이 될 수 있습니다.

이 서론을 마치면서, 생략하지 말아야 할 두 가지가 있습니다. 첫째, 저뿐만 아니라 IDAC와 WCC의 교육국에서 온 저희 팀 모두는, 많이 배우고 또한 가르치면서 기니비사우를 재건하고자 하는 노력에 참여할 기회를 주신 PAIGC와 기니비사우 정부에 깊은 감사의 마음을 표하고 싶습니다. 둘째, 저와 엘자의 이름으로, 기니비사우의 문해교육을 위한 노력에 관여하면서, 제가 얼마나 브라질과 브라질의 문화 써클에 대한 향수를 느꼈는지 말하고 싶습니다. 차분하면서도 "예의 바르고" 깊은 열망을 지닌 브라질과, 코 지역의 문화 써클처럼 생동감 있는 브라질의 문화 써클과 함께 보내면서 많은 것을 배웠던, 지금은 먼 과거가 된 시간들에 대해서 말입니다.

파울로 프레이리
제네바
1976년 겨울

가니비사우로
보내는 편지

기니비사우로 보내는 편지

"해방을 위한 투쟁은 인간과 인간의 정체성, 위엄이 지닌 문화적 강력함을 표현하는 가장 복잡한 방법입니다. 해방 투쟁은 문화를 더 풍부하게 만들고, 문화의 발전을 위해 새로운 관점을 제시합니다. 문화의 발현은 새로운 내용과 형태의 표현으로 나타납니다. 문화는 이러한 방식으로 독립 투쟁 뿐 아니라 진보를 위한 더 광범위한 투쟁에 있어서, 강력한 정보와 정치 세력 형성의 수단이 됩니다... 투쟁의 역동성은 민주주의, 비판, 그리고 자기 비판의 실행과 자신의 삶과 문해, 학교 설립, 의료 서비스에 책임을 지는 사람들의 더 많은 참여, 농민과 노동자로 구성된 간부조직의 구성과, 사람들을 문화적 진보의 길로 이끌 수 있는 다른 많은 발전들을 요구합니다. 이 모든 것은 해방 투쟁이 단지 문화적 사실일 뿐만 아니라 문화의 한 요소라는 것을 명확하게 보여줍니다."

아밀카 카브랄

"해방 투쟁에서 문화의 역할", 파리 유네스코 회의에서 한 연설
1972년 7월 3−7일

첫 번째 편지

제네바
1975년 1월 26일

엔지니어 마리오 카브랄
국가교육문화위원회
비사우, 기니비사우공화국

친애하는 동지에게,

며칠 전, 한 동무에게서 편지를 받았습니다. 그는 비사우에서 동지와 공화국 대통령과 함께한 회의에 대해서 말해주었습니다. 그는 현재 제가 소속되어 있는 팀이 기니비사우 정부가 추진하는 성인문해교육 프로젝트를 맡을 가능성에 대해 말해주었습니다. 그리고 제게 이러한 계획을 견고히 하기 위해 동지와 빠른 시일 내에 연락할 것을 제안하였습니다.

제 3세계에 살고 있는 한 사람으로서, 그리고 이 분야에 몸담고 있는 한 교육가로서 우리가 줄 수 있는 영향력이 크든 작든 간에 기니비사우 국민들에게 우리가 할 수 있는 일을 하고 싶습니다.

동지를 만나 개인적으로 저의 프로젝트 참여에 대해 논의하고 싶습니다. 하지만 지금 당장 제가 기니비사우로 갈 수 없기 때문에, 동지가 제네바로 2−3일 정도 올 수 있는지 물어보고 싶습니다. 그것이 어렵다면 동지를 돕고 있는 동무 중에 한 사람을 보내셔도 될 것 같습니다.

저는 4월 19일부터 시간이 자유로울 것 같습니다. 우리가 가질 회의에서 저의 팀이 어떤 방식으로 프로젝트에 기여할지 그리고 현재 기니비사우의 성인문해교육의 현황은 어떠한지 논의하고 싶습니다. 성인을 위한 문해교육은 자유의 관점에서 봤을 때, 창의적인 활동이라 할 수 있습니다. 결코 이것을 교육자가 자신이 알고 있는 단어를 단순히 학습자에게 주입시키는 식의 기계적인 문제로 전락시키면 안 됩니다. 이러한 기계적이고 암기식의 학습에서는 학습자가 끊임없이 반복하도록 요구받는데, 그들은 눈을 감고 모두 함께 '라, 레, 리, 로, 루, 바, 베, 비, 보, 부, 타, 테, 티, 토, 투' 하며 단조로운 구호를 외우고 있습니다. 이렇게해서 학습자들은 잘못된 방식으로 배움을 경험합니다. "당신이 배우는방식은 반복 또 반복"이라는 원리는 잘못된 앎의 방법입니다.

반면에, 자유의 관점에서 볼 때, 기니비사우의 성인문해교육은 아주오래 전부터 기니비사우 국민들과 여러 지도자들이 기니비사우의 언어를 되찾아내려 했던 끈질긴 노력의 결과입니다. 이런 면에서 문해교육은결코 말을 배우는 사람들의 삶, 생산 활동, 그리고 그들의 문화와 떨어뜨려 생각할 수 없습니다. 하지만 지식인과는 거리가 먼 사람들이 세운차가운 관료주의적 학교에서는 이러한 교육이 진행되기 어렵습니다. 그들은 내가 앞서 언급했던 기계적 암기를 강조하고 있습니다.

우리가 이해하고 있는 한, 성인문해교육은 자유를 위한 문화적 활동의 한 모습이라 할 수 있습니다. 이러한 이유로, 문해교육은 결코 고립된 영역으로 여겨질 수 없고, 항상 다른 문화적 활동들과 관계를 맺고있습니다. 따라서 이것을 논의하는 것은 곧 사회와 경제와 문화적 정치를 논의하는 것을 의미합니다. 사실 이것은 제가 아밀카 카브랄에게 감명받은 전체주의 안에서의 부분들 간의 상호관계성에 대한 것입니다. 그는 자유를 위한 투쟁에서 문화의 역할에 대한 비판적 이해에 대해 말했고, 그는 "문화적 사실과 문화의 요인"을 강조하였습니다.

저는 동지가 비록 2-3일 동안이지만 조국을 떠나오는 어려움이 있을 것을 이해합니다. 하지만 그럼에도 저는 동지가 이곳으로 나를 찾아오기를 권유하는 바입니다. 이 만남은 우리에게 이 일을 시작하는 데 좋은 동기가 되고 도전이 될 것입니다.

동지의 형제,
파울로 프레이리

두 번째 편지

제네바
1975년 4월

엔지니어 마리오 카브랄
국가교육문화위원회
비사우, 기니비사우공화국

친애하는 동지 마리오 카브랄,

저는 방금 전에 동지의 정부로부터 우리의 협력에 대한 깊은 관심을 표명하는 서신을 받았습니다.

제가 속해있는 IDAC와 WCC에서 이 소식에 대해 어떠한 반응을 보이는지에 대해 동지에게 굳이 설명할 필요가 없다고 생각합니다.

저는 지난 첫 번째 서신에서 밝힌 바와 같이 우리가 미칠 수 있는 영향력의 크기와는 별개로 동지와 함께 이 일을 해 나가고 싶습니다. 이것은 동지 스스로 기니비사우에 대한 재창조의 과정으로서 교육적 목표에 맞는 새로운 비전과 실천이 될 것이라 여기는 일일 것입니다.

동지의 회신을 받은 이후에 우리 팀은 어떻게 체계적으로 협력할 수 있을지 생각해 보았습니다. 우리의 과거 경험이 아닌 정치적 책임으로서의 충성을 다지기 위해 한 신념을 세웠습니다. 그것은, 결코 우리가 동지와 기니비사우로부터 배우지 않고서는 사람들을 가르치지 않겠다는 것입니다. 이러한 이유로, 우리는 기니비사우에 미션을 수행하기 위한 외부 기술자가 아닌 동지이자 혁명군14으로서 호기심과 겸손함을 가지고 방문할 것입니다. 우리는 우리 스스로 정답을 가지고 있다고 생각하지 않습니다. 따라서 우리는 기니비사우가 무엇을 해야 하는지, 어떻게 해야 하는지를 개략적이나마 써 놓은 보고서조차 가지고 가지 않을 것입니다. 그러한 처방전은 단지 우리가 과거에 다른 곳에서 했던 경험을 통해 배운 것에 지나지 않기 때문입니다.

이와는 대조적으로, 우리의 과거와 현재의 경험이 가르쳐주고 있는 것은 단순하게 이식될 수 없습니다.

그러한 경험들은 서로 다른 맥락에서 실천하려는 사람들에 의해 설명되고, 논의되고, 비판적으로 이해될 수 있어야 합니다. 반드시 그렇게 되어야만 합니다. 새로운 맥락에서 그것들이 "새롭게 발명"되어지는 정도에 따라 그 경험이라는 것들을 써먹을 수 있을지 그렇지 않을지 결정됩니다.

이와 같은 방식으로, A라는 맥락에서의 경험은 A에서 작동했던 경험을 B라는 맥락에 맞게 재창조함으로써 기계적으로 일을 수행하거나 맥락과 관련없이 이식하려는 유혹을 거부하였을 경우에만 가치가 있게 됩니다. 다른 맥락에서의 경험을 완벽하게 차단하는 것은 무분별한 수용만큼이나 잘못된 것입니다. 아밀카 카브랄은 다른 맥락에서의 경험이 갖는 중요성에 대해 한 번도 부인한 적이 없습니다. 그러나 그는 맹목적인 모방을 절대 수용하지 않았습니다.

따라서 우리가 참여했거나 혹은 잘 알고 있는 다른 경험의 이런저런 측면들을 이야기할 때마다 우리가 의도하는 바는 문제에 대한 진술을 명확하게 하거나 혹은 도전과제를 제시하는 것입니다.

이것이 우리의 기본적인 마음과 행동 자세이기 때문에, 기니비사우 성인문해교육을 위한 프로젝트는 개요조차도 짜여진 것이 없습니다. 프

---

14 프레이리는 이 용어를 정치 활동가로서 정의와 자유를 위해 헌신하는 사람을 표현하는 데 사용했다.

로젝트는 동지에 의해서 그곳에서 발전되어야 합니다. 우리는 국가의 현실을 더욱 잘 이해한다는 전제에서 조력의 역할을 할 것입니다.

물론 우리는 여기서 성인문해교육의 복잡성과 그것이 특정 사회의 사회적 실천과 아무런 관련 없이 성취될 수 있는 어떤 것으로 떨어져 나갈 수 없다는 점에 대해 이야기할 수 있습니다. 이것은 창조의 활동으로서 기본적인 차원의 것을 만들어 낼 것이고 사회의 전체적인 구성과 맥을 같이 할 것입니다.

우리는 또한 문해교육의 정치적 성격에 대해 이야기할 수 있습니다. 모든 교육이 그러한 것처럼 말이지요. 이것은 교육자의 스스로에 대한 명확한 정치적 입장과 그들의 실천적 의무에 대한 이해를 필요로 하는 일입니다. 교육과 생산, 분배, 보건 등과 관련하여 PAIGC 지도하에 먼저 독립되어 있었던 지역 인민들의 경험에 대해 생각해 봅니다. 또한 여러분이 만들어가고자 노력해 온 사회와는 완전히 정반대 입장을 취하고 있는 식민지 유산으로서의 교육에 대해서 생각해 봅니다. 이는 단순히 개혁되는 수준에 머물러서는 안 되고, 혁명적으로 변혁되어야만 합니다. 앞으로 존재하게 될 새로운 교육 시스템은 해방 전쟁의 유산과 식민지 유산의 행복한 종합이어서는 안 됩니다. 적어도 이 모든 것을 심화시키고, 개선하고, 풍부하게 한 것이어야 합니다. 즉, 식민지 교육의 변혁으로부터 뭔가 새로운 것을 얻어야 한다는 뜻입니다.

그리고 급진적 변혁의 어려움에 대해서 생각해보았습니다. 급진적 변혁이라는 것이 단순한 기계적 행동의 결과가 될 수 없기 때문이지요.

그리고 지식인(intellectual)과 기술자(technician)가 아닌 지성인(intellectualist)과 기술 엘리트(technocrat)를 만들어내는 일반적으로 "고등교육"이라 불리는 엘리트 교육 모델을 수입하는 것이, 이곳 기니비사우인들에게 정치적, 사회적, 문화적 목표를 고려할 때 얼마나 부정적인 것일까를 고민해 보았습니다. 사실 이러한 목표들은 늘 PAIGC의 실천을 지도해왔던 것들이었습니다.

그래서 말인데, 우리는 우리를 동지들과 솔직하게 대화하는 사람이라고 여기고 있습니다. 겸허한 마음으로 우리는 기니비사우 정부와, 그리고 무엇보다도 교육문화위원회와의 협력을 시작할 준비가 되어 있습니다.

이러한 협력의 공고한 바탕은 우리의 첫 번째 방문이 이루어지는 그곳에서 논의될 것입니다. 우리가 첫 번째로 부닥치게 될 실재에 대해서 서로 간에 이루어질 대화로부터, 우리의 도움과 함께 프로그램이 추진되며 만들어질 것입니다.

그러나 그날이 오기 전에 제네바에서 우리의 활동을 보고하는 편지를 당신에게 또 보내겠습니다.

형제애를 담아,
파울로 프레이리

세 번째 편지

제네바
1975년 7월 28일

엔지니어 마리오 카브랄
국가교육문화위원회
비사우, 기니비사우공화국

존경하는 동지께,

지난 2월 처음으로 당신에게 성인문해교육 분야에서 IDAC가 참여할 수 있는 가능성과 WCC 교육국과 공유한 관심에 대해서 편지를 쓴 이후, 저희는 이런 문제에 대해 오랜 성찰의 시간을 보냈습니다.

지난 편지에서 제가 강조했던 바와 같이 저희는 스스로를 외국 전문가 집단으로 보고 있지 않습니다. 오히려 기니비사우의 목적에 헌신하려는 사람들이라고 보고 있습니다. 따라서 저희가 생각했던 내용들에 대해서 우리의 동지들에게 지속적으로 알리는 일이 즐거울 뿐만 아니라 꼭 그렇게 해야 한다고 봅니다. 그래서 이 편지-보고서는 그러한 목적을 갖고 있는 것으로, 저희 모두가 9월에 만나서 나눌 대화를 도울 수 있길 희망합니다.

이곳 제네바 회의에서, 저희 관심사는 서로 관련된 다음의 세 가지 분야입니다.

a) 기니비사우의 실재에 대해 알아나가는 것으로 저희가 입수할 수 있는 자료들, 특히 아밀카 카브랄의 독보적 저작들을 공부하고 있습니다.

b) 브라질이나 다른 중남미 국가에서 직접 혹은 간접적으로 저희가 참여했던 성인문해교육의 경험으로부터 비판적 거리를 유지하는 것입니다. 이러한 경험들이 과연 긍정적인 것인지 아니면 부정적인 것인지 생각하고 또 생각해 보았습니다. 이러한 생각들은 저희에게 기니비사우에서 이루어진 일들을 접하면서 다양한 배움거리를 얻게 했다는 점에서 생산적으로 보였습니다. 그러나 지난 편지에서 저희가 강조했던 것처럼 경험은 이식되지 않고 새롭게 창조되어야 한다는 점을 떠올려 봅니다.

c) 문화적 행동으로서의 성인문해교육이 새로운 기니비사우를 건설해나가는데 해야 할 역할을 상상해 보는 것이었습니다.

다시 말씀드리건데, 이 편지−보고서는 앞서 정리한 세 가지 내용과 관련하여 저희가 생각하고 논의했던 문제들을 모두 다루고 있는 양 말씀드릴 수 없습니다. 이것은 마치 동지들과 대화하는 것에 가까우며, 첫 페이지에서 제안하는 것보다 훨씬 덜 교훈적이고 체계적일 것입니다.

저희의 공부 모임 분위기는 말 그대로 비판적 호기심과 탐색이라 할 수 있습니다. 저희 스스로에게 아밀카 카브랄의 글을 읽는 시간이라든지 이전에 가졌던 성인문해교육 경험으로부터 다른 계기를 갖게 하는 것 등으로 도전하고 있습니다.

기니비사우로부터 꽤 멀리 떨어진 곳에서 이루어지는 이러한 모임을 통해 저희는 진짜 훈련을 받고 있다고 할 수 있습니다. 이러한 훈련 없이 저희 도움은 아무런 소용이 없을 것입니다. 저희가 그곳을 방문함으로써 이 훈련은 보다 구체적으로 이어질 수 있을 것입니다.

저희가 아밀카 카브랄의 이론적 저작에 대해 더 공부하면 할수록, 더욱 그의 글들로 다시, 그리고 또다시 돌아가야만 한다는 것을 깨닫게 됩니다. 그 글들은 아밀카 카브랄이 대중과 함께 한 실천 경험의 표현입니다. 해방 투쟁에서 문화의 역할에 관한 그의 분석은 전쟁의 역사적 순간으로 감환되어서는 안될 것입니다. 그가 말하고 있듯이 "문화적 사실과 문화의 요인" 모두를 뜻하는 투쟁은 지금도 진행 중입니다. 물론 그 형태는 달라졌지만 말입니다. 어제의 해방 투쟁은 국가의 "문화적 과정에 새로운 관점"을 만들어내는 "생산력의 해방"을 통하여 식민주의자들로부터 승리를 쟁취하였습니다. 오늘, 해방은 멈추지 않은 과정입니다. 이는 승리를 공고히 하는 것뿐만 아니라 어떤 의미에서 이미 투쟁 단계의 기간 동안 기획되었던 사회 전형을 구체화하는 것을 의미합니다.

이러한 사회적 모델은 무엇보다도 정치적 모델입니다. 이는 총체적인 문화적 프로젝트를 수행하는데 필수불가결하게 성인문해교육을 포함한 교육을 끌고 들어갈 수밖에 없습니다. 교육은 그 속에 내재해 있다고 보아야 합니다. 이것을 문화적 프로젝트라고 할 수 있습니다. 이상화하지 않고 대중적 기반에 충실하면서 국가의 생산을 증가시키려는 투쟁에 충실한 그런 문화적 프로젝트말입니다.

성인문해교육의 수준에서도 문화 활동은 많은 것을 성취할 수 있습니다. 생산을 위한 투쟁과 생산 증대를 위한 헌신의 측면에서 문화 활동 업무는 문해교육을 위한 기계적 과정이나 소작농과 도시 노동자를 위한 기술연수를 훨씬 뛰어 넘어, 민중의 정치적 의식에 근본적으로 기여해야 합니다. 자본주의 사회에서 소위 자격을 갖춘 노동자는 노동자로서의 정치적 의식이 은연중에 말살되는 과정을 겪습니다. 기니비사우에서는 일반 대중들의 정치적 의식이 분명해지는 정도에 따라 경제적 생산성이 증가할 것입니다.

이런 의미에서 어떤 사회에서든 교육부는 언제나 대단히 정치적인 부처인 것입니다. 정치는 계급 사회에서는 지배계급의 이익을 위해 봉사하지만, 혁명적 사회에서는 민중의 이익을 위해 봉사합니다.

만약 이러한 측면에서 문해교육을 바라본다면, 왜 문해교육을 문화 활동과 분리시켜 생각하거나 단순히 기법이나 방법의 집합체로 축소하여 생각해서는 안 되는지를 이해할 수 있습니다. 물론 방법이나 기법이 중요하지 않다는 것은 아닙니다. 그러나 문해교육은 반드시 문화 계획에 포함된 목적에 기여해야 합니다. 문해교육은 결국 미래에 건설될 사회의 구체적 모델 그 자체는 물론, 그를 위한 정치·경제적 목적에 포함됩니다. 이러한 이유로 우리의 교사연수 세미나에서는 방법이나 기법 대신 정치적 명확성을 강조합니다. 이 정치적 명확성은 아밀카 카브랄이 말하였고, 또 그 자신이 매우 모범적인 방식으로 실천한 "계급 타파"를 아직 시도하지 않은 중산층에 해당하는 젊은이들에게 더욱 중요하게 강조합니다.

연수 세미나는 이상적 계급 조성과 "계급 타파"의 필요성을 강조하는 이론과 실천의 일치를 강조할 때만 비로소 진정으로 유용합니다. 연수 세미나는 이론과 실천의 일치를 보임으로써 학생들을 "계급 타파"를 위해 준비시키는데, 이는 학생들이 해방 투쟁에서 탄압받는 계급에 동참할 수 있을 때 구체적으로 드러납니다. 오늘날 기니비사우에서 민중들이 전쟁도 없이 새로운 사회창조를 위한 투쟁을 지속하는 것도 이와 같은 경우입니다.

오늘날 기니비사우의 연수 세미나에서는 어떤 기술적 어려움을 분석하기에 앞서 아래와 같은 특정한 아밀카 카브랄의 말(주장)을 논의하는 것이 중요할 것입니다.

다른 웅변가들은 찬양받기 마땅한 에드워드 먼드레인(Edward Mondlane) 박사의 성격을 묘사하고 찬미가를 바쳐왔습니다. 우리는 단순히 아프리카 애국자이자 탁월한 교양을 가진 위대한 분에 대한 우리의 존경을 재다짐하는 데 그치고 싶지 않았습니다. 우리는 에드워드 먼드레인 박사의 위대한 가치는 민중을 위한 해방 투쟁을 결정한 그의 결단력에 있는 것이 아니라, 민중과 함께 국가의 현실과 자신을 통합하면서 용기와 지혜, 결단력을 가지고 지휘한 투쟁을 통해 그 자신의 문화적 배경을 발전시키는 방법을 알고 있었다는 데에 있다고 말하고 싶습니다.

또는 지식인들이 일반 대중과 함께 확인해야 할 필요가 있다고 언급한 다른 주장도 있습니다.

지식인의 정신과 사고방식을 재전환하는 것은 해방 운동의 진정한 통합을 위해 필수적입니다. 우리의 경우 그러한 재전환은 재아프리카화를 의미하며, 이는 투쟁 전에도 시작될 수 있지만 투쟁 과정이나 대중과의 일상적 접촉, 투쟁이 요구하는 희생 공동체를 통해서만 비로소 완성될 수 있는 것입니다.

아밀카 카브랄이 매우 자주 주장했던 "재전환" 과정 없이는 중산층 지식인들이 해방 투쟁을 내면화하고 해방 투쟁에 통합될 수 없을 것입니다.

재전환 과정이 없다면 중산층 도시 청소년들이 소작농들과의 성인문해교육을 시작점으로 하는 진정한 문화 투쟁에 참여하는 것도 결코 불가능할 것입니다.

재전환 과정 없이는 문해교육가가 학습자들에게 단순히 글자를 가르치고, 자신의 지식을 전달하고, 도시 경험으로 인해 변형된 교육가 자신의 비전을 권하는 경향이 생길 것입니다. 그러한 문해교육은 학습자의 현실과는 거의 상관없는 단어와 문장의 암기에 국한되는 것이고, 창조적이라기보다는 기계적이고 관료적인 행위입니다.

반복과 암기를 중요시하는 교육가는 이렇게 말합니다. "라, 레, 리, 로, 루, 바, 베, 비, 보, 부, 타, 테, 티, 토, 투." "모두 나와 함께, 모두 다 같이. 한번 더. 눈을 감으세요. 다시 한 번."

교육가는 자신의 계급적 지위에 따른 이념에 따라 앎이란 것이 지식을 구겨넣는 것이 아니라는 점을 인식하지 못합니다. 비록 그가 말로는 혁명적 입장을 표명한다고 하더라도 이 점은 크게 달라지지 않습니다. 교수 행위는 학습 행위를 상정하고 있고 반대의 경우도 그러합니다. 만약 교육가가 민중으로부터 교육받아야 할 필요를 받아들이지 못한 채 교육가로서의 역할에서만 위안을 구한다면, 그의 혁명적 웅변은 소외적이고 반동적인 실천으로 비칠 뿐입니다. 아밀카 카브랄은 이러한 측면을 간과하지 않았습니다. 반짝이는 모든 것이 금이 아니듯, 그는 해방 운동에서 지도자, 정치가, 유명인들도 문화적으로 소외될 수 있다는 사실에 주의를 환기시켰습니다.

우리가 참여했던 브라질과 다른 곳의 여러 실험에서 우리는 이와 똑같은 문제에 봉착하였습니다.

예를 들어, 우리가 성인문해교육을 창조적 행위라고 분석한 것을 연수 세미나에 참여한 교사들이 지적 수준에서 전적으로 받아들일 수 있음을 관찰했습니다. 그들은 학습자들이 그들의 언어를 학습하고 그 언어를 표현하는 과정에서 주체로서의 역할을 맡아야 한다는 데 동의했습니다. 물론 그들은 교사로서의 역할이 자신들은 모든 것을 알고 학습자들은 아무것도 모르는 것처럼 지식을 전달하는 것이 돼서는 안된다는 것을 이해하고 지적으로 받아들일 수 있습니다. 그들은 이러한 원칙과 일관성을 가지는 특정한 방법론적 절차를 적용할 수도 있습니다.

그러나 실제 실천에서는 이러한 교사들 중 상당수가 그들의 교실 상태와 소작농, 노동자들과에 관계에서 상대적으로 우월하다는 근거 없는 믿음을 갖게 됩니다. 교사들은 교실에서 이러한 근거 없는 믿음에 동화되고 학습자를 단순한 지식 보관소로 축소시킵니다. 소작농들에게 그들의 현실을 "읽도록" 도전하게 하는 대신, 그들이 이해할 수 없는 언어로 담론을 권합니다.

그들의 방법론적 오류는 이데올로기적인 것에 기인합니다. 그들을 교정하기 위해서는 방법 자체를 강조하는 데에서 벗어나, 교사들의 이념적 계급을 영구적으로 재전환하려는 노력을 기울여야 합니다.

그러므로 우리는 관련된 세미나에서 점점 더 국가 현실의 분석, 교육가의 정치적 명확성, 이념적 조정에 대한 이해, 문화적 차이 수용에 관해 주장했습니다. 이 모든 것은 문해교육 기법이나 방법에 대한 논의에 한참 앞서 먼저 시작되어야 합니다. 문해는 이러한 실천과 합쳐져야만 합니다.

우리가 맞닥뜨린 또 다른 문제는 자격있는 다수 교사들의 필요조건과 기본 예비교육을 최대한 빨리 조화시키는 것입니다. 일반화할 수는 없지만 우리는 15명을 연수하는 것에서 시작하는 것이 이상적이라고 결론내렸습니다. 이 15명이 과정 중에 있을 때, 우리는 이들 한 명당 20명의 학습자들과 함께 15개의 "문화 써클"을 설립할 것입니다. 우리는 300명의 학습자들에게 그들의 기여가 대단히 중요하다고 말했습니다. 그들은 마치 교사에게서 선물을 받는 것과 같이 수동적으로 단순히 "편지"를 받기 위해 문화 써클로 오는 것이 아니고, 교사가 진정한 교사가 될 수 있도록 돕기 위해 올 것입니다. 그들 없이는 이 학습이 일어날 수 없습니다. 따라서 시작부터 학습자들은 배우면서 동시에 무언가 가르칠 것이 있는 주체로서의 역할을 맡도록 할 것입니다. 이와 동시에 문해자가 되는 과정에 있는 사람들과 문해 교육가 사이의 직접적인 접촉으로 인해 교사는 자신의 즉각적인 경험을 성찰하는 기초를 형성하고, 결국 이론과 실천 사이의 일치를 성취하게 됩니다.

이 15명의 연수가 끝나갈 무렵, 우리는 또다른 15명을 연수하기 시작할 것입니다.

이미 첫 번째 그룹이 성취한 이론과 실천의 일치 후에 시작되는 두 번째 그룹은 유리한 조건을 갖습니다. 시작부터 그들은 첫 번째 그룹의 경험을 되짚어 보고 관찰할 수 있을 것입니다. 우리가 앞서 기술하였듯이 훗날 다른 300명의 학습자들로 구성된 15개의 또 다른 "문화 써클"이 형성될 것입니다.

최초의 두 그룹 간에 오고가는 경험의 교환은 매우 중요합니다. 훈련팀은 이들 가운데에서 다른 훈련분대를 선택하게 되고 이로 인해 프로그램은 확장되고 보강됩니다.

연수를 받고 있는 30명에 더해 우리는 30명의 훈련원을 더 받게 되고 이런 동일한 과정을 통하여 나중에는 60명이 되고 그 후에는 100명이 됩니다.

이와 같은 실습과정이 아직 일반화 되지는 않았으나 이런 시도가 있었던 곳에서는 성공적인 결과를 거두었습니다.

제네바로 돌아와 회상을 하면서 생각했던 또 다른 사항은 민중교육의 원활한 활동을 위해 지역 자체에서 참여하는 사람들을 활용하는 방안이었습니다. 저는 칠레에서 교육가로 훈련시켰던 젊은 소작농들을 통하여 이런 활동이 얼마나 효율적인지를 확인하였습니다. 그들은 농촌 지역에서 생산 활동에 참여하고 이런 생산 활동이 그들에게는 모호한 것들이 아니었습니다. 자신들이 어떻게 도시화될 수 있는지 꿈꾸지 못했던 젊은 청년들로 이루어진 그룹이었습니다. 그 꿈들은 자신들의 공동체와 함께 확실해질 수 있었습니다.

내가 참여했던 실험과 참여하지 못했던 실험의 분석을 통하여 내린 가설은 다음과 같습니다. 경험을 인식한다는 것은 전수되는 것이 아니라 재창조되어야 한다는 것입니다.

칠레에서와 같은 결과가 기니비사우의 문해 활동을 위해 빨리 훈련될 수 있는 농촌의 소작농들에게서도, "계급 타파"와 "국가와 다른 민중들과 자신들을 일치시키는 방법을 깨우치는 일"을 행할 수 있는 도시의 젊은이들에게서도 보이지 않는다면, 저는 필요 이상의 시간을 다른 동지들에게, 실질적 교육가가 될 수 있는 소작농들을 훈련시키는 데 할애한 후에 중산층 젊은이들에게 눈을 돌리겠습니다. 물론 중산층의 젊은이들이 더 빨리 훈련될 수 있지만 농촌의 소작농들에 비해 그들의 헌신도는 낮기 때문입니다.

저는 이번 편지에서 매우 중요한 사항인 언어학 관점에 대해서는 언급을 하지 않았습니다. 이런 난해한 주제에 대해서는 직접 만나서 의논을 드리는 것이 나을 듯 싶습니다. 8월 20일 이후에 도착하기로 한 에드나 페레이라(Edna Pereira) 동지를 기다리고 있으니 그녀의 정확한 도착 일정을 확인해주기를 부탁드립니다.

따뜻한 마음을 담아,
파울로 프레이리

네 번째 편지

제네바
1975년 8월

엔지니어 마리오 카브랄
국가교육문화위원회
비사우, 기니비사우공화국

존경하는 동지께,

에드나(Edna) 동지 대신 왔던 데오발드(Theobald) 동지와의 미팅이 우리에게는 얼마나 중요했었는지를 전하고자 이렇게 편지를 보냅니다.

단지 오래된 해방촌에서 진행되고 있는 교육, 생산, 재분배, 보건 분야의 활동들뿐만 아니라, 국가재건사업 단계에서 현재 당신이 시도하고 있는 모든 일들에 대한 우리의 질문에 대해 데오발드 동지가 해주었던 답변들 속의 확신에 우리는 감명받았습니다.

데오발드 동지와의 대화는 다음 달에 있을 기니비사우 방문 준비에 엄청난 도움이 되었습니다. 이를 통해 우리는 상당한 정보를 입수하였습니다. 기니비사우 현실을 직접적으로 확인하기 위해 지난 2월부터 준비해오던 우리의 체계적인 학습은 데오발드 동지와의 대화를 통해 정점에 달하게 되었습니다.

9월부터 기니비사우에서 당신과 함께 작업할 프로그램 구성에 대해

몇 가지 제안을 포함한 편지 한 통을 보냈습니다. 며칠 이내에 IDAC로
부터 받을 수 있을 것입니다.

형제애를 담아,
파울로 프레이리

다섯 번째 편지

제네바
1975년 10월

엔지니어 마리오 카브랄
국가교육문화위원회
비사우, 기니비사우공화국

존경하는 동지께,

저는 기니비사우에 머물면서 함께 일했던 당신과 여러 동지들과의 형제애를 위하여 제네바에 돌아와 이렇게 편지를 보냅니다. 아울러, 당신들 모두와의 대화 속에서 우리가 기니비사우 교육위원회를 구성하는 일에 작은 보탬이 될 수 있는 기초를 형성할 수 있을 거라는 만족감을 받고 돌아 왔다는 점을 다시 말해주고 싶었습니다.

당신과의 만남, 그리고 기니비사우 현실에 대한 직접적인 첫 방문은 우리가 그곳에서 여정을 시작하는 마음을 다잡도록 해주었습니다. 진심으로 당신과 동지가 되어 기니비사우 재건 노력에 참여할 수 있는 기회를 준 점에 대해 대단히 감사합니다.

엘자와 저는 FARP의 문화 써클에서 참석자들이 칠판에 문장을 쓰면서 자신들이 말하고자 하는 주제에 대해 명확하게 논의하는 모습에 감동하였습니다.

우리는 비사우에 문화 써클이 있다는 점을 알고 있습니다. 그곳의 문화 써클을 보면서 저희는 학생들을 가르치는 것뿐만 아니라 학생들과 함께 그리고 그들로부터 배운다는 점을 깨달았던 예전의 브라질로 돌아간 듯 하였습니다.

우리는 듣고, 보는 것들에 대해 감동하였으나 토론 속에서 보여졌던 정치에 대한 분명한 인식에 대해서는 그다지 놀라지 않았습니다. 정치에 대한 인식의 명확성은 교육위원회 팀들과 전반적인 교육 상황에 대한 논의를 하면서도 보였고, 교육위원회 팀들이 해결해야 하는 문제점이 분명해질수록 더욱 커지는 듯 했습니다.

당신과 저, 우리 모두는 새로운 사회 형성을 위한 국가교육 분야에 그 동안 행해져온 식민 잔재가 얼마나 많은 부분을 차지하고 있는지를 알고 있습니다. 이런 잔재들은 기계적인 행위의 결과로 만들어진 것이 아니기 때문에, 우리 모두는 이번 식민 잔재 척결 사업이 식민 지배 교육 시스템으로부터의 혁명적 변혁에 어떠한 의미를 주는지를 알고 있습니다. 이 점을 인지하지 않는다면 새로운 사회를 위한 종합 계획은 좌절될 수도 있습니다.

기니비사우에서 우리 논의의 목적이었던 이러한 기본 정신을 항상 되짚어 볼 필요가 있습니다. 이는 제가 처음 편지에서 제안했듯이 문해에 대한 논의를 과정 자체로만 논의하면 안 되는 것입니다. 사실 당신도 지난 주에 아직 남아있는 예전 교육 시스템 내에서 교육 받은 엘리트주의자들이 말하는 태도에서 보았듯이, 만약 우리가 기존의 프로그램을 수정하여 하나의 문해 프로그램을 개발하였다면 큰 성과를 거두지 못하였을 것입니다.

우리 앞에 놓인 도전들에 대한 노력은 당신의 진정어린 참여와 함께 극복되어야 합니다.

당신들 모두에게 애정을 담아,
파울로 프레이리

여섯 번째 편지

제네바
1975년 11월 26일

엔지니어 마리오 카브랄
국가교육문화위원회
비사우, 기니비사우공화국

친애하는 마리오 동지께,

지난 번 우리 팀원들의 서명이 담긴 편지를 보내드렸습니다. 그에 대한 답신을 받기도 전에 이렇게 다시 서신을 보냅니다. 지난 번 쓴 서신을 통해 이미 알고 계실지도 모르겠지만 기니비사우 협력 사업에 필요한 자금을 획득했습니다. 우리는 1976년 최초 방문 일정을 내년 2월로 잡을 것을 제안드립니다. 이번 편지는 당신께 기니비사우 협력 사업과 관련해서 제네바에서 현재 일이 어떻게 진행되고 있는지 알려드리기 위해서 입니다.

우리는 한 팀을 이루어 일주일에 두 차례의 공부 모임을 가지고 있고, 이것 외에도 각자 개별적으로 공부를 하고 있습니다. 이 공부 모임을 통해 기니비사우에서 일어나고 있는 문제들의 핵심을 더 깊이 있게 이해하려 노력하고 있습니다. 또한 우리는 당신에게 뭔가 도움이 될 만한 것을 준비해보면 어떨까 고민하고 있는데 이 부분을 당신이 검토해

주시길 부탁드립니다. 위원회에 보낼 문해교육 관련 자료들도 지금 수집 중에 있습니다.

유럽에서는 날이 갈수록 기니비사우에 대한 사람들의 관심이 커져가고 있습니다. 파리, 스톡홀름, 제네바에서 가졌던 모임에서 팀원들과 함께 앞으로 당신과 작업하게 될 일의 계획에 대해 이야기를 나눠보았습니다.

제가 드리는 이 편지는 앞으로 우리가 비사우에 있는 팀들에게 보내게 될 여러 건의 편지들 중 하나입니다. 이번에는 복사본도 하나 동봉하였습니다. 당신이 지금까지 많은 일들을 해 오셨다는 것을 잘 알고 있습니다. 하지만 기니비사우 팀이 퍼실리테이터 지침서 작업과 특히 동봉해 드리는 편지에서 제안 드리는 자료 준비 작업에 박차를 가한다면 좋을 듯 합니다.

당신이 팀원들을 만나 편지 내용에 대해서 이야기해보고, 필요한 자료들을 효율적으로 마련할 수 있는 방안에 대해 논의해 보면 어떨까요? 베아트리체(Beatrice) 동지와 모든 동지, 우리의 친구들에게 애정을 담아 보냅니다. 그리고 특히 파나우(Panau)에게 우리 모두의 감사의 마음을 전합니다.

형제애를 담아,
파울로 프레이리

일곱 번째 편지

제네바
1975년 11월 26일

모니카(Monica), 에드나, 파울로(Paulo) 동지들께,

마리오 카브랄 동지께 드렸던 편지에서 우리들의 공동 과업과의 연속성을 도모하기 위해, 우리가 여기서 구체적으로 어떻게 작업을 진행해 나가고 있는지 알려드렸습니다. 우리 가운데 누군가가 실천 프로그램의 구체적인 요점들을 담은 편지를 써서 곧 보내드리도록 하겠습니다.

이번 서신에서는 문화 써클에서 논의되는 사항들을 기록으로 남기는 데 필요한 프로젝터나 레코더를 비사우로 보내 사용할 수 있게 하려면 무엇이 필요한지 써보고자 합니다.

당신이 그곳 현지의 사정에 따라 문화 써클을 어느 장소에서 진행할지 정하면 자료를 그곳으로 바로 보내드리도록 하겠습니다. FARP 내부에서뿐만이 아니라 사람이 많이 모인 비사우 어딘가에서 시민 학습자들에게도 우리의 실험을 수행할 수 있게 되다니 참 흥미진진합니다. 읽기와 쓰기를 얼마나 더 빨리 배우게 할 수 있는지에 대한 방법과 이들 그

룹이 논의하는 실질적인 내용들을 모두 반영하여 결과를 검토할 수 있을 겁니다. 가령, 지역과 국가의 현실을 더 적절한 수준에서 지나치게 비판적이지 않도록 논의한 내용들 말입니다

당신은 지금도 문해교육에 필요한 프로그램 내용을 잘 조직하고 계시지만 프로젝터를 사용하는데 필요한 자료들을 준비하려면 앞으로 지금보다 더 많은 일을 해야 할 것입니다. 이미 정치적, 사회학적 빈도나 음운 구성을 따져 생성어들을 선별해 두셨다고 알고 있습니다. 프로젝터를 사용하기 위해서는 생성어가 포함된 몇몇 기호가 필요합니다.

다른 내용으로 넘어 가기에 앞서 여담으로, 저와 다른 사람들의 경험을 몇 년에 걸쳐 분석해 본 결과, 제가 알게 된 이론적 고찰에 대해 말씀드리겠습니다. 미리 말씀드리지만 제 생각이 모두 정답인 것은 아닙니다. 당신이 성인문해교육 분야에서 진행되어 온 일련의 일들을 다시 조직해 볼 수도 있습니다. 아마 어쩌면 꼭 그렇게 해야 할지도 모르겠습니다. 성인문해교육이란 마치 생각에 생각을 거듭해야 하는 일과 같으니까요.

생성어는 기호(coding)로 귀속되는 것이니, 기호의 문제에 대해 다시 생각해 보고자 합니다. 아마 기호를 비판적으로 분석해야 할 대상의 하나로 두고 해방교육 프락시스에 있어서의 그 역할을 최우선적으로 논의해 보는 것이 유용할 것입니다. 제가 해방교육 프락시스에 관해서 말씀드리는 것은 기호든 해독(decoding)이든 중립성을 지키는 것은 불가능함을 강조하고 싶어서입니다. 그 구조와 목표는 해방교육 프락시스에서 사용하는 기호와는 사뭇 다릅니다. 학습자들은 상당히 다른 태도를 취할 수밖에 없습니다.

늘 어렵다고는 생각해 왔지만 기호의 정의부터 시작하지 않는 것이 오히려 더 흥미로운 접근법이 될 수 있을 것 같습니다. 당신은 특정한 정치적인 입장을 취하는 데서 비롯되는 혁명적 본질에 영향을 받은 교육가이지요? 그렇다면 당신은 성찰의 과정을 통해 실천적 행위들 가운데서 우리가 하고 있는 일에 대한 이해를 시도해 볼 수 있습니다.

교육과 문화 행위, 그리고 생동감은 늘 문해교육과 문해교육 이후의

단계에서 실천으로 옮겨지는 지식 이론이나 앎의 한 가지 방식을 의미합니다. 그래서 제가 최우선적으로 물어보고 싶은 질문 가운데 하나가 바로 이론 그 자체, 그리고 흔히 알려진 목표에 관한 것입니다. 교육과 문해교육, 그리고 문해후교육 사업에 관한 프로그램 내용을 구성하게 될 목표 말입니다.

우선, 혁명적 목표에 도움이 되면서 교육 실천으로 연결되는 지식 이론은 지식이 과정적인 것이며, 결국 사람들이 익숙해하는 객관적인 현실에 대한 의식적인 실천적 행위의 결과라는 주장에 근거하고 있습니다. 그래서 객관적인 현실과 그 속에서 행위를 하는 사람, 이 둘 사이에는 역동적이고 모순적인 일치가 생겨납니다. 사실 모든 현실이 역동적인 동시에 모순적이죠.

이와 같은 방식으로 이론과 교육의 토대에 대한 이해를 시도한다면 아래와 같은 세 가지 일들은 있을 수가 없는 것입니다.

1) 이론과 실천을 분리하는 것
2) 기존의 지식을 아는 행위와 새로운 지식을 창조해 내는 행위를 분리하는 것
3) 학습과 교수 행위를 분리하고 교육받는 것과 교육하는 행위를 분리하는 것

이러한 지식 이론과 일치하는 방법은 흔히 알려진 목표, 즉 객관적인 현실만큼이나 역동적입니다.

생산력 증진과 계급 갈등, 그리고 창조적 행위가 서로 뒤얽혀 있는 사회적 관행에 관한 일들을 다룰 때, 우리는 교육이란 학습과 배움의 기본을 사회적 관행에 기반을 두고 있는 과정임을 알게 됩니다. 교육이란 그 자체로 사회적 관행의 단면이며 그러한 관행의 이유를 밝히는 일인 것이지요. 그리고 교육이 심화되고 발전함에 따라 이러한 지식을 통해 전체적인 사회 계획과 조화를 이루는 새로운 관행을 찾으려 애쓰게 되기도 합니다.

문해후교육의 새로운 출발점은 결코 편협하게 전문화되거나 초점화

된 것이 아닌 지식의 심화와 다양성 가운데서 발견됩니다. 이것은 배움의 행위와 마찬가지로 문해교육 훈련 자체와 분리되지 않는 논리적 연속성입니다. 이미 문해후교육은 이와 유사한 의미를 가지는 것으로 문해교육 분야에 알려져 있습니다. 읽기 쓰기 학습은 필연적으로 자신을 표현하는 능력을 키우는 것과 관련되어 있고 다양한 방법을 사용해 발전을 거듭합니다. 그리고 교사들과 학습자들은 모두 비판적 관점에서 사회적 관행을 이해하려 애씁니다. 읽기 쓰기 학습은 사회적 관행에 대한 정확한 분석을 통해 현실을 "해독"하는 방법을 배웁니다.

이 단락에서는 가령 생산성에 관한 것과 마찬가지로 사회적 관행의 여러 단면에 관한 논의를 통해 이러한 관행들의 이유와 방식들에 관한 기술적인 면을 다루어 볼 기회를 가져보려 합니다.

문해후교육 프로그램에서, 현실을 읽는 것은 더 심오한 형태로 계속됩니다. 하지만 문해후교육 프로그램은, 더 완벽하게 언어를 숙지하는 것과, 역사, 지리, 수학을 이해하는 것뿐 아니라, 경제적, 사회적 조직을 더 날카롭게 인식하는 것을 포함하여, 더 기술적이고 전문화된 지식을 강조합니다.

우리는 전에 실천과 이론을 분리하는 것은 불가능하다고 말한 적이 있습니다. 실천과 이론 간의 근본적인 통합에 대해 모색하는 사회는, 육체 노동과 정신 노동 사이의 이분법을 극복할 수 있습니다. 이분법 극복의 결과는 총체적으로 다른 교육의 모델로 나타납니다. 이 교육 모델에서, 학교는—초등, 중등, 고등교육 어느 수준의 교육이든지— 공장이나 농장과 근본적으로 다르지 않으며, 이것들과 반대편에 서 있지도 않습니다. 심지어 학교에 공장이나 실질적인 농사일만 있거나 공장이나 농사일이 학교 교육에 포함되지 않는다고 해도, 이는 학교가 어떠한 면에서도 공장이나 농장보다 우월하다는 의미를 내포하지 않습니다. 이론과 실천 사이에서 통합이 가지는 역동적인 비전을 가지고 볼 때, 학교는 공장의 안에 있든 밖에 있든 간에 선정된 종류의 지식을 관료적으로 전달할 책임이 있는 기관으로 정의될 수 없습니다. 학교는 오히려 이론과 실천의 통합의 축이며 계기입니다. 따라서 우리가 실천에 대한 비판적인 성찰을 시행할 때마다, 자신을 구체적인 실천으로부터 거리 두게 된다면, 우리는 '학교'라는 단어가 가져야 하는 가장 근본적인 의미에서, '학교'라는 이론적 맥락을 갖게 됩니다.

우리가 보내는 프로젝터를 사용하기 위해서, 당신은 스스로 기호화를 할 필요가 있습니다. 이 기호들은 현실의 단면들을 나타내며, 구체적인 맥락에서의 순간들을 표현합니다. 이러한 방식으로 이것은 문화 써클이라는 우리가 가진 상황에서 구체적인 맥락과 이론적 맥락 간의 연결고리를 제공할 수 있습니다. 이것은 교육자와 학습자를 함께 학습할 방안을 모색하는 적극적인 주체로 연결시킬 수 있습니다. 이러한 역동적인 관점에서, 기호들은 단순히 교사가 더 잘 가르칠 수 있도록 하기 위한 도움이 아니라, 학습자에게 도전을 제공하는 배움의 대상입니다.

사용되는 소통의 채널에 따라서, 기호는 시각적, 청각적, 촉각적 또는 시청각적이 될 수 있습니다.

시각적 기호로는:

1) 회화적 기호: 그림, 소묘, 사진

2) 인쇄된, 문자화된 언어

3) 판토마임 또는 마임15, 예를 들면 제스처나 행동을 수단으로 하여 생각을 표현하는 것

---

15 저는 주지주의(역주: 이성을 감성보다 더 우위에 있다고 생각함)의 합리화 과정에 있어, 육체의 의미가 잠식되지 않는 문화에서 신체적 표현의 하나인 판토마임이 가질 수 있는 잠재성에 관심을 갖고 있습니다. 이러한 문화에서 대부분의 사람들은 아직 문자 언어의 논리적 정확성에 얽매이지 않고 있습니다. 문자 언어의 논리적 정확성이 언어의 힘에 대한 신화를 종종 만들어내지만 말입니다. (그래서 우리들은 문해교육의 첫 단계부터 이러한 신화를 피하기 위해 노력하고 있습니다.) 이러한 문화에서는 육체가 자연과의 관계 속에서 더 큰 자유를 가지고, 그 문화가 가진 신화와 조화를 이루며 육체가 쉽게 움직일 수 있습니다. 판토마임 게임을 움직임에 강조점을 두는 회화적 기호의 맥락에서 생각해 보는 것도 흥미로울 것입니다. 저는 이 질문을 미래에 우리 연구의 일환으로 논의할만한 탐구 거리로서 제안합니다.

소통의 채널이 하나만 쓰이느냐 아니면 여러 개가 동시에 쓰이느냐에 따라 기호는 간단할 수도 복잡할 수도 있습니다. 언어와 관련하여, 모든 기호는 반드시 글로 쓰이지 않더라도 읽을 수 있는 담화입니다. 이러한 의미에서, 기호는 서로 역동적인 연관성 속에서 표상 구조(superficial structure)와 심층 구조(profound structure)를 가지고 있습니다. 표상구조는 상호작용 속에서 의미가 완성되는 요소들의 모음입니다. 심층 구조는 보이지는 않지만 글을 읽고 기호를, 더 자세히 말하면 표상구조를 해석하는 과정에서 나타납니다. 심층 구조는 단순히 노출되는 사실들에 필수적인 근거와 관련이 있지만, 실제로 표상 구조에는 드러나지 않습니다. 우리가 같은 글의 문법과 통사론 사이의 차이를 생각한다면, 아마도 어떤 기호의 표상 구조와 심층 구조를 더 잘 이해할 수 있을 것입니다. 예를 들면, 다음의 글을 문법과 통사론의 관점에서 생각해봅시다. "I desire that you do good work"(나는 네/너희가 좋은 일을 하기를 바란다)

글을 순수하게 문법적으로 읽으면, 제가 이미 가지고 있는 지식이 스스로 글의 부분들을 모두 취하여 분류할 것입니다. 저의 행위는 분류학자의 행동과 별다르지 않습니다. 따라서 저는 다음과 같이 말할 수 있습니다.

"I desire"(나는 바란다): 동사, 1인칭 단수, 현재시제, 직설법
"that": 소망을 말하는 종속절을 도입하기 위해 쓰이는 접속사
"you"(너/너희): 대명사, 2인칭 단수 또는 복수
"do"(하다): 동사, 현재시제, 가정법 사용
"good"(좋은): 형용사
"work"(일): 명사, 동사의 목적어 등

통사론의 관점에서는, 저의 행위가 완전히 다릅니다. 이 경우에, 저의 관심은 문장 전체를 구성하는 부분들이 상호작용하는 것을 파악하면서, 글을 전체적으로 이해하는 것에 있습니다. 저는 단어가 글의 일반적

구조에서 수행하는 역할을 인식하려 노력할 것입니다. 이러한 방법으로, 저는 "good work"(좋은 일)와 "I desire"(나는 바란다) 사이에 존재하는 상호 보완적인 관계를 알아차릴 것입니다. 이러한 의미에서, "you do good work"(네가 좋은 일을 하다)는 "I desire"(나는 바란다)의 목적어이자 직접 보어입니다. 그리고 "I desire"(나는 바란다)는 어떤 불완전한 상태의 표현, 즉 타동사입니다. 첫 번째 절은 주어로 "I"(나)를 가지고, 보어절은 주어로 "you"(너)를 가집니다.

따라서 통사론의 분석에서 만들어진 분류의 단위는 단어들이 아니라, 구조화된 생각을 나타내는 맥락의 일반적인 구조 속에서 상호 관계가 있는 기능들입니다.

우리가 만약에 들판에서 일하고 있는 남자들과 여자들을 나타내는 기호(사진이나 소묘)를 취한다면, 표상 구조는 즉시 인식되는 요소들로 이루어질 것이고, 기본 구조(basic structure)는 상위 구조(superstructure)의 분석으로 들어갈 때 초점이 맞춰질 것입니다. 우리는 기호화된 사실의 이유를 찾습니다. 남자와 여자들은 왜 일하고 있을까요? 그들은 누구일까요?

기호화의 과정을 처음으로 접하는 사람의 반응은 상위 구조를 읽는 것입니다. 이러한 독해가 순수하게 문법적 또는 분류학적이라고 말할 수 있습니다. 이러한 문법적, 분류학적 독해에서 기호화된 요소들이 묘사됩니다. 더 나아가 우리가 독해를 시작하고, 기호화의 더 심오한 수준으로 나아가면, 교육자는 학습자의 입장이 단순히 교육자의 입장을 반영한다는 식으로 자신의 입장만을 강요해서는 안 됩니다. 동시에 교육자는 부끄러움으로 인해 자신의 통찰력을 부정해서도 안 됩니다.

만약 우리가 기호의 표상 구조와 심층 구조 모두를 비판적으로 이해할 수 있다면, 우리는 자신의 기호를 만드는 행위에서 두 가지 위험으로부터 벗어날 수 있습니다. 첫 번째 위험은 우리가 기호를 단순히 전달하는 메시지로 치부하는 것입니다. 현실에서 기호들은 알려져야 하는 대상이고, 심지어는 밝혀져야 하는 도전이자 문제입니다. 두 번째 위험은 우리가 기호를 풀어야 하는 퍼즐의 일종으로 변형시키는 것입니다.

첫 번째 사례에서, 기호는 메시지와 아주 밀접하게 연관되어 해석되면서 너무 명확해진 나머지, 기호를 해독하는 것이 거의 불필요해집니다. 기호는 거의 자체적으로 해독됩니다. 선전에서 나타나는 기호는 제가 방금 말한 것의 좋은 예입니다. 선전 기호의 메시지는 단순히 그것을 읽는 사람을 길들입니다.

두 번째 사례에서, 기호의 상위 구조는 형태상으로 너무 수수께끼와 같고 폐쇄적이어서 해독의 과정에 장애물이 존재합니다.

표현법(style)의 관점에서, 기호는 희극적 또는 해학적일 수 있습니다. 하지만, 기호가 웃음과 휴식을 야기하고 카타르시스 효과를 가질 때 서로 구분될 수 있습니다. 메시지가 너무 명백하면, 해독을 시도한 사람을 단순히 표상 구조의 수준에 머무르게 합니다. 반면 기호가 수수께끼와 같을 때, 즐거움이 기호의 심층 구조에 도달하는 과정을 촉진하게 됩니다.16

기호와 생성어

일단 당신이 이미 익숙한 기준을 사용하여 생성어를 골랐다면, 생성어가 포함되는 기호를 정교화해야 합니다. 생성어와 기호 사이에는 필수적인 관계가 있습니다. 가끔 전체적으로 단어와 기호 사이에도 필수적인 관계가 있기도 합니다. 또 가끔은 오직 하나의 단어만 기호로부터 추출됩니다.

전체를 참고하는 기호의 예시
생성어: "work"(일하다)
기호: men and women working(일하는 남자들과 여자들)

---

16 만화가 클라우디우스 세콘(Claudius Ceccon)은 두 번째 사례의 좋은 예시입니다.

기호 속에서 한 단어만 추출되는 예시

    생성어: "brick"(벽돌)

    기호: men working on a construction project in which bricks are clearly in the foreground(전경에 벽돌들이 보이는 건설 현장에서 일하고 있는 남자)

따라서 당신의 업무는 17개의 생성어들에 부합하는 기호를 준비하는 것입니다. 그리고 그 생성어들은 실험 써클의 문해교육 프로그램이 될 것입니다.

한 예로 우리가 브라질에서 사용했던 한 세트의 슬라이드들을 보냅니다. 그 안에는 생성어와, 기호 그리고 음절로 나뉘어져 있는 단어가 적힌 슬라이드가 있습니다.

그리고 또 한 시리즈의 다른 종류의 브라질에서 사용했던 슬라이드들을 보냅니다. 이 세트는 자유를 표현하는 교육 활동을 위해 제작되었습니다. 브라질에서는 이것이 문화의 개념에 대한 논의를 불러 일으켰습니다. 지난번 분석에서는, 이 논의가 인류와 자연 세계의 관계를 비판적으로 해석하는 것이 되었습니다. 이 자연 세계의 변화로부터 인류의 문화와 역사는 나타나게 됩니다.

브라질에서는 이 논의가 문해교육으로 이어져 나란히 계속되고 있습니다. 칠레에서는 대부분의 학습자들이 즉시 읽고 쓰는 것을 배우길 원했기 때문에 문화에 대한 논의가 문해교육 과정에 있었습니다. 중요한 것은 이러한 분석이 존재했다는 것입니다.

당신의 학습자를 대상으로 그 지역 상황과 비슷한 기호로 테스트를 하고 그들의 반응을 연구하는 것은 흥미로운 일일 것입니다.

만약 당신이 이런 테스트를 하게 될 때, 토론의 내용을 기록하는 것은 매우 중요합니다. 그곳에 있는 팀이 그 기록들을 비판적으로 분석할 겁니다. 다음번 기니비사우 방문에서는 이 기록들을 연구하는 것이 중심 작업 중에 하나가 될 것이고 또한 다양하게 사용되는 학습자들의 대화도 함께 연구할 것입니다. 이것에 대해서는 지난 9월에 우리가 만났을 때 이미 상의했었습니다.

만약 동료 마리오 카브랄이 제안된 날짜를 승낙한다면, 2월에 비사우에서 있을 미팅에서 우리는 어떻게 학습자에게 동기 부여를 할지 함께 고민해야 합니다. 그렇게 함으로써 그들이 팀으로 기호화를 할 수 있게 해야 하고, 각각의 팀은 그들 고유의 기호로 논의를 이끌어 나갈 것입니다.

당신이 우리에게 기호와 음절로 분리된 생성어 자료들을 보내주면, 우리는 곧바로 독서 써클을 위한 프로그램 슬라이드 세트를 만들기 시작할 겁니다.

마지막으로, 며칠 내로 제가 그곳에 있을 때 당신과 함께 대화했던 내용을 담은 책 사본을 보냅니다. 그 책은 내년에 출간될 예정입니다. 책의 일정 부분은 당신에게 흥미로울 것입니다. 『자유를 향한 문화행동』(Cultural Action for Freedom)과 『억눌린 자를 위한 교육학, 페다고지』(Pedagogy of the Oppressed)이라는 책에서 당신은 기호의 문제점에 대해 찾아볼 수 있을 겁니다.

우리 모두의 애정을 담아서,
파울로 프레이리

여덟 번째 편지

제네바
1975년 12월 6일

엔지니어 마리오 카브랄
국가교육문화위원회
비사우, 기니비사우공화국

동지 마리오 카브랄,

며칠 전에 저는 당신의 서신을 받았습니다. 당신은 CCPD로부터 재정지원을 받아 우리의 일을 진행할 수 있게 되었고 또한 WCC의 교육국으로부터 지원을 받게 되었다는 내용이 담긴 제 편지를 받았다고 말씀하셨지요. 따라서 지금 우리의 프로젝트를 진행하고 있습니다.

지난달 제가 보냈던 편지도 도착했기를 바랍니다. 그 편지에는 모니카, 에나, 파울로를 위한 사본을 보냈습니다.

저는 오늘 그들에게 쓴 또 다른 편지의 사본을 보냅니다. 저는 비사우에 있는 팀과 주고받는 편지의 내용을 당신도 항상 알고 있어야 한다고 생각하고 있습니다.

다른 일로도 많이 바쁜 줄로 알고 있습니다만, 국가 문해교육 캠페인 정책을 책임지게 될 국가위원회를 설치하는 일은 잘 진행되고 있습니까? 우리는 다음 방문인 1976년 2월에 그 위원회와 적어도 한 번의 만남이라도 가질 수 있기를 바랍니다.

저의 동료인 당신이 저의 이러한 제안들을 받아주길 바랍니다. 그것들은 모두 진심에서 나오는 것들입니다.

당신과 당신의 모든 동지들에게 애정을 담아,

파울로 프레이리

아홉 번째 편지

제네바
1975년 12월 6일

친애하는 동지들, 친구들, 모니카, 에드나, 그리고 파울로,

제가 여러분께 보낸 편지들을 동지 마리오 카브랄을 통해 받았기를 바랍니다. 거기에는 당신들이 프로젝터를 사용할 실험을 위한 기호화 과정에 대해 써놨습니다. 또한, 협력자들을 위한 매뉴얼 작성이 잘 진행되어서 빠른 시일 내에 받아보길 희망합니다.

당신들이 매우 바쁜 일정을 보내고 있다는 것을 압니다. 하지만, 우리가 비사우를 떠난 이후의 상황에 대해 정리한 보고를 하루 빨리 받아보고 싶습니다. FARP에서 진행되는 활동 가운데 우리가 그곳에 있을 때 훈련받던 코디네이터는 이미 투입이 되었는지, 업무는 잘 진행되고 있는지 말입니다.

만약 제 기억이 맞다면 마르코스 아루다(Marcos Arruda) 역시 최근 편지에서 비슷한 요청을 했던 것 같습니다.

저는 여러분들이 체계적인 평가 세미나를 지도자들과 함께 가질 수

있는지 궁금합니다. 어떠한 문제점이 있었는지, 그리고 어떻게 대처했는지를 당신들과 그들이 함께 평가해 보는 것입니다. 특정 문제들은 계속해서 반복됩니다. 그리고 지도자들은, 다른 이들이 그것에 어떻게 대처하는지를 알고 있어야 합니다. 이것은 모든 이들의 창의력을 높여주는 배움의 기초가 될 것입니다.

예를 들어, 이러한 세미나에서는 몇몇 협력자들의 독재주의적 경향이나 다른 이들의 예기치 못했던 실수에 대한 문제가 다뤄질 것입니다. 이러한 문제는 우리가 열 명에서 열다섯 명 정도의 소규모 인원으로 일하지 않는 한 피할 수 없는 것들입니다.

또한 이러한 평가 세미나에는 몇몇의 학습자들도 참석할 수 있습니다. 그들의 참석은 다음의 두 가지로 정당화 될 수 있습니다. 하나는, 그들은 협력자와 마찬가지로 세미나에서 논의되고 있는 일의 한 주체라는 점입니다. 또 다른 하나는, 이러한 회의를 통해서 훈련의 과정이 더욱 심화될 수 있다는 점입니다. 오늘의 학습자는 내일의 협력자가 될 수 있습니다. 당신들이 준비하고 있는 매뉴얼 역시도 이러한 세미나에서 비판적으로 평가되어야만 합니다.

만약 당신들이 이러한 일에 대해서는 아직 생각해보지 못했지만 저의 제안에 동의한다면, 앞으로 이것을 실현해 나갈 가장 좋은 방법을 생각해내야 합니다. 대화를 꼭 기록하십시오. 이 기록들은 그 자체로도 중요한 자료가 될 것입니다. 일의 진척 과정에 대해 알게 해주고, 다른 그룹의 평가 세미나에서도 사용될 수 있습니다.

평가 활동은 훈련의 방법이면서 동시에 새로운 활동으로 직접적인 연결을 해주는 역할을 합니다. 한 사람의 실천을 문제로 바라보는 것은 중요한 평가의 계기가 됩니다. 따라서 실천의 각 주체들은 다양한 양상에서 확인하고 바로잡기 위해 해왔던 일에 대해 되돌아 볼 수 있습니다. 그것은 차후 실천의 질을 높이고, 그것을 통해 발전해 나갈 수 있습니다. 이러한 이유로 활동 안에서 일어나는 논의는 필수적이라는 생각을 합니다. 우리는 중앙팀으로 참여할 때뿐만 아니라 문화 써클과 가깝게 활동할 때도, 그리고 종종 연락할 때도 역시 같은 입장입니다. 따라서 우리가 평가 세미나에 참여하는 것은 어떤 낯선 이들의 참여나 다른 사람의 업무를 단순히 지켜보는 정도의 참여가 아니라는 것을 말하고 싶습니다.

물론 당신이 이미 사용했었거나 혹은 사용하겠다고 생각하고 있는 평가방법이 이와 다를 수 있습니다. 이와 다른 평가방법을 이미 써보았거나 혹은 쓰자고 생각하고 있을 수도 있지요. 이 점은 그리 중요하지 않습니다. 정작 중요한 것은 우선 이미 실시된 일들에 대해서 지속적인 평가가 이루어져야 한다는 점이고, 그 평가는 결코 재정 문제로 연계되어서는 안 된다는 점입니다.

제가 약속드렸듯이 이 편지를 항공 우편으로 보내드립니다. 당신이 이 글들을 기니비사우의 현실 문제와 관련하여 참고자료로 읽으시리라 생각합니다.

새로운 소식을 전해주시길 기다리겠습니다.

포옹과 함께 애정을 담아,
파울로 프레이리

열 번째 편지

제네바
1976년 1월 5일

엔지니어 마리오 카브랄
국가교육문화위원회
비사우, 기니비사우공화국

마리오 동지에게,

제가 모니카, 에드나, 파울로 동지에게 썼던 꽤 긴 편지의 사본을 재차 당신에게 보내드립니다.

제가 다룬 주제들이 기니비사우와 많은 연관이 있다고 믿습니다. 제가 필요하다고 했던 부분에 당신이 완전히 동의하지 않는다고 하더라도 말이지요.

2월에 그 팀과 핵심 논점을 토의하는 것은 상당히 흥미로울 것이라 생각합니다.

그리고 중급 학습을 책임지고 있는 둘체(Dulce) 동지에게 당신이 보냈던 것과 함께 별도의 복사본을 보내드립니다.

그곳에 도착하면 여러분 모두와 다시 만나 삶의 기쁨 속에서 함께 잔을 들 수 있다는 것에 잔뜩 들떠있습니다. 여기서는 없는 것이거든요.

모든 이들에게 포옹을 보내며,
파울로 프레이리

열한 번째 편지

제네바
1976년 1월 5일

모니카, 에드나, 파울로 동지에게,

이런 말을 하는 것이 쓸데없는 것일 수도 있겠습니다. 하지만 제가 여러 동지들에게 끊임없이 편지를 쓰는 데 있어 어떤 경우이든 우리의 관계가 관료화되게 하지 않을 것이며, 저의 편지 내용이 마치 처방적 중요성을 갖는 것처럼 하지도 않을 것이란 점을 꼭 말해야겠습니다. 제가 편지를 보내는 가장 중요한 이유는 우리가 모두 참여하고 있는 일 중 흥미를 끄는 부분에 대해서 이야기하고 싶기 때문입니다.

평범하기 그지없는 글이지만, 저는 이 서신들을 통해 여러분께 도전을 줄 생각입니다. 그러나 그렇게 함으로써 저 또한 도전을 받게 될 것입니다. 누군가에게 심각한 도전을 줄 때, 우리 자신에게도 똑같은 도전을 주지 않고서는 그 일이 불가능합니다. 가끔 저는 단어 혹은 구절을 멈추어가며 제 자신에게 묻곤 합니다. 제가 쓰고 있는 것이 정말 말하고 싶은 것을 진정으로 표현하고 있는지, 더욱이 이러한 글이 제가 생각하고 있는 구체적 현실을 잘 반영하고 있는지에 대해서 말이지요.

오늘 저는 성인문해교육의 실천과 이론에 관여해 오면서 제 자신에게 이것 다음에 무엇이 이루어져야 하는지 질문해 보았을 때 이를 막아서는 문제들에 대해서 이야기하고자 합니다.

저는 문해후교육에 대해서 아주 자세히 분석하려는 것이 아닙니다. 단지 문해교육을 통해서 갖고 있는 비전에 적절하게 상응할 수 있는 입장을 만들고자 할 뿐입니다. 실제, 누군가 문해후교육에 관심을 갖는 것은 문해교육 자체의 개념과 아주 밀접한 관련이 있습니다.

성인을 위한 문해교육에 대해 토론할 때마다, 해방이라는 관점에서 제가 강조하는 바는 성인문해교육이 늘 창조적 행동이어야 한다는 점입니다. 훈련되지 않은 앎은 구체적인 노동 실천에 관해 비판적 성찰을 한 결과 나타나는 지식의 형식에 무릎 꿇을 수밖에 없습니다. 따라서 저는 실천이 이루어지는 구체적인 맥락과 비판적 성찰이 행해지는 이론적 맥락 사이에는 변증법적 관계가 있다고 늘 고집스럽게 이야기하는 것입니다.

실천적이자 곧 이론적인 이러한 모습에서, 문해교육은 읽기와 쓰기라는 형식교육의 한 부분으로 이해될 수 없습니다. 또는 읽고 쓰는 것을 따라야 할 것과 관련된 기본 지침으로 볼 수도 없습니다. 더불어 문해교육이 무언가 결핍된 사람들의 필요를 재빨리 채워주기 위해 적용될 수 있는 일종의 처방으로 여겨져서도 안 됩니다. 만약 그렇게 된다면 사람들은 문해후교육으로 알려진 과정을 일종의 수준 높은 지적 모험 정도로 알고 참여할 겁니다.

제가 이해하기로 성인문해교육은 내재적으로 문해후교육 활동을 담고 있습니다. 알아나가는 행위가 시작된 때부터 문해교육은 계속될 것이고 더 깊이, 그리고 보다 다양해질 것입니다. 따라서 문해교육과 문해후교육 활동은 절대로 분리되어 있지 않습니다. 하나는 앞서고 다른 하나는 뒤따르는 그런 것이 아닙니다. 오히려 사회 형성의 과정에 있어 동시에 발생하는 것으로 보아야 합니다. 거기에 어떤 이름을 붙이느냐는 그리 중요한 문제가 아닙니다. 교육이라고 붙이건, 문화 행동이라고 하건 혹은 동기 부여라고 하건 말이지요. 그것은 언제나 문해교육과 문해후교육 활동을 함의하고 있습니다. 이것이 실천을 전제하는 지식 이론입니다.

알아나가는 과정으로서의 교육은 우리 모두에게 많은 이론적, 실천적 질문들에 직면하게 합니다. 이를 지적인 질문으로 보지 맙시다. '안다는 것은 무엇입니까?', '어떻게 알게 되지요?', '왜 알려고 합니까?', '어떤 이익을 바라서 혹은 누구에게 이익이 되어서 알려고 합니까?', 게다가 '무엇에 대항하여 혹은 누구에게 반하는 것을 배우는 것이지요?' 이상의 것들은 교육 행위, 교육의 가능성, 교육제도, 교육의 목표와 궁극적 목적, 교육 행위자, 교육방법과 내용 등을 둘러싸고 있는 것들과의 역동적 관계로서 본질적인 질문들입니다.

서로 씨줄날줄로 긴밀히 얽혀있는 이 모든 질문에 대한 대답 또한 서로 관련되어 있습니다. 따라서 내가 무엇을 알고 있어야 하는가라는 점에 있어 저는 어쩔 수 없이 그것을 알아야 할 이유가 무엇이며, 이를 통하여 얻게 되는 이익이 무엇이고 누구에게 이익이 되는지, 그리고 무엇에 대항하여 혹은 누구에게 불이익이 되는 내용을 배우고자 하는지 알아야 합니다.

이 편지가 의도하는 바는 이러한 질문들을 체계적이고 심도있게 다루려는 것이 아닙니다. 단지 이러한 질문들에 관심을 갖도록 하고 좀 더 이에 대해 말하고 싶을 뿐입니다.

'무엇을 알아야 하는가'라는 질문에 대한 대답은 직접적으로 교육 프로그램 내용을 어떻게 구성하고 발전시킬 것인가라는 점과 관련되어 있습니다. 또한 결코 간과해서는 안 되는 많은 것들과 연계되어 있습니다. '왜'라는 질문은 다른 모든 질문들, 즉 '어떻게', '어떤 이익, 누구의 이익', '대항하는 바, 비판의 대상'을 묻는 질문과 긴밀히 연결되어 있지요. 이 모든 것들은 '무엇을 알아야 하는가'라는 질문의 개념에서 핵심에 자리하고 있습니다.

알아야 할 것에 대한 개념 없이 교육 활동의 프로그램 내용을 조직하는 것은 불가능합니다. 이 개념은 사회의 전체적인 계획, 그 계획이 요구하고 있는 우선성, 이를 실현하기 위한 구체적 조건과 아주 밀접히 관련되어 있습니다.

사회 계획에 대해 이야기해 봅시다. 이것은 어떤 추상적인 아이디어라든가, 임의의 모형이라든가, 혹은 지도력의 상상에 의해 완성된 어떤 것이 아닙니다. 서로 밀접히 관련되어 있는 어떤 목표입니다. 경제와 사회조직, 예산 분배와 국제 무역, 통신과 교통, 문화, 보건, 일반 교육 등 사회의 제 영역을 추구하는 구체적인 목표와 일관된 것입니다. 목표는 단계적으로 실현될 것입니다. 전체적인 계획을 만드는데, 그리고 그 계획을 실현해 나가기 위해 구체적인 정치적 행위가 개입할 것입니다.

목표를 구체적으로 만들어나가는 과정에 있어, 계획된 디자인은 실제 행위에서 어느 정도 변경되리라 봅니다. 그렇다고 이러한 변경이 계획이 원래 추구하고자 했던 전체적인 비전을 부정하는 것이어서는 안 됩니다. 교육 활동의 내용을 조직하기 위하여 무엇을 알아야 할 필요가 있는지 결정하는 것은 계획의 각 부분들에 관련된 개개인들의 정치적 명료함을 요구합니다. 이것만으로는 절대 충분하지 않지만 이러한 정치적 명료함은 '무슨 이유로, 왜, 누구의 이해관계에 따른 정책인지 등' 다른 질문들과의 연관성 속에서 절대적이고 근본적입니다. 대상화된 대중의 이름으로 경직된 관료체제에 의해 행해지는 정책은, 대중과 함께 행해지는 정책과 전혀 다른 것입니다. 대중과 함께 행해지는 정책은 필요한 지시 사항이 절대 정치적 슬로건이 될 수 없는 사회의 재건에 대중들이 비판적, 의식적으로 참여하게 합니다.

교육과정의 조직을 일종의 가치중립적이고 기계적인 과정으로 감환시킬 수 있는 위험성을 피하도록 돕는 것은 현실과 교육 그 자체를 대하고 있는 이러한 정치적 명료함입니다.

우리의 실천과 새로운 사회를 위한 계획 간의 일관성을 지키는 것은 바로 끊임없이 각성된 상태와 결부된 명료함입니다. 교육 분야에서 계획적 내용 구성은 그것이 초등, 중등, 고등 혹은 성인문해 캠페인 어느 단계에서든 대단히 정치적인 행위이며, 그것은 정치가 어떤 일의 구체적

완수를 위한 기법이나 방법을 선택할 때 취하는 태도를 의미하는 것과 같습니다. 이러한 모든 것들의 정치적 성격은 그것에 대한 우리의 의식과는 별개의 일입니다. 알아야 될 필요가 있는 것을 정의하는 방법에 관한 지식은 앎의 "*이유*"나 또는 제가 언급해왔던 것에 대해 이러한 행위가 가지는 다른 함의들과 구분될 수 없습니다. 이러한 이유로 중립적인 전문가나 교육과정 구성 분야에서 중립적 기법을 가지고 있는 사람은 아무도 없습니다. 그 점에 있어서는 다른 어떠한 분야도 마찬가지입니다. 역사, 지리, 언어 또는 수학을 중립적으로 가르치는 방법을 알려줄 수 있는 중립적 "방법론 학자"는 존재하지 않습니다.

식민적 의존 상태에서 재건을 위한 혁명적 투쟁으로 바뀌고 있는 사회에서 교육 분야의 계획적 내용 구성을 위해 알아야 할 필요가 있는 것을 정의하는 것은 가장 중요한 과업 중 하나입니다. 그러나 한 가지의 계획적 내용을 재건을 위한 사회의 목적에 보다 부합하는 내용으로 대체하는 것만으로는 알아야 할 것과 관련된 정의를 완성하지 못합니다. 비록 때로는 이러한 노력이 가능한 유일한 방법이기는 하지만, 만약 여전히 엘리트주의적인 앎의 방법을 유지한 채 단순히 이러저러한 측면에서 이전의 실천을 수정한다면, 계획적 내용을 바꾸는 것으로는 충분하지 않다는 것을 이해하는 것이 매우 중요합니다.

교육의 엘리트주의적 특질을 지키는 것은 엘리트주의가 암시하는 모든 것이 그러하듯 식민적 의존 상태에서 신식민주의적 의존 상태로 바뀌고 있는 사회, 그리고 제국주의적 이해관계와 밀접하게 결부되어 지배적 국가 엘리트들이 통치하는 사회에서는 앞뒤가 맞는 일일 수도 있습니다. 그러나 기니비사우에서는 의심할 여지없이 해당되지 않는 경우입니다.

기본적인 도전은 단순히 식민주의자의 이익에 적절한 오래된 프로그램을 새로운 프로그램으로 대체하는 데 있는 것이 아니라, 혁명적 방법으로 재건되고 있는 사회와 혁명적 사회에 기여하는 '전체로서의 교육' 간의 일관성을 확립하는 데 있습니다. 그리고 새로운 사회가 반드시 실천해야 할 지식에 관한 이론은 식민주의 교육에 적대적인 새로운 앎의 방법을 필요로 합니다.

그러한 사회가 가지는 위험요소의 하나는 재건사업으로 인한 도전에 대응하고자 시도하는 과정에서 특정한 서구 모형을 받아들이는 것입니다. 물론 이들 중에는 계급사회에서 초래된 교육 모형도 있습니다. 국가 지도자들이 혁명적 재건이라는 거대하고 복잡한 과업을 착수할 수 있도록 성장시키는 것은 중학교나 대학교 학위를 가지는 것만으로는 결코 불가능합니다.

이 과업은 혁명적 방식으로 스스로를 다시 만들려는 사회에서는 대단히 실제적인 일입니다. 그러므로 이러한 사회의 도전은 제국주의적 지배 이익에 투항한 반인민적인 리더십과 싸우기 위해 적절한 노선을 찾는 데 있습니다.

식민주의자들이 몇몇에게 대학 학위를 가질 수 있도록 약간의 기회를 주었다는 점을 인정하더라도 이러한 행위는 식민 권력의 이익을 위해했던 것입니다. 그러한 기회는 식민지 시기 도시 지역 학교에서 발달했던 교육과 같이 선택적이고 제한적이었습니다.

단지 인구의 일부만 대학 연수를 받았기 때문에 이 대학 연수는 단순히 식민주의자들을 위해 도시 지식인들의 계급을 향상시켜 졸업생들의 사회적 지위를 강화시킬 뿐이었습니다. 아밀카 카브랄은 국가를 위한 해방 투쟁 과정에서 이러한 소규모 지식인들의 역할을 분석하면서, 만약 그들이 민중의 가장 심오한 열망과 전적으로 동일시되는 혁명적 노동자로 다시 태어나고자 한다면 계급 타파가 필요하다고 언급하였습니다.[17] 아밀카도 주장했던 이러한 지식인들의 재아프리카화는 이러한 죽음과 부활의 개념에 내포된 것입니다.

그러나 이러한 "죽음"은 혁명적 입장에 구두로 헌신한 사람들마저도

---

17 프레이리는 "지식인은 날마다 계급적 의미의 타파를 꾀해야 한다"고 주장했다. 이는 지식인이 속한 계급의 억압성을 깨닫고 이를 극복하기 위한 혁명적 의식화 과정에 참여해야 한다는 점을 강조한 것이다.

쉽게 받아들이지 못합니다. 중간 계급의 지적인 훈련은 개인의 계급적 위치를 강화시키며, 자신들의 활동의 타당성을 절대화 시키는 경향이 있습니다.

예를 들어, 혁명 지도자들이 과학연구 분야를 제한하는 경우가 생기는데, 이는 인민 대다수에게 가장 절실하게 필요한 것에 즉각적으로 대응하지 못하는 활동을 일시적으로 억제하는 것입니다. 이 때마다 지식인들은 자신들이 아무런 자유를 누리지 못하도록 차별받는다고 느낄 겁니다.

이러한 의미에서 연구자는 브라질에도 있고 당연히 기니비사우에도 있는 "나태"라 불리는 몹시도 사랑스러운 동물이 왜 그렇게 천천히 움직이는지에 대한 과학적 분석을 수행하기 전에, 기니비사우에서 많은 것을 검토하고, 실천하고, 다시 실천해야 합니다. 박식한 문학 교수는 말라르메[18]나 상징주의학파에 관한 세미나를 "해주도록" 요청받기 전에 기니비사우에서 아이들과 성인들을 위한 읽기 교재로 사용될 수 있는 토속적인 이야기들을 수집하기 위해 노력해야 합니다.

마지막으로 나는 실천과 이론, 육체 노동과 지적 노동 사이의 일치에서 만들어진 새로운 종류의 지식인을 창조하는 것이 엘리트주의 지식인을 재교육시키는 것보다 더 쉬우리라는 확신을 가지고 있습니다. 내가 더 쉬울 것이라 말한다고 해서, 그러한 재교육이 아무런 효과가 없다는 의미는 아닙니다.

그러한 사회의 도전은 엘리트 지식인 창조를 지속하여 그들이 계급적으로 타파할 수 있도록 하는 데 있는 것이 아니라, 오히려 그들이 처음부터 형성되지 않도록 막는 데 있습니다. 엘리트주의적이기보다는 대중적인 지향점을 가지고 핵심 그룹 간부단을 준비하는 것은 나라 밖에서 뿐만 아니라 안에서도 수행될 수 있습니다. 학습자들의 수요는 새로운 교육 방법과의 밀접한 관계 속에서만 정의될 수 있습니다. 최종적으로 교육 시스템의 재전환을 통해 전적으로 식민지 시대의 유산을 극복

---

18 역주: 말라르메(Stéphane Mallarmé, 1842-98), 프랑스 시인.

할 수 있습니다. 이것은 다른 목적, 다른 내용, 다른 실천, 그리고 교육에 대한 다른 개념을 요구합니다.

성인문해교육 수준에서도 학습해야 할 것을 정의하는 것과 계획적 내용을 창조하는 것과 교육 시스템이 새로운 사회를 위한 계획과 일관성을 가지도록 재전환하는 것을 분리해 생각할 수 없습니다. 비록 이러저러한 시점에 개혁될지 모르나 만약 교육 시스템이 식민주의자들의 이익을 충족시키는 '엘리트주의 나팔수 모델'을 따른다면, 성인문해교육은 어떤 특정 성향을 가지든 결국 소수에게만 시스템적 특권에 접근하도록 하는 수단이 될 것입니다.

그러므로 성인문해교육과 문해후교육의 논의는 사회 내 교육의 전 영역에 대한 논의를 의미합니다. 그리고 반복해서 말씀드리지만 교육을 논의한다는 것은 사회 자체를 위한 전반적인 계획에 관해 생각하는 것입니다.

식민교육은 국가 민중의 반아프리카화라는 목적과 함께 그 주된 목적의 하나로 저급 행정가 양성을 의도하고 있습니다. 지금 중요한 것은 새로운 남성과 여성을 형성하는 것이고, 그러한 과정의 부분으로서 제가 위에서 언급했던 새로운 종류의 지식인을 창조하는 것입니다. 따라서 식민주의자들로부터 물려받은 것에 기초한 사회에서는 결코 이 과업이 완수될 수 없습니다.

성찰은 스스로를 변형시키고자 하는 사회의 영속적인 태도이며 핵심적인 역할을 맡고 있습니다. 카브랄은 말했습니다. "정치와 같이 문화 영역에서의 성찰은 없어서는 안 되는 것이다." 성찰의 결핍은 새 사회를 위한 계획에 치명적입니다. 그리고 만약 사회가 스스로를 다시 만드는 과정에서 사회주의 방향으로 움직인다면, 한편으로는 이 목적을 염두하고 생산 방법을 조직해야 할 필요가 있지만, 다른 한편으로는 생산 과정과 학습자의 기술적 연수 모두의 관점에서 교육을 생산과 밀접한 관계 속에서 구조화시킬 필요가 있습니다.

이러한 의미에서 이 사회가 염원하는 새로운 남성과 새로운 여성은 공익에 이바지하는 생산적 노동에 참여하는 것 이외의 방법으로는 창조될 수 없습니다. 이 노동이 바로 새로운 창조에 관한 지식의 근원이며, 노동에 의해 새로운 창조가 펼쳐지고 나타납니다. 그러니까 그러한 교육은 성격상 엘리트주의적일 수 없습니다. 왜냐하면 엘리트주의는 사회주의 목표와는 상반되게 육체 노동과 정신 노동 사이의 경계를 강화시키기 때문입니다. 오히려 새로운 교육은 초중등학교와 대학이 본질적으로 공장이나 농업 분야의 생산적 활동과 구별될 수 없도록 이분법을 극복하는 것이 필요합니다. 그리고 이론적인 맥락에서처럼 교육이 공장과 농업 활동 밖에서 이루어지는 것이 교육이 공장과 농업 활동보다 우월한 것으로 고려돼야 한다거나, 공장과 농업 활동이 교육이 아님을 의미하는 것은 아닙니다.

이론과 실천이 일치하는 역동적인 비전을 추구하는 학교는 결코 특정한 지식만을 전수해주는 관료기관이나 교육"시장"으로 정의되어져서는 안 되며 육체 노동과 정신 노동 그리고 이론과 실천의 이분법을 넘어서야 합니다. 아울러, 가르침과 배움 사이의 이분법과 현존하는 지식과 창조되는 새로운 지식 사이의 이분법 또한 포함시켜야만 합니다. 이러한 이분법들을 극복하여야만 "지식을 위한 시장"(market for knowledge)이 우리의 동지 사모라 마셸(Samora Machel)[19]이 제안했던 민주화 교육센터로 대체될 수 있습니다.

특정한 지식을 전수하는 관료주의적인 교사나 배움을 받기만 하는 수동적인 학습자들은 이와 같은 학교에서 사라질 것입니다. 마셸이 말했듯이 학교에는 가르치며 배우는 적극적인 교사들과 배우며 가르치는 의욕적인 학습자들이 생길 것입니다.

이와 같은 교육은 사회재건사업 속에서 도시 노동자들과 농민들이 자신들의 역할에 대한 자각이 증대하면서 조화를 이루는 것입니다. 이러한 교육 시스템에서 무엇을 알아야 하는가에 대한 정의를 내리는 일은

---

19 모잠버크의 대통령.

학습자들의 참여를 통하여 구성되어야 합니다. 이는 무엇을 알아야 하는 지에 대한 정의를 내리기 위한 적극적인 교사들과 의욕적인 학습자들 사이의 대화적 관계와 앎의 행위의 표시를 의미하는 것이지, 교사에 의해 제안되는 학습목표의 결과물이 아닙니다.

사회의 근본과 연결되는 교육 내용을 훼손하지 않으면서 내용 구성에 학습자들의 참여를 이끌어 내는 것은 재건사업에 있어 무엇보다 중요한 일입니다. 공동체의 이익을 위해서 무엇을 알아야 하는지를 정의할 때 학습자들이 자신들의 의견을 제안하는 것은 학습자들의 권리이기도 합니다.

기니비사우의 문해교육과 문해후교육의 기본 단계에서 배워야 하는 것들을 언급할 때 우리는 민중 노선 또한 신경을 써야 합니다. 우리는 민중 노선이 형성되는 과정의 처음부터 신경을 써야 합니다. 그들은 이 모든 과정의 능동적인 주체들입니다.

이러한 의미에서, 문해교육과 문해후교육은 시작부터 민중들"에게" 제공되는 것이 아닌 민중들"과 함께" 해야 하는 것입니다.

민주화 교육센터와 같은 학교에서는 학습자들과 비주류 그룹이 프로그램 형성에 참여합니다. 이는 다시 사회재건사업 계획의 근본 목적을 훼손시키지 않음을 강조합니다. 생산과 교육의 한 측면인 성인문해교육과 문해후교육도 같은 의미를 담고 있으며, 이러한 목적의 구체화는 생산과 교육의 관계의 명료성을 전제하고 있습니다.

사회재건사업의 전반적인 계획이 정의됨에 따라 위의 관계는 더욱 명확해집니다. 왜 생산을 해야 하는지? 무엇을 생산해야 하는지? 어떻게 생산해야 하는지? 이러한 질문들은 궁극적으로 생산의 혜택을 누가 받아야 하는가에 대한 질문, 그리고 생산과 노동자들에 의해 행해지는 역할들 속에서 형성되는 사회적 관계에 영향을 받습니다.

자본주의 관점에서 볼 때 자본산업은 생산의 다양한 구성요소들을 지니고 있으며 그 중 하나는 생산 설비이고 다른 하나는 노동자들입니다. 자본가들에게 노동력을 공급한 보상이 충분하게 노동자들에게 분배

되지 않고 축적된 이윤의 일부가 자본가 자신들의 이익으로 돌아갑니다. 또 다른 일부는 시장에 팔기 위한 제품들을 생산하기 위해 더 많은 노동력을 고용하거나 설비 투자에 사용됩니다. 자본주의자들은 제품의 실용성보다는 그들이 생각하고 있는 교환수단의 가치인, 즉 상품의 판매와 직결되는 생산에만 관심이 있습니다. 더 나아가 그들은 제품의 총판매량이 생산설비와 노동력에 투자한 총액을 넘어서도록 생산 촉진에만 몰두합니다.

노동자들은 생산 활동에 기여한 노력에 비해 최소한의 임금을 받습니다. 생활을 영위하는 데 필요한 임금이 적기 때문에 지속적으로 노동자계급은 재생산됩니다.

노동자들은 무엇을 생산해야 하는지에 대한 결정권 없이 자신들의 노동력을 착취당합니다. 단적인 예로, 생산되는 상당한 재화의 양은 개인들의 실제 필요에 상응하는 것이 아니기 때문에 새로운 필요성을 조장해야만 합니다. 사회주의를 따르려는 시도를 하는 동시에 상업주의 맹신에 빠지게 되면 한 사회의 정체성은 완전히 모호해지게 됩니다. 이런 방향으로 사회가 흘러가게 되면, 설령 자본주의 계급이 존재하지 않을지라도 사회의 목적은 제품을 팔기 위한 생산이 되는 것입니다. 사회주의는 그 자체가 전적으로 "자본주의자가 없는 자본주의 사회"와는 다릅니다.

"이미 갖고 있는 것을 재 구매하는 행위"는 풍자일 수 있으나 자본주의 사회, 즉 소비사회를 묘사해주는 한 단면입니다. 이런 자본주의 사회 속에서 광고의 역할—소비자들이 자각으로부터 멀어지게 하는 지속적 활동—은 필수적입니다. 콩이나 쌀을 구매하기 위해서 우리는 광고가 필요하지 않습니다. 하지만, 어느 브랜드의 향수를 사야할지, 사실 포장만 다를 뿐이지만 어떤 종류의 쌀을 구매해야 할지를 결정하기 위해 우리는 광고가 필요합니다.

발전을 위한 자본의 축적은 필요 불가결한 사항입니다만, 만일 생산이 자본주의자, 사기업 또는 공기업에 의해 정해지지 않고 사회 전체의 이익을 위해 정해진다면 전적으로 다른 목적성을 띠게 되고 중요한 의미를 지니게 됩니다. 노동자에게 배분되지 않고 축적된 자본의 일부가 노동자로부터 착취하는 것이 아닌 사회 공동체 발전에 대한 개인의 할당량으로 사용되는 것입니다. 아울러, 이 할당량으로 생산된 제품은 판매를 목적으로 정해지는 것이 아니고 사회의 필요에 의해 정해지는 제품인 것입니다. 만일 한 사회가 노동자 계급사회로 변모하길 바란다면 혁명적인 방법으로 사회를 재구성해야만 합니다. 이를 위해서 노동자들의 리더십은 기존의 모든 것들을 유지하거나 관료주의를 강화하는 경향을 떨쳐버려야만 합니다.

지배계급의 관점에서 볼 때 자본주의 사회에서는 노동자들의 정치적 의식 결여 상태가 더 나은 것으로 보입니다. 하지만, 사회주의를 추구하고자 하는 혁명적 사회에서는 노동자 계급사회를 향한 사회 재창조에 개인들의 정치적 의식이 함양될수록 생산 활동에 더욱더 전념하게 되는 것입니다. 정치적 의식화는 생산에 임하는 노동자들의 태도를 결정하는 중요한 요소입니다. 자본주의 사회에서 행해지는 교육은 노동자 계급을 지속시키고 그들의 노동력을 자본주의자들에게 제공하는 의무를 부가하는 목적을 지니고 있습니다. 노동자 계급을 계속 재생산해내도록 요구되는 교육은 지속적으로 생산 공정에 참여하는 노동자들의 능률을 증진시킬 수 있습니다.[20] 마르크스는 이 공정을 다음과 같이 지적하고 있습니다. 한편으로는 노동력이고 다른 한편으로는 생산수단인 목적들은 자본주의자에 의해 구매되고 자본주의자에게 종속됩니다.

높은 교환가치를 지닌 시장성이 있는 재화 생산에 있어서 노동력과 생산수단들이 효율적으로 결합되면 될수록 더 좋은 것입니다. 이와 같

---

20 여기서 자본주의 사회의 교육이 노동자들에게 생산 공정 전반에 대한 이해를 높여 능률을 증진시킨다는 점은 아닙니다. 그러한 전반적인 이해는 자본주의 사회에서는 필요치 않습니다. 더 많은 과학기술이 생산 공정에 투입될수록 노동자들이 이해해야 하는 과정은 줄어들게 되며, 더 복잡해지고 지적인 상품들을 생산하는 기계가 나올수록 노동자들은 기계에 대한 이해와 조작이 줄어들게 될 것입니다. 달리 말하자면, 직장에서 하나의 인격체로 살아남기 위해서 더 알아야 할 것들이 많아지지만, 덜 알아야 하는 것입니다. 이는 '평균 기술'이 밝히고 있는 단절의 개념입니다. (해리 브레이버맨(Harry Braverman), 노동과 독점 자본: 21세기 노동의 수모 [런던, 뉴욕: Monthly Review Press, 1974], p. 425).

이 효율성을 높이고자 하는 산업에서 교육은 당연히 생산 공정의 특성을 파악하게 해주는 목적을 지니기보다는 이를 감추기 위해 교육을 중립적인, 단순 기술의 이전 수준으로 낮추는 것입니다.

이런 점은 자본주의 사회에서 교육과 생산의 관계가 지니고 있는 중요한 단면들 중 한 면에 불과합니다.

반면, 한 사회가 사회주의 노선에 따라 사회를 재건하고자 한다면 새로운 물질세계의 실제에 뿌리를 두고 교육은 폭로성과 비판성을 지니고 있어야 합니다.

이러한 의미에서 볼 때 그 사회가 상업주의 또는 관료주의를 지향한다면 이는 모순이며 이와 같은 관료적인 경직성에 기인하는 권위적이고 지시적인 교육 시스템 또한 모순인 것입니다. 이러한 시스템에서는 우리의 동지 사모라 마셀이 정의하고 있는 진정한 의미의 학습자와 교사의 결합을 찾아볼 수 없습니다.

이 시점에서, 잠깐 여담으로 1964년 쿠데타 이전 브라질에서의 성인 문해교육과 기독민주정부(Christian Democratic government) 통치 및 민중연합(Popular Unity)의 선도 아래 칠레 사람들이 겪었던 일들에 관해 말씀드리고자 합니다. 아마 이 편지의 몇 마디만 읽으셔도 해결해야 할 문제가 무엇인지를 분명하게 아시게 될 것이라 생각합니다.

브라질 사람들이 겪어야 했던 일들은 인민당 통치의 비호 아래 발생하였습니다. 이곳에서 우리는 인민당이 제공하는 공간을 자유로이 사용할 수 있었고, 도시 지역과 몇몇 농촌 지역 인민들의 문해교육에 대한 강한 동기 덕분에 일을 수월하게 할 수 있었죠. 농촌 지역의 경우 대체로 사람들의 강한 동기는 그들이 토지 회수나 임금 인상 요구와 같은 일에 동참했을 때 생겨났습니다. 물론 그 과정에서 때로는 분쟁이 발생하기도 했지만 말이죠. 특히 브라질 북동부 소농 연대는 그들의 분기와 연대 정신에서 결성된 대표적인 예입니다. 그러나 결코 성인문해교육 캠페인 때문에 이런 연대가 조직되지 못한 것이 아님을 강조하고 싶습니다. 그렇다고 이런 연대가 그들이 투쟁할 만한 능력이 있어 가능했던 것도 아닙니다. 물론 시간이 지나 점차 이런 능력이 길러졌다고 볼 수는 있겠지만 말이죠. 원래 이들 소농들은 죽은 이들을 위한 장례를 어떻게 치를 것인가와 같은 문제들을 해결하고자 힘을 모으려 했던 것입니다. 그런데 이런 경험들을 통해 그들이 자연스럽게 점진적으로 정치적인 행위 양식을 키워나가게 된 것일 수도 있다는 점에 대해서는 의심의 여지가 없습니다. 이런 일련의 과정을 통해 그들은 토지 회수와 임금 상승 요구와 같은 문제에 대해서도 관여하게 된 것이겠죠. 결국 문해교육의 의의는 이런 일들 속에서 발견됩니다. 그래서 극적인 경험들은 투쟁 그 자체를 위해서도 필요할 때가 있습니다. 비록 이런 경험들이 생산력과 관련된 사회적 교섭에 있어서는 그 어떤 변화도 가져오지 않는다 하더라도 말입니다. 예전 같으면 많은 사람들이 이런 상황에 처했을 때 문해교육을 교섭에 있어 변화를 만들어내고 싶을 때나 사용하는 방편으로 여기곤 했었으니까요.

1961년 페르남부쿠(Pernainbuco)에 최초 83,000명, 그 다음 230,000명의 노동자가 참여한 두 차례의 대규모 노동자 파업 사태가 벌어졌는데 이 사태는 위에서 기술한 것과 같은 현상을 잘 반영하고 있습니다.

브라질 문해교육 캠페인의 성격은 매우 정치적이었습니다. 역사적 순간에 문해교육과 민중들의 정치적인 의식화 사이에 긴밀한 끈을 맺는 데 우리가 일조하게 되다니 분명 우리에게도 득이 되었다고 생각합니다. 브라질에서의 경험에서 비추어 보건데 전체적으로는 성인문해교육과 생산력의 관계가 한 국가의 자본 생산력과 관련된 특성을 도구화하는 것에 대한 비난으로 이어졌던 것 같습니다. 특히 도시 지역 센터나 시골 지역에서의 생산력과 관련된 사회적 교섭에 대한 비판적 분석을 할 때는 더 심했던 것 같습니다.

성인문해교육을 비문해자 기술 훈련 관점에서의 생산력 증진과 결부시키려는 생각을 우리가 먼저 해낸 것은 당연히 아닙니다.

브라질 캠페인은 국가의 특성을 그대로 유지한 채 우선순위를 세우게 되었습니다. 민중 의식이 희미한 지역이나 민중 봉기가 일어날 조짐

이 분명해 보이는 곳 가운데 우리는 망설임 없이 후자를 일할 곳으로 선택했습니다.

칠레의 경우 문해교육 캠페인이 서로 다른 두 시기에 진행되었습니다. 전자의 경우 혁명 부르주아 기독 민주주의자(Christian Democrats)들의 조직 안에서 진행되었고, 후자의 경우는 장차 사회주의 사회의 건립을 염두에 두고 있던 민중연합당(Popular Unity Party) 통치 기간 동안 일어났습니다.

두 경우 모두 칠레 문해교육은 생산력 증진과 노동자 기술력 향상과 관련되어 있었지만 두 정권의 정치적 목적은 전혀 반대의 성격을 띠었습니다.

우리는 브라질의 경우 문해교육을 향한 민중들의 동기가 변화를 갈망하는 그들의 염원과 깊이 관련되어 있으리라 짐작해 봅니다. 물론 관련된 목적이 그리 뚜렷하거나 정확해 보이지는 않지만 말이죠.

칠레에서는 초기 기독민주정부 시기에 문해교육에 대한 동기가 기존에 실행된 농지 개혁과 같은 일련의 개혁을 더욱 심화시키고자 하는 의도와 관련이 있었습니다. 그리고 이것은 순차적으로 성인문해교육에 실용적인 역할을 부여하게 되었죠. 민중연합당 집권기에 성인문해교육의 질은 향상되었고 그 역할은 확장되었습니다.

칠레 소농들은 함께 나눈 대화에서나 문화 써클에서 그들이 왜 그토록 문해교육에 열을 올리는지 그 이유에 대해 자주 이야기했습니다. 그들은 농지 개혁 이전에는 읽기, 쓰기를 왜 배워야 하는지 전혀 알지 못했다고 말했습니다. 심지어 지주들이 글을 이해하고 읽고 쓸 수 있는 것을 곁에서 늘 지켜보면서도 그들 스스로가 글을 쓸 수 있어야 한다고는 전혀 생각하지 못했던 것이죠.

칠레의 경우와는 다소 차이가 있지만, 기니비사우에도 많은 문젯거리들이 있었습니다. 아밀카 카브랄의 말을 빌리자면 "문화적 사실과 문화의 요소"로서 해방 전쟁이 민중 의식이 싹트는 데 일종의 산파 역할을 하였다는 데는 의심의 여지가 없습니다. 저와 엘자가 문화 써클을 방문했을 때 동지들께서 "오늘의 투쟁은 아주 조금 달라진 어제의 투쟁과도 같다. 어제는 우리가 손에 든 무기로 적들을 추방하고자 했었고, 오늘은 그 무기들로 조국의 재건에 필요한 생산력 증진을 위해 방심하지 않고 투쟁하고 있다는 것이 달라졌을 뿐"이라고 말한 것은 결코 우연이 아닙니다.

저는 그 회의에서 또 다른 동지 한 분께서 생산력 증진을 위해 전력을 기울이려면 많은 이들의 이익에 부합하는 공동의 헌신이 필요하다고 말씀하신 것을 기억합니다. 이런 일이 가능하려면 모든 사람들이 함께 힘써야 한다는 것과 집단의 이익이 개인의 이익보다 우선시되어야 한다는 말씀도 하셨죠.

이러한 가정에서, 문해교육은 몇몇의 변화들을 이끌어낼 수 있습니다.

여기서 다시 한 번 우리의 동지 마리오 카브랄이 만들고자 하는 부처 간 위원회의 중요성을 확인할 수 있습니다. 정부, 당과 밀접히 연계된 부처 간 위원회는 문해교육 캠페인이 따라갈 정책의 일반적인 형태를 구상하게 될 것입니다.

물질적 조건이 개선되기 시작하는 지역에서만 문해교육 캠페인을 시작하는 것은 캠페인의 국가적 특성을 부정하는 것이 아닙니다. 오히려 이는 문해교육 캠페인의 결과를 확신시켜 줍니다.

문해교육과 문해후교육 프로그램 내용의 조직에 있어서 무엇을 알 필요가 있는지에 대한 정의가 만들어 질 때, 사회를 위한 총체적인 계획의 비전을 잃지 않는 것과 동시에, 캠페인이 시작되는 지역의 조건이 반드시 고려되어야 합니다. 더 일반적인 상황이 이러한 지역 조건(특수성)의 토대 위에서 이해될 수 있습니다. 따라서 모든 생성어의 분석이 처음에는 마을에서 시작되어, 지역, 국가, 대륙, 그리고 마침내는 전 세계적 범위로 확장되도록 해야 합니다.

이와 같은 방법론적 원칙은 문해후교육에도 동일하게 적용됩니다.

간단하게 예를 들어보면, 우리는 생성어 "쌀"을 생각해 볼 수 있습니다. 쌀이 기니비사우에서 얼마나 중요한지는 논란의 여지가 없습니다.

우리는 쌀과 관련된 풍부한 주제들과 함께 시작하여, 성인을 위한 문해 교육뿐 아니라 문해후교육, 초등과 심지어 중등 수준의 교육 프로그램 내용을 어떻게 구성할 수 있는지 살펴볼 수 있습니다.

이러한 작업을 시도한 팀은 당과 정부의 일반적인 정치 원칙에 관심을 기울일 것입니다. 일반적인 정치 원칙이란 무엇을, 어떻게, 왜 그리고 누구의 이득을 위해 알아야 하는지 뿐만 아니라 무엇이, 어떻게, 무엇을 위해, 누구를 위해 생산되어야 하는지를 결정하는 사회적인 계획을 말합니다.

저는 단어 "쌀"과 연관되는 주제 영역 모두에 관심을 두거나, 이 영역들의 순서를 엄격하게 나열하지 않을 것입니다. 이 영역들 중 여기에 제시되지 않겠지만 다른 많은 것들과 연관되는 영역 일부만을 다루도록 하겠습니다.

제가 말씀드릴 각각의 학습과 지식 단위의 주제는 그저 예시일 뿐입니다. 국가 학제 간 연구 팀에 의해 연구된다면 이 단위들은 다른 방식으로 또는 더 복잡하게 조정될 수 있습니다. 이 단위들은 또한 학습자들 사이에서 토론의 주제가 되었을 때 우리가 상상할 수 없는 뉘앙스에 의해 더 풍부해 질 수도 있습니다. 이러한 방식으로 학습자들은 그들 자신의 교육 프로그램 내용 조직에 기여하게 됩니다.

주제인 "쌀"과 서로 연관되는, 서로 다른 프로그램 단위들에 대해 연구하기 위한 시작점으로서, 인간과 자연 사이의 관계를 분석해볼 수 있습니다. 우리는 항상 판단의 기준으로 학습자의 구체적인 현실과 그들이 현실에서 겪는 경험을 택합니다.

이러한 분석은 일련의 중요한 점들을 명확하게 하는 것을 포함합니다. 저는 오직 몇 가지만을 언급하도록 하겠습니다. 일은 제가 언급할 몇몇 단위 중 하나입니다. 일에 대한 분석은 일에 대한 아이디어가 아니라 개개인이 개입되어 있는 일의 구체적인 현실에서 시작됩니다.

"우선 일은 자연과 인간 사이의 상호작용의 과정이며, 그 자신의 행위와 자연과의 물질적 상호작용을 수단으로 하여 실현하고, 규제하고,

통제하는 과정입니다."

다음으로 일에 대한 논의는 문화에 대한 논의로 확대됩니다. 문화는 그 자체로도 가장 중요한 연구 단위 중 하나를 구성합니다. 예를 들면, 문화와 국가적 정체성, 카브랄이 "문화의 약점"이라고 말했던 문화의 긍정적이고 부정적인 측면들, 문화와 쌀의 생산, 문화와 보건, 문화와 음식, 시, 목재조각, 춤, 문화 침략, 문화 소외 등에 대한 논의가 이루어질 수 있습니다.

다른 한편으로, 일에 대한 분석은 또한 일의 과정과 사회적 조직에 대한 연구, 前자본주의, 자본주의, 사회주의 등 생산의 서로 다른 방식에 대한 연구로 나아갈 수도 있습니다.

이 모든 것은 간단한 방식으로 이루어질 수 있습니다. 간단한 방식이라는 것은 지나치게 단순화 되거나 정교화된 것이 아니란 의미입니다.

이 단계에서 저는 여러 가지를 강조하고 싶습니다. 첫째, "쌀"이 도입 주제라는 것은 앞으로 나올 단위에 대한 논의에서 쌀이 등장한다는 것을 의미합니다. 둘째, 아주 다양한 시청각 자료의 준비를 포함하는 논의에서 폭력적이고 방해가 되는 참가자의 웅변술에 대해 어떠한 양보도 이루어지지 않을 것입니다.

마지막으로 저는 다음과 같은 입장을 가져서는 안 된다고 강조하고 싶습니다. 항상 명백하지 않은 입장, 예를 들면 "문해교육 내용이 너무 이론적이어서 노동자와 시골 농부들에게는 재미없을 것이며, 심지어 그들이 이해할 수 없을 것이다"라는 입장은 문해교육 이론의 잘못된 비전에 기반하고 있으며, 명백히 엘리트주의적인 것입니다.

아밀카 카브랄은 활동가 훈련 세미나에서 실로 구체적이고 객관적인 방법으로 매우 실천적이고 이론적인 연관성을 가진 주제를 분석했습니다. 카브랄은 절대로 농부 동료들이 이해하는 능력을 과소평가하지 않았습니다. 아밀카는 중산층 지식인들이 해방 투쟁에 기여할 수 있는 혁명적인 노동자로 다시 태어나기 전에 계급 타파를 행할 용기를 가지고 있어야 한다고 주장했습니다. 그에게는 이것이 상투적이거나 수사적인 말장난이 아니었습니다.

아밀카 카브랄은 그가 해온 일에 대해 말했습니다. 그는 절대 그 자신을 진실과 혁명적인 지식의 예외적인 소유자로 보지 않았습니다. 그는 이타주의의 순간적인 제스처로 그의 동료 농부들에게 진실과 혁명적 지식을 선물로 제공해야 하긴 했지만 말입니다. 반대로, 모든 진실된 혁명가처럼 카브랄은 항상 그의 사람들에게서 배우는 교사였습니다. 이러한 이유로 카브랄의 사람들은 그로부터 항상 배우고 있었습니다.

일부만 인용하면, 카브랄의 "농부의 역할"과 "투쟁에서의 결합", 그리고 "현실"에 대한 분석은 제가 방금 단언한 것의 예들입니다.

지금은 꽤 시간이 지났지만, 헤시페(Recife)에서의 저의 경험은 상당히 달랐습니다. 저의 경험은 문해교육이라기보다는 오히려 문해후교육의 영역에서 시작되었습니다. 그래서인지 역설적이게도, 문화 써클의 참가자들이 문해자인지 아닌지에는 별 관심을 기울이지 않았습니다.

문해후교육 작업을 시작할 때, 학교를 다니지 않은 노동자들이 지닌 비판적인 입장을 마주하고 저는 매우 놀랐습니다. 그 당시까지 이러한 비판적인 입장은 오직 대학교 학생들만이 가지고 있다고 인식했기 때문입니다. 이러한 놀라움은 대학교육, 더 정확히 말하면 엘리트주의적인 대학교육에 의해 강화된 저의 계급적 입장에 그 기반을 두고 있었습니다.

이러한 첫 번째 경험의 결과로 저는 성인문해교육에 헌신하게 되었습니다. 그 이후 읽기와 쓰기를 시작하는 공부의 일부로서 문화의 비판적인 이해에 대한 교육 단위를 제안하는 것을 서슴지 않게 되었습니다.

이제 '쌀의 생산, 쌀의 지리, 쌀의 역사, 보건과 쌀'과 같이 단어 "쌀"과 서로 연관되어 가능한 주제 단위들 중 몇몇을 살펴봅시다.

쌀의 생산:
기니비사우에서 쌀의 생산(문해교육이 이루어지고 있는 지역에서의 쌀의 생산에 대한 분석으로 시작한다). 생산의 사회적 관계. 농업적 기술 또는 습윤/건조 지역에서 재배하고 수확하기. 경작할 수 있는 땅 마련하기. 전통적 기술과

현대적 기술. 식물 병리학. 서로 다른 민족적 집단의 문화적 관점과 그들의 작업 도구와 기술들. 국가 재건에 필요한 다른 농산물 문화(땅콩, 밀, 고구마, 타피오카, 캐슈 문화)와 쌀 문화의 비교 분석. 농업과 산업. 농산물의 생산과 분배. 경작되는 땅 면적과 에이커 당 생산량(경작되는 땅 면적을 늘리고 에이커 당 생산량을 높이는 데 필요한 수단). 국가 일반 경제에서 쌀의 역할, 쌀의 대내적 분배와 대외적 상업적 가능성. 대외무역의 요소들. 국가의 분단과 재건. 국가 방어를 위한 목적. 쌀의 생산을 위한 협업체(협동조합) 등.

지리:
기니비사우에서 쌀의 경작에 적합한 지역(물론 문해교육이 이루어지고 있는 곳부터 시작한다)

정치:
정부의 정치적 계획(쌀의 생산과 수확을 기점으로 하는). 국가 안보의 이해.

역사:
기니비사우 공화국의 쌀 생산. 다른 국가의 쌀 생산.

건강:
쌀, 영양, 그리고 건강. 건강과 일. 건강과 교육. 건강, 일, 교육 그리고 국가 재건.

마치기 전에, 나는 몇 가지 추가로 의견을 더하고 싶습니다. 나는 역동적인 계획의 특정한 양상들이 불러일으킬 많은 문제들에 대해서 잘 알고 있습니다.
첫 번째 강조하고 싶은 점은 예를 들어, 쌀의 지리를 연구함으로써 혹은 기니비사우의 지리를 연구함으로써 얻어지는 기회입니다. 쌀의 역사, 국가의 역사, 침략자들에 대항한 첫 번째 저항 역사, 해방 운동의 역사, 오늘날 새 사회를 위한 국가 재건을 통해 만들어진 역사 역시 마찬가지입니다.

마지막으로, 이러한 기니비사우 공화국의 다양하고 또한 상호 연관된 양상들을 연구함으로써 우리는 세계적 측면에서 아프리카의 상황을 이해할 수 있습니다.

또 다른 중요한 점은 문화 써클 구성원들의 활발한 참여와 그들의 역할입니다. 그들은 사전 프로그램 발표를 포함하여 토론의 처음 단계부터 참여해야 합니다. 개인으로 또는 그룹의 단위로, 프로그램의 다양한 부분의 기초가 될 수 있는 지역 정보를 수집하는 데 활발하게 역할을 수행해야 합니다. 모든 종류의 정보들은 지역적으로 수합되어야 합니다. 쌀 수확 지역, 수확된 방식, 수확 경지 면적과 수확에 참여하는 인구의 실질적인 숫자, 소작농들이 매일의 일과에서 겪는 어려움, 그 지역의 주민 수, 분배, 의사소통 방법, 노동 기구, 건강, 교육 등이 있습니다.

이러한 조사적 성격의 활동은 그것 자체로 매우 교육적입니다. 이것은 교육자들의 정보를 늘려주거나 혹은 그들에게 완전히 새로운 정보를 제공하는 일입니다. 게다가, 이 활동의 결과들은 정부에게 헤아릴 수 없는 가치의 정보가 됩니다. 칠레의 소작농들은 이러한 프로젝트를 수행했습니다. 그들은 공동체에 대한 사회 문화적 진단을 하였고, 그 정보를 수집하여 도표로 작성하는 일까지 했습니다.

나는 한 예시로, "쌀"을 중심으로 연구를 진행하는 것을 제시했습니다. 이것은 마찬가지로 "밀"이나, "땅콩" 혹은 다른 단어와 연관되어 진행할 수 있습니다.

문해교육의 초기 단계에서 생성어로부터 파생된 주제들을 분석하는 것은 지역과 국가의 구체적이고 현실적인 상황과 긴밀히 연관되어 있습니다. 그 단계를 조금 더 심화 시키는 작업은 문해후교육에서 진행됩니다. 이러한 관점에서 볼 때, 문해후교육은 이전에 행해졌던 교육의 연장선상에 있다고 볼 수 있습니다. 이 단계에서는 이전 문해교육 단계에서 시작되었던 배움의 활동이 동일하게 진행되면서 심화와 다각화가 이뤄집니다.

이러한 계획들이 실행에 옮겨질 때는 다음과 같은 문제점들이 지적되어야 합니다. 조직의 분권화, 교사 훈련, 그리고 필수 교육 자료 준비를 들 수 있습니다.

게다가, 실재적 단계에서 생산성과 문해교육 그리고 문해후교육의 관계를 성립하는 과정 중에 우리는 앞으로 다양하고 많은 문제들을 겪게 될 것입니다. 모두 쉽게 풀릴 문제들은 아닙니다. 활동적인 교육가를 훈련시키는 것은 그 중 하나입니다. 교육가들은 적극적인 학습자와의 대화를 통해 모든 과정과 상황은 현실로부터 영향을 받고 있으며 그들이 함께 그것을 바꿔 나가야 한다는 것을 알게 됩니다.

전체적으로, 문해교육과 문해후교육의 관계 그리고 생산성과 교육의 관계는 불가분하게 뒤섞여 있는 두 가지 단계를 포함합니다. 첫 번째 단계는 생산성에 대한 이해의 과정입니다. 무엇을, 어떻게, 무엇을 위해서 그리고 누구를 위한 생산인지 말입니다. 두 번째 단계는 새로운 도구와 그것의 사용에 대한 새로운 기술의 도입입니다.

물론 이 두 가지 논의는 운동권 교육가 훈련의 전체를 나타낼 수 없습니다. 그럼에도 우리가 이 두 가지만 고려한다면 우리가 대면할 문제들이 얼마나 심각하고 복잡한 것인지 알 수 있습니다. 이러한 문제의 심각성과 복잡함을 이해한다면 우리는 완벽에 대한 유혹으로부터 자유로워질 것입니다.

우리는 우리가 가지고 있는 작은 자원들을 통해 할 수 있는 것들을 해나가야 합니다. 그렇게 해야만 오늘날 할 수 없던 일들을 미래에는 할 수 있게 될 것입니다.

형제애를 담아,
파울로 프레이리

열두 번째 편지

제네바
1976년 2월 3일

엔지니어 마리오 카브랄
국가교육문화위원회
비사우, 기니비사우공화국

동지 마리오에게,

지금쯤 미구엘(Miguel)로부터 우리의 다음 방문에 대한 서신을 받았으리라 생각합니다.

내가 최근 우리 팀으로 보낸 서신의 사본을 당신에게 동봉하는 것에 대해 대단한 자부심을 느낍니다. 그 서신은 모니카 동지에게 보내졌으며, 그녀가 FARP의 문해교육과 문해후교육 활동의 중요한 의의에 대해 쓴 글에 대해 제가 회신한 내용입니다.

우리는 모니카를 통해 국가위원회 설립을 알게 됐습니다. 우리가 기니비사우에 있는 동안 그곳을 방문할 것 같습니다.

다음 방문 동안 저희는 위원회와의 대화가 꼭 필요하다고 생각합니다. 우리는 적어도 문해교육과 문해후교육의 전반적인 문제점들과 국가교육 시스템과의 연계 필요성 문제, 그리고 당신이 건설하려고 하는 사회의 전체적인 계획에서 교육의 문제에 대해 논의해야 합니다. 지난번에 보낸 서신에 이러한 문제들 중 몇 개를 언급했었습니다.

하루 빨리 그곳에 찾아 뵙기를 바랍니다.

파울로 프레이리

열세 번째 편지

제네바
1976년 2월 3일

동지 테레사 모니카(Teresa Monica)에게,

당신의 서신을 잘 받았습니다. 기니 방문이 코앞에 있지만 그래도 당신에게 서둘러 회신을 합니다. 우리가 만나서 당신이 언급했던 문제에 대해 더 심도 있게 논의할 수 있기를 바라기 때문입니다.

오늘은 당신이 서신에서 말했던 중심적인 내용들에 대해 몇 가지만 이야기하려고 합니다.

첫 번째는 문해후교육에 관한 것입니다. 저는 이것에 대해서 지난 서신에서 꽤 많은 지면을 할애하며 썼었습니다. 제가 강조하려고 했던 것은 문해후교육은 문해교육 과정에서 시작된 배움의 활동과 똑같은 연장 선상에 있어야 한다는 것입니다. 이것은 더 심화되고 다각화된 문해교육의 연장입니다.

당신의 서신을 통해서 저는 당신이 문해후교육에서 아주 흥미로운 것들을 성취해냈다는 것을 알게 됐습니다. 그것은 성공적으로 보이지만 모든 활동들이 성공한 것은 아닙니다.

문해후교육 과정 훈련 세미나에서 코디네이터들이 사용하는 기본 도서에 대한 당신의 아이디어는 아주 훌륭합니다. 당신은 과학적 언어를 시작하는 분야에서 학습의 첫 단계를 마친 학습자의 대부분이 완벽하게 접근할 수 있는 수준으로 고려할 점과 분석된 내용을 여러 글들에 더할 계획을 하고 있지요.

저는 당신의 이 제안에 대해서 두 가지 견해를 말씀드리고자 합니다. 제가 드리는 첫 번째 견해가 당신의 프로젝트에 대해서 비판하는 것이 아니라는 점을 강조하고 싶습니다. 이에 대해 거창하게 생각하기는 했지만, 아주 단순합니다. 그리고 두 번째 견해는 제안이 담긴 질문 정도로 이해해 주시면 될 듯합니다.

저는 코디네이터들에게 책을 가리키면서 당신이 했던 말을 떠올려봅니다. "각 문장에 있어 우리는 4학년 수준의 문법과 과학적 내용을 담을 것입니다." 당신의 말을 들으면서 저는 팀이 전통적인 초등학교의 개념에 영향을 받지 않았을까 하는 약간 두려운 마음이 들었습니다. 초등학교는 중등학교로의 진학을 필요로 하고, 차례로 중등학교는 대학 수준의 교육을 위한 준비로 보일 수 있지요. 그러나 기니비사우에는 대학교육이란 것이 아직 존재하지 않고 있습니다.

제 견해는 팀의 의도와는 하등 상관이 없습니다만, 그래도 이야기할 필요가 있을 것입니다. 다시 말씀드리지만, 문해교육과 문해후교육이 교육 시스템 전반과 동떨어져 있을 수 없다는 것, 그리고 구체적이고 실질적 방안을 통하여 재형성하는 것이 다급할 정도로 필수적이라는 것을 알고 있습니다. 당신이 보냈던 편지의 다른 부분에서 이미 문해교육, 문해후교육, 교육 시스템 전반의 관련성에 대해 언급하고 있습니다. 포르투갈어와 크레올어[21] 중 어느 언어를 가르칠 것인가를 이야기하는 대목

---

21 역주: 서로 다른 두 언어의 화자가 만나 의사소통을 위해 자연스레 형성한 혼성어를 피진어(pidgin)라고 부르며, 피진어 사용자들의 자손들을 통하여 모국어화된 언어를 크레올

이었습니다.

제가 가진 약간의 두려움이 무엇인지 분명히 하자는 의미에서, 문해교육 및 문해후교육의 프로그램 내용과 전통적 학교의 학년 체제 사이에 어떤 형태로든 형식적인 좀 더 나쁜 방식으로는 법적 구분을 마련하는 것을 피해야 합니다. 특히 전통적 학교들이 가능하면 빨리 새로운 사회를 위한 전체의 계획에 적합한 새로운 모델로 대체되려고 할 때는 이 문제가 더욱 타당하다고 봅니다.[22]

실질적으로 가장 중요한 것은 문해교육 수업을 받고 있는 학습자가 앎이 지속적으로 깊어지고 보다 다양해지는 행동에 직접 개입하도록 한다는 점에 있습니다. 학습자에게 문해교육과 문해후교육이 이루어지는 동안 초등학교 교육 수준의 학습능력을 달성한 경우에만 중등학교에 진급된다는 신화를 갖게 해서는 안됩니다. 따라서 이 국가의 사회적 실천으로부터 등장하려 하는 새로운 교육 시스템은 어떤 경우에도 하나의 피라미드와 같은, 즉 교육의 다음 단계로 송출하려고 학생들을 선발하는 기능으로 구성된 체제여서는 안된다는 점, 이것이 중요합니다.

그러므로, 여전히 전체 시스템의 책임이며 다른 모든 부분들과 관련성을 유지해야 하는 초등교육은 다음 단계의 교육수준으로 이끄는 "수단" 정도로 보여서는 안됩니다. 탄자니아 사회발전계획에 나타나는 교육 시스템 논의에서, 니에레레(Nyerere) 대통령은 '스스로 돕도록 하는 교육(education for self-reliance)'이라는 제목의 훌륭한 연설에서 다음과 같이 이야기하고 있습니다.

"초등학교에서 제공되는 교육은 그 자체로 완전한 교육이어야 합니다. 이것은 단지 중등학교를 준비하려 시행되어서는 안됩니다. 누가 중등학교를 갈 것인가를 선택하려는 경쟁적 시험을 준비하기 위한 목적으로 만든 활동 대신, 대다수의 학생들이 스스로 주도하는 삶을 준비하도

(creole)이라고 부른다.

22 이 말은 이후 새로운 교육 시스템이 마련될 때, 문해후훈련과 기초교육의 다양한 수준 사이에 어떤 장치를 둔다는 것이 불가능하다는 의미가 아닙니다.

록 구성되어야 합니다."

니에레레의 "삶에 대한 준비"라는 점을 보다 분명히 하는 것은 흥미로울 것입니다. 이는 많은 사람들이 생각하듯, 삶의 바깥에 존재하는 학교가 삶을 준비하는 핵심으로 봉사해야 한다는 것, 삶에 입문하려고 준비되는 동안 괄호쳐져 있어야 한다는 정도의 순진한 의미로 해석해서는 안 됩니다. 이는 듀이(Dewey)가 치열하게 고민했던 개념이었습니다. 왜냐하면 학교는 학생에게 무엇을 준비하도록 하는 곳이 아니라, 삶 그 자체여야만 했거든요.

니에레레에게 있어, 삶에 대한 준비는 실제 '살아야 하는' 삶을 진지하게 이해하는 것으로 구성됩니다. 이로써 새로운 삶의 방식들을 창조해나갈 수 있게 됩니다. 교육적이기도 하고 정치적이기도 한 그의 사상은 실재적이고, 구체적이며, 경험에 근거한 내용에 의해 채워져 있으며, 이 모든 것들이 곧 교육활동의 핵심적 변혁이라 할 수 있습니다.

제가 이 견해에서 얼마나 충분하게 일관성을 유지하고 있는지 자신이 없습니다. 다시 말해, 당신이 언급한 책 프로젝트에 대해 부정적 비판을 포함하지 않겠다는 뜻입니다.

두 번째 견해는 서신에 담긴 다른 주제입니다. 당신이 "학습자들에 의해 만들어진 셀 수 없을 정도의 글과 진실한 역사적 기록"이라 부른 것입니다. 이에 대해 당신은 "이를 어떻게 활용하는 것이 좋을지 알지 못 하겠습니다."라고 했지요.

이미 한 가지 쟁점에 대해서 논의했다는 점을 상기시켜드리면서, 코디네이터들에게 책을 준비하도록 하는 것이 적어도 학습자들에게 의해 쓰여진 일부의 글들을 활용할 훌륭한 기회를 갖지 못하도록 할지도 모른다는 점을 말씀드리고 싶습니다. 아주 단순한 언어로 쓰여진 이러한 학습자들의 글들을 책에 일부 집어넣는 것은 팀의 과제가 될 것입니다. 각 글을 인정하는 문제는 다루고자 하는 과목의 이런 저런 부분들을 어떻게 고려하느냐에 달려있습니다.

그러나 잠시 코디네이터들의 책 프로젝트를 잠시 밀쳐두고, 학습자들에 의해 생산되는 작품들을 살펴보고자 합니다. 당신이 언급하고 있는 각 문화 써클 혹은 서로 다른 문화 써클의 학습자들 사이의 편지를 통하여 개발되고 있음직한 역동적인 것들을 지금 활용할 수 없을까요? 책 속의 글을 바꿀 수 없는 것인가요? 그 글들은 읽혀질 것이고 토론될 것이며, 그 글이 안고 있는 문제에 상응하여 조용히 있는 사람들이 뭔가 준비하도록 이끌 것입니다.

혹은 다른 활용 방법을 위해 이 글들로 완전한 책을 엮어내기 전에, 우리가 여기서 얘기해왔던 것과 관련하여, 당신은 이 글들을 "노 핀차(Nô Pintcha)"에 정기적으로 싣거나, 이 글들을 이러한 목적으로 계획된 라디오 프로그램에서 활용하는 것을 고려해볼 수 있습니다.

이것들을 활용할 어떠한 방법이라도, 제게는 민중들의 창조력이 강조되어야 할 것입니다. 이러한 창조력은 기니비사우의 재건에 없어서는 안 되는 것이지요.

당신의 편지에서 아주 훌륭하고 흥미로운 많은 사례들을 발견하게 되었는데, 이는 문해후교육에서 시도해보자고 생각해 온 것들이었습니다. 이에 관해서는 제가 지난 번 편지에서 몇 차례 언급했었습니다.

비사우 신문에서 제안되었던 주제 독서 및 토론, 예를 들어 중요한 국경일이거나 문화 써클의 구성원들이 갖고 있는 군대 경험에서 배태된 해방 투쟁 과정 중에 있었던 사건들이 이러한 예들의 일부입니다. 이것들에 더하여 저는 '공장'이라는 주제를 둘러싼 토론을 더하고자 합니다. 이는 당신이 '매우 심오한 많은 문제들은 학습자들이 경험했던 것에서 출발한다'는 연설 내용에 상응하여 "쌀"과 관련해 제안했던 것과 같은 맥락에 있는 것입니다.

다른 무엇보다도, 매일 학습자들과 코디네이터들이 겪는 경험을 비판적으로 성찰하는 것은 현재 단계에서 당신의 일 속에 존재하고 있는 "일정한 틈"을 매워줄 수 있는 방안을 찾을 수 있도록 해줄 것입니다. 당신의 프락시스에서 비판적 성찰은 가장 필수불가결한 것입니다. 이는 쓸데없이 사람을 소외시키거나 혹은 소외되게 하는 말과 결코 혼동해서는 안됩니다. 이것이 지식의 원천이라고 볼 때, 프락시스는 이론 그 자체가 아닙니다. 오직 우리가 끊임없이 비판적 성찰을 할 때만, 프락시스는 이론의 발전이 가능하도록 합니다. 이에 따라 이론은 새로운 실천을 비추게 되는 것이지요.

저는 제 편지가 처방적인 성격이 되지 않도록 꽤 신경쓰고 있습니다. 오히려 저는 제 이야기가 당신과 제 자신에게 도전을 주는, 그럼으로써 프로젝트의 프락시스에 보다 깊은 성찰이 있을 수 있도록 하고자 합니다. 이로써 모든 측면에서 제가 이전에 참여하였던 프로젝트의 경험을 똑같이 반복하지 않는 하나의 새로운 프로젝트가 되게 하고자 합니다.

이미 당신이 언급한 바 있는 "틈"의 하나로서 직면하고 있는 근본적인 문제는, 국가 재건의 다양한 측면들을 어떻게 문해후교육 프로그램에 통합해 낼 것인가라는 점입니다. 여기서 핵심적으로 제기되는 질문은 국가 재건이 우리의 호기심을 따르는 단순한 지식의 대상으로 감환되어서는 안 된다는 점입니다. 예를 들어, 쟁기가 갖고 있는 다양한 장치들, 작동 방식, 그리고 활용을 어떻게 이해하는 것이 좋습니까? 재건은 서로 다른 수준과 영역에 있는 지식의 다양함을 필요로 합니다. 이들은 그 자체 내에서 혹은 사회를 위한 전반적인 계획과 직접 관련되어 있어야 합니다. 그렇다고 우리가 과거에 이야기하고 있는 어떤 것이 될 수 없습니다. 오히려 그것은 현재 하고 있는 과정에서 알고 있는 것이어야 합니다. 일반적으로 교육을 생산과정과 연결하려는 필요가 바로 여기에서 생겨납니다. 그리고 교육과 생산과정을 연결하는 것은 곧 국가재건 투쟁의 관건인 역동성에 요구되는 지식의 다양성을 가져오게 하는 원천이 됩니다.

미구엘이 저희의 다음 방문에 관해 마리오 카브랄 동지에게 보낸 편지에서, 가능하면 이 주제에 관하여 잘 계획된 대화를 하기 원합니다.

당신의 편지에서 말씀하신 다른 주제, 즉 어떤 언어가 문해교육 프로그램의 기본으로 채택되어야 하는가라는 주제는, 당신이 제안한 바와 같이 저희가 방문하는 동안 다시 논의되어야 합니다.

사실 민중이 자신들의 "단어"와 그것을 말할 권리, "발음하는 것",

그리고 그 단어를 "명명하는 것"을 다시 정복하지 않고서는 심오하고 진정한 방식으로 민중 해방 과정이 일어나지 않습니다. 단어를 명명하는 것은 자신들 고유의 언어를 해방시키는 방식으로, 단어를 말하여 그 행동을 통해 식민주의자들의 지배적 언어가 가진 우위에서 자신들 고유의 언어를 해방시키는 것입니다.

식민주의자들이 식민지 사람들에게 자신의 언어를 도입하는 것은 식민 지배의 근본적 조건이며 신식민지주의적 지배로까지 다시 연장됩니다. 식민주의자들이 자신들의 언어는 "언어"라고 하고 식민지 사람들의 언어를 "방언"이라고 하는 것은 우연이 아닙니다. 식민지 사람들의 빈곤과 열등함에 대비시켜 식민주의자들의 우월성과 풍요로움을 우위에 놓는 것입니다.

식민지 사람들의 역사는 식민주의자들의 개화적 존재와 함께 시작되었던 것으로 여겨지기 때문에 오직 식민주의자들만이 "역사를 가지게" 됩니다. 오직 식민주의자들만 문화, 예술, 언어를 "가지고", 타인을 "구원하는" 세계의 교양 있는 국가 시민입니다. 식민지 사람들은 식민주의자들의 "신성한" 노력 전의 역사가 없습니다. 식민지 사람들은 교양 없는 "야만적 원주민"입니다.

자기 인식의 권리도 없이 식민지 사람들은 식민주의자들에 의해 신상명세를 부여받습니다.23 이러한 이유로 그들은 "그들 자신의 이름을 짓거나" 혹은 그들이 빼앗긴 세계를 "명명할" 수 없습니다.

해방 투쟁에서 문화의 역할을 논의한 글 중 하나에서 아밀카 카브랄은 언어의 문제에 적용되는 분석을 조금 했습니다. 정확히 그가 도시 지역 소수집단의 동화, 즉 반아프리카화를 언급할 때 그 분석이 이루어집니다. 식민주의 권력 아래에서 그 권력에 둘러싸인 채 살고 있는 도시 지역의 소수민은 지배적 문화와 언어에 자신을 굽힙니다. 그에 반해 더

---

23 루이-쟝 칼베(Louise Jean Calvert)의 『언어와 식민주의-언어 포식 이야기(Linguistique et colonialisme: petit traité de glottophagie)(파리: Payot, 1974)』; 김병욱 옮김, 『언어와 식민주의-언어 포식 이야기』, 유로서적, 2004 참조.

욱 파괴적인 식민주의자들의 권력으로부터 탈출하여 살아남은 소작 인구의 대부분은 그들 문화의 중요한 자취를 보존하고 있습니다.

어떤 의미에서 반아프리카화된 도시 지역 소수민 집단은 이중 언어를 사용하는 것과는 꽤나 다른 문화적 소외의 표출로서 두 문화 성격이 병용된 특이한 부류의 성격을 띱니다.24 이들 도시 지역 소수민은 소외되면 소외될수록 더욱 더 자신의 뿌리를 부정하고자 투쟁합니다. 즉, 그들은 식민주의자들이 방언이나 형편없고 열등한 것으로 정의한 자신들의 고유어를 망각하거나 혹은 전혀 배우지 않습니다. 이러한 방식으로 그들에게 열등한 성격을 부여하는 지배 문화에 대해 "향수에 젖어" 매료된 채 자신의 문화를 부정하면서 자신의 존재도 부정합니다. 아밀카 카브랄이 해방의 명분을 위해 자신을 헌신할 지식인들의 재아프리카화의 필요성을 주장한 것도 이러한 이유 때문입니다.

지방 인민들은 이러한 두 문화의 이상한 공존에 영향을 받지 않은 채 남아있는 데 성공했습니다. 아밀카 카브랄조차 "문화의 약점"이라 부르던 자신들의 풍성한 문화에 힘을 얻어, 자신들의 언어를 보존했습니다. 그들은 이 언어로 의사소통했음은 물론이고 식민주의자들의 공격적인 소외로부터 자신들을 보호했습니다.

한 사회가 기니비사우처럼 혁명적인 방식으로 스스로를 다시 만들기 위해 노력하여 식민주의적 의존 상태를 극복해나갈 때에는 언어 문제를 안정시키는 것을 피할 수 없습니다. 이 문제는 해방 투쟁 중 사회에 제기된 것입니다.

그래서 포르투칼인들에게 라틴어가 그러했던 것과 같이 크레올의 경우 긴급히 국가 언어로 인정되어야 합니다. 구어로서 이미 고유의 체계를 갖추고 있기 때문에, 이것은 문어로서 규칙과 체계를 갖출 수 있도록 지대한 노력을 기울여야 합니다.

당신께서 편지에 크레올이 투쟁으로 힘들었던 때부터 국민적 화합을

24 앞과 동일.

위해 해왔던 역할을 강조한 것은 반박의 여지가 없어 보입니다. 저는 크레올을 문어로서 "규정하는" 작업을 국가 재건을 위한 투쟁의 우선사항으로 꼽는데 주저하지 않을 것이며, 그것은 분명히 능력있는 언어학자들의 예비교육이 필요할 것입니다.

그러므로 저는 무엇보다도 당신의 프락시스에 기초해 확실한 태도를 유보하고 있는 입장에 대해 충분히 공감합니다.

형제와 같은 포옹을 담아,
파울로 프레이리

열네 번째 편지

제네바
1976년 4월

엔지니어 마리오 카브랄
국가교육문화위원회
비사우, 기니비사우공화국

마리오 카브랄 동지에게,

제가 문해교육위원회에게만 써왔던 몇몇 편지의 사본을 보내드립니다. 하나는 당신께 드리는 것이고, 나머지는 이 내용에 관심 있으리라 생각하는 다른 동지들을 위한 것입니다.

길던 짧던 매번 제가 편지를 쓸 때마다 저의 근본적인 의도는 편지 쓰는 동안 저 자신에게, 그리고 읽는 동안 동지들에게, 우리가 국가 재건이라는 대단히 흥미로운 과정에서 맞닥뜨리는 구체적인 문제들에 관해 비판적인 성찰을 유발시키는 것입니다.

엘자와 제가 과거에 관여해왔던 프로젝트들에 대해 이야기할 때마다, 저는 지금 "우리의" 기니비사우에서의 문제들과 같이 강렬하게 우리를 사로잡은 사건을 다시 경험하고 있다는 것을 알게 됩니다. 저의 의도는 언제나 같습니다. 제 편지를 받는 동지들이 특정한 상황에서 제 펜으로 묘사한 상황을 재창조할 수 있는 비판적 태도를 갖도록 하는 것입니다.

그러나 결코 제 편지들 각각이 어떤 A−B−C와 같이 당신들을 위한 완결된 공식이 되야 한다고 시사하는 것이 아닙니다. 만약 제 의도가 그러했다면 동지들의 진실성에 대한 무례일 것이고, 한 외국인의 기여를 국익에 적합한 것으로 받아들인 동지들의 진정한 겸손과 상처 입을 수 없는 자주성이라는 가장 위대한 특징을 제가 이해하지 못했다는 증거일 것입니다. 당신들의 정치적 성숙을 보여주는 이러한 덕목들은 세미나에서 배울 수 있거나 실험실에서 만들어지는 것이 아닙니다. PAIGC가 그것들을 발명한 것도 아닙니다. 오히려 기니비사우에서 억압받던 민중들이 지도자들의 위대한 교사−학습자가 되는 해방의 프락시스에서 진정으로 구축해온 것입니다. 아밀카 카브랄은 이러한 덕목의 완벽한 상징입니다.

이러한 자기존중, 각성, 역사에 대한 관심, 당신들에 의해 만들어진 것이 동시에 다시 만들어지는 점이 바로 IDAC에 있는 우리 모두가 최선을 다해 기니비사우와 카보 베르데의 재건을 위한 투쟁에 헌신하려는 거리낌 없는 열망을 갖게 했습니다. 비록 우리도 최선을 다했지만 우리 각각의 한계를 고려하면 매우 작은 부분이라는 것을 인정합니다.

아마도 겸손을 차치하면, 제 편지를 읽는 최선의 방법 중 하나는 전반적인 의미를 이해하려고 노력한 다음, 그 중에서 제가 인지하지 못했지만 편지 본문의 이런저런 진술 중에 숨어있는 가능한 작업 방법을 찾는 것이라 말할 수 있을 것입니다. 본질적으로 편지를 깊게 읽는 것은 그것을 다시 써보는 것일 겁니다.

최근 건강이 그리 좋지 않아 저의 책무를 약간 줄이게 되었습니다. 그러나 그곳의 망고, 캐슈넛을 정말 먹고 싶을 때 곧 제가 다시 그곳에 가리라는 데는 의심할 여지가 없습니다. 저는 그것들에서 기니비사우에 대한 향수를 느낍니다.

엘자와 저는 몇몇 추가적인 활동을 위해 우리가 방문하기로 공식적으로 계획했던 주간보다 며칠 더 머무르려고 합니다. 한 가지 활동은 모니카, 에드나, 알바렝가(Alvarenga), 파울로, 호세(José)와 함께 문해교육위원회(국가문해교육위원회가 아닌)와 함께 하는 것입니다. 우리를 위해 생길 수 있는 다른 활동들을 조직하는 것도 가능합니다.

비트리즈(Beatriz) 동지에게 포옹을, 그리고 당신의 사랑스러운 손자 판소우(Pansau)(이번에는 제가 철자를 맞게 썼으리라 생각합니다)를 위한 다정한 인사를 전합니다.

파울로

무례한 추신

친애하는 마리오 동지에게,

비록 그쪽으로부터 아무 소식도 듣지 못했지만 당신께서 2월의 종합회의에서 재창조한 위원회가 정말로 에드나, 모니카, 알바렝가, 파울로, 호세와 함께 활동하고 있기를 바라고 있습니다.

다른 사람들도 함께 활동을 하고 있는지는 모르지만 이 편지를 문해교육위원회에 보내면서 당신에게도 사본을 보냅니다.

제게 있어서 이번 '문해교육위원회'의 역할은 매우 중요합니다. 시민 지역 활동들의 역동성은 전적으로 이번 '문해교육위원회'가 진정으로 무엇을 할 수 있느냐에 달려있습니다. '문해교육위원회'는 이번 캠페인을 통해 자료들을 정책 전반에 걸쳐 국가문해교육위원회에 제공해야 합니다. 저는 FARP에 관해서도 줄리노(Julinho) 동지에게 비슷한 요청을 하였습니다. 부디 저의 이러한 의견을 같은 뜻을 지닌 동지의 고집으로 받아주길 바랍니다.

파울로

열다섯 번째 편지

제네바
1976년 4월

모니카, 에드나, 알바렝가, 파울로, 호세 동지들에게,

　이번 편지는 제가 문해교육위원회에 공식적으로 제 자신을 소개하며 쓰는 첫 번째 편지입니다. 저는 문해교육과 활동에 있어서 다른 면을 구성하는 대표자들의 작업 및 활동 전반에 걸쳐 적극적으로 참여하고 싶습니다. 물론 정부와 PAIGC의 정치 성향 범주 안에서 말입니다.

　작년 9월 우리의 첫 번째 방문이 마무리 될 때쯤, 우리는 마리오 카브랄 동지의 주최로 교육위원회의 다양한 부서들과 IDAC 팀들이 참여한 종합 회의에 참석을 하였습니다. 구체적이고 실현가능한 많은 행동들 중에서, 오늘날 우리 협력 프로그램의 중심이 되는 핵을 형성한 것은 두 위원회의 창설이었습니다. 두 위원회들은 다른 위원회, 하부 위원회 또는 위원단을 창설할 때 필요한 사항들을 정해야만 합니다.

　적어도 시작 단계부터 이 위원회들은 현장에서 활동성이 강한 사람들로 조직하여야 합니다. FARP와 특별한 분야의 문해교육 그리고 문해

후교육 활동을 위한 문화 써클의 진행을 책임지고 있는 사람들을 포함해야 합니다. 예를 들어, 이웃, 청년, 여성들의 정치 위원회들과 연관되어 계속 진행 중인 프로젝트의 시민활동 대표자들을 포함해야 합니다.

우선적으로 이 위원회들의 핵심 역할은 문해교육의 다른 분야들의 활동 기준을 평가하는 일입니다. 그들은 자신들의 실제적인 실천 활동 속에서 얻은 실패 및 성공사례들과 같은 특별한 경험을 공유하여 서로 배울 수 있는 훌륭한 기회를 다른 구성원들에게 제공할 수 있습니다.

기본적으로, 앞서 언급했듯이 이 위원회의 회의들은 주로 평가를 위한 것입니다. 물론 프로그램에 대한 논의를 할 수도 있습니다. 평가자들은 무엇보다도 미래에 좀 더 효율적인 활동이 될 수 있도록 현재의 실천 행동들을 되짚어 보고 이미 완료된 활동이나 특정한 목적과 연계되어 진행 중인 활동들을 종합적으로 평가하여야 합니다.

이러한 연유로 동지들의 회의에서는 활동이 잘 되었든 실수가 있었든 숨김이 없어야 합니다. 이런 부분들을 숨기는 것은 진정한 오류가 될 것입니다.

우리가 기니비사우 지역과 카보 베르데 섬에서 노력을 기울이면서 극복해야 할 도전은 개개인이 전문가가 되기보다는 우리가 하나의 팀으로서 해낼 수 있다는 것을 보여주는 것입니다.

우리는 지난 성공사례들을 수단으로 우리의 약점을 교묘히 감추거나, 보이지 않는 요인들에 기인한 우리의 약점을 비난하도록 내버려두어서는 안 됩니다. 같은 목적을 갖고 함께 투쟁하기로 마음먹은 동지로서, 우리가 반드시 알아야 할 것이 있습니다. 그 어느 누구도 모든 것을 다 알고 있거나 완전히 무지하지 않다는 점입니다. 그러므로 우리의 약점을 극복하기 위해서는, 잘못을 숨길 것이 아니라 어디에서 발견될 수 있는지에 대한 정확한 논의를 해야 하는 것입니다. 같은 맥락에서 우리의 강점을 더욱 확고히 하기 위해서도, 잘한 점들을 우리끼리만 알고 있어서도 안 됩니다.

끝으로 이 위원회의 노력은 마을 단위에서 시작되어 현재의 활동들을 개선하고 향상시켜 줄 것입니다. 이는 궁극적으로 마을에서부터 지역 사회로 확산되어 국가위원회가 계획하는 활동에 큰 힘이 되어줄 것입니다. 마리오 카브랄과 줄리오 드 카르발류 동지는 항상 이 위원회가 무엇을 하는지 알고 있으며, 가능하다면 회의에도 참석할 것입니다.

여기서 저는 6년 전 멕시코에서 라틴 아메리카 교육자 그룹을 대상으로 작성했던 프로젝트를 소개하기 위해, 이번 편지에서 이미 언급했던 몇 가지 사항들을 다시 말하고자 합니다.

이 편지에서는 제가 드리는 제안을 프로젝트로 이야기하고 있지만, 제 제안을 프로젝트로 간주하는 것은 제 의도가 아닙니다. 그러므로 일반적인 프로젝트에 대해 설명하듯 각 단계별 예산 같은 세세한 사항들을 언급하지 않겠습니다. 그러한 사항들은 나중에 이번 제안이 이 나라의 상황에 적절한지, 또는 정부와 정당의 당면 목적에 부합한지를 알아본 이후에 진행을 할 수 있습니다. 간략히 말해서, 저의 제안이 현재 이 나라의 상황에서 실행가능한지를 알아봐야 합니다.

제안서에 대해 설명하기 앞서, 이 제안서가 어떻게 시작된 것인지에 대해 간략히 말하고 싶습니다. 저는 제가 태어난 헤시페 지역의 오래된 집 정원에 있던 멋진 망고나무 그늘 아래에서 부모님께 글을 배웠습니다. 제가 처음으로 배운 단어들은 아이들 세상 속의 단어였습니다. 제 최초의 칠판은 땅바닥이었고 분필은 작은 나무막대였습니다.

꽤 나중에 저는 칠레에서 새롭게 글을 읽고 쓸 줄 알게 된 농민들이 그들의 일터로 향하는 길 위에 자신들의 농기구들을 사용해서 써놓은 단어들을 볼 기회가 있었습니다.

시간과 공간적으로는 상당히 멀리 떨어진 두 경험이지만 다른 한편으로는 상당히 연관되어 있는 이 경험이 몇 년 전 다시 떠올랐고, 지금이 편지 속에서 언급하고 있습니다. 이전에는 설명하지 않았던 몇 가지 부가적인 뉘앙스들을 이번 기회를 통해 말하려 합니다.

이번 제안서의 기본적인 생각은 열한 번째 편지에서 언급했던 것과 같이 하부 조직이 변화를 경험하고 있는 농촌 지역을 선정하는 것입니다. 변화는 문화 써클의 창설에 기인할 수도 있습니다. 총체적 교육으로 부터 민중 전체에 실존하는 경험이 기본적인 원천이 됩니다. 이번 경우에는 농업 생산이 주 초점이 됩니다. 이 제안서는 성인문해교육에만 적용되는 것이 아니라 아이들과 청년들에게도 적용이 될 수 있습니다. 생산 활동은 현실적인 상황을 제공하고 생산 활동을 반추함으로써 이론적인 상황 또한 제공하게 됩니다. 가능한 실천적인 상황 하에서 이론과 실천 사이의 역동성을 이해하려는 시도를 할 것입니다.

이번 제안은 제대로 된 교육 장소가 설립되기 전까지 날씨가 좋은 기간 동안에는 밭에서 진행될 것이고 장마 기간에는 비를 피할 수 있는 장소에서 이루어질 것입니다. 또한, 사람들의 사고를 변혁시키는 과정에서 학습자들의 실질적인 현실 및 생산 활동과 밀접한 주제들에 기인하는 지적 활동과 정치 활동으로서의 교육을 의미합니다. 특별히 이번 문해교육에서는 학습시간을 가능한 한 하루 일과의 한 부분으로 간주하려고 합니다. 이는 생산 활동 자체만큼이나 중요합니다.

자연스럽게 형성된 지역, 더 나아가 문화가 형성되는 과정을 포함하고 있는 사람들의 삶의 터전을 변화시키기 위해서 중요한 첫 "기호화 작업"은 생산 활동 과정을 구성하고 있는 요소들을 밝혀내기 위해 해독하는 일입니다.

마을 구성원 모두가 학습과정을 함께하며 동시에 모두가 학습자이자 교사가 되어 마을 전체가 하나의 큰 문화 써클을 이루게 됩니다. 씨를 뿌리고 수확하는 땅에서 진행되는 활동에서부터 지역 보건을 위한 최소한의 서비스에 이르기까지, 구성원들이 서로 도울 수 있는 분야에 최대한 관심을 두어 개개인의 혜택을 넘어서는 공공분야에 중점을 두어야 합니다.

이런 프로젝트를 수행함에 있어, 인간 공동체에서 결코 유리될 수 없는 무형식 교육 경험은 딱히 관료화되지 않고서도 그 나름의 체계화를 이루어냈습니다.

교육가들 스스로가 지역 사회의 삶에 완전히 융화될 수 있도록 만발의 준비를 갖추었다면, 또 기꺼이 그렇게 되기를 바란다면 이들이 설 자리는 분명히 있을 것입니다. 이들은 모든 생산 활동에서 소농들과 힘을 모아 일하게 될 것이고 앞서 언급한 무형식 학습을 체계화시키는 일도 하게 될 것입니다. 민중을 위해서, 그리고 또 민중과 함께 말이죠.

교육 프로그램 내용을 어느 수준으로 조정하건 간에 전체적인 틀은 학습자들의 선행학습이 어느 정도냐에 따라 달라질 것입니다. 이것은 제가 열한 번째 편지에게 기술한 바와 같이 학습자들의 요구 가운데 어느 부분을 중점적으로 드러낼 것인가를 결정하는 일과 다름없습니다. 전체적으로는 생산적인 활동 내에서 교육 범위가 정해진다고 하더라도 말입니다.

이런 형태의 교육을 통해 우리가 의도하는 바는 사람들이 그들의 삶을 어떻게 살아야 할지를 고민해 보는 비판적 사고를 체험하도록 하는 것입니다. 다시 말해, 삶의 일상 그 자체를 분석의 대상으로 놓고 그 의미를 꿰뚫어 보는 체험 말입니다. 이것은 또한 객관적 사실에 대한 느낌에서 기인한 지식을 그러한 사실들의 기저에 놓인 의미에서 기인한 지식으로 대체하는 것을 말합니다.

이것이 바로 아밀카 카브랄이 해방 투쟁 야영지를 사색 토론의 장으로 탈바꿈시키고자 했던 일입니다. 그는 천둥번개가 치는 원리나 부적25의 효험을 과학적으로 설명하는 토론의 과정이 중요하다고 말하였습니

---

25 "우리의 새로운 문화는 학교 안팎에서 저항 운동에 동참하고 당의 프로그램을 수행해야만 합니다. 동지들이여! 반드시 일을 이렇게 진행시켜야 합니다. 전국적인 차원에서 우리의 문화를 형성해야 합니다. 그리고 이것은 다른 문화를 저평가하는 일 없이 이루어져야 합니다. 타문화 가운데 우리에게 득이 되고 우리의 조건에 맞게 변형가능한 부분은 취해야 합니다. 우리의 문화는 과학에 기반을 두어 발전해야 합니다. 상상에서 기인한 믿음이 아닌 다분히 과학적인 것 말입니다. 우리의 문화는 우리들 가운데 그 누구도 번개가 신이 노해서 생긴다는 둥, 천둥은 IRAN의 분노나 하늘이 계시하는 목소리라는 따위의 생각을 하도록 허락해서는 안 됩니다. 내일 우리의 문화에 속하는 모든 사람들은 천둥은 음전기와 양전기를 띤 두 개의 구름이 부딪칠 때 발생한다는 것을 알아야 합니다. 번개가 치고 그 다음 나는 소리가 천둥입니다."(아밀카 카브랄, "저항적 문화", *PAIGC—Umdade e Luta*, pp. 198-99 중 일부)

다. 마찬가지로 혁명 동지들과 투쟁이 어떻게 진행되고 있는지, 어떤 전술을 사용할 것인지, 그리고 또 성취하고자 하는 목표가 무엇인지 등에 대해 토론하는 것이 굉장히 중요한 일이라고 생각했습니다. 그는 이 모든 것들이 서로 연관되어 있다는 것을 잘 알고 있었습니다.

사람들이 자신들의 일상생활 경험을 세상을 살아가는 자연스러운 방식으로 받아들이고 반성적 사고의 대상으로 여기게 되는 수준이 어느정도냐에 따라, 교육 프로그램의 내용은 기본적인 몇 가지 요소로 간추려질 수 있습니다. 프로그램 내용은 세상을 살아가는 자연스러운 방식을 구성하면서 서로 연관을 맺고 있는 상이한 요소들을 조직해서 만들어집니다.

세상에 존재하는 자연발생적 태도나 경향은 단지 그러한 태도나 경향이 있다는 사실 그 이상을 의미합니다. 이것은 그러한 태도와 경향이 세상 가운데에서 더불어 존재함을 의미합니다. 마찬가지로 사람들 스스로가 행동하는 국민임을 자각하고 세상을 바라보는 분명한 의식을 가지고 행동하는 것을 의미합니다. 그러나 사람들이 늘 현실로서의 세상의 모습을 제대로 이해하고 있다고 단정 지어 말할 수는 없습니다. 카브랄은 "우리의 문화는 과학적 기반 위에 형성되어야 합니다. 우리는 더 이상 상상에 의존해서는 안됩니다."라고 주장했습니다.

개인이 그들의 삶에 있어 역동적인 국민이 될 때, 그들의 일상은 진실에 보다 더 가까이 다가갈 수 있다는 뜻입니다. 그는 또한 "이렇게 될 때 사람들은 일상적인 활동과 감정들 가운데 그들의 삶을 영위해가는 현실에 대한 실질적 통찰력을 가지게 됩니다."라고도 말하였습니다.

그 가운데 핵심은 사람들이 세상을 그저 자신이 살아가는 삶으로만 인식하는 것이 아니라 자기 일상을 훨씬 더 엄격한 지식의 대상으로 바라보아야 한다고 주장한 점입니다. 이때 지식은 현실에 기반을 둔 실천적이고도 감정적인 실존이란 무엇인지를 분명히 밝히는 역할을 해야만 합니다. 카렐 코직(Karel Kosic)은 "즉각적이고 공리주의적 실천, 그리고 지식이 만들어낸 이에 상응하는 상식은 세상을 지향하고 세상에 존재하는 모든 것들과 닮아갈 수 있도록 하는 위치나 그것들을 잘 조절할 수 있는 위치에 인간성을 배치시킵니다. 그러나 이것들이 반드시 모든 사물과 현실의 의미에 대한 깊이 있는 이해를 가능하게 해주지는 않습니다." 라고 한 적이 있습니다. 그러나 여기서 저는 그의 말에는 사물에 대한 비판적 이해가 빠져있다는 점을 밝혀두고 싶습니다.

우리 스스로가 세상 가운데서 행동하는 진실한 인민이 될 때, 군부 교육가와 학습자들도 우리가 변화시키려 하는 세상과 우리가 살고 있는 세상의 의미를 꿰뚫어 보는 진정한 인민으로서의 역할을 하게 됩니다. 우리는 지금껏 해왔던 모든 실천 행위에 대한 비판적 분석을 토대로 변화한 현실에 대해 보다 엄격한 지식을 구성하는 것이 필요합니다. 즉, 우리가 모든 일상의 장애를 넘어 카브랄이 "문화의 약점"이라 칭했던 실체에 직면케 하는 진솔한 방법이 무엇인지를 분명히 밝히는 것 말이죠.

제가 열한 번째 편지에서 교육이란 항상 몇 가지 학습이론을 실천에 옮기는 것을 의미한다고 적었던 부분은 바로 이러한 논의의 연결선상에 있습니다. PAIGC의 관점에서 보건데 이 같은 학습이론은 학습자에게 중요한 역할을 요구합니다. 학습자는 지식을 이해하는데 핵심적인 역할을 해야 할 뿐만 아니라 지식을 받아들이기만 하는 수동적인 태도에서 벗어나야 합니다.

제가 제안하는 프로젝트와 관련해서 군부 교육자들은 생산적인 활동에 참여합니다. 사실 그들이야말로 그 지역에 몸담고 살아가는 진정한 지역민들입니다. 그들이 나서서 15명에서 20명의 사람들로 이루어진 학습 조직을 만들어야 한다고 생각합니다. 그리고 서로 함께 일상생활 경험에 대해서 이야기하고 생산 활동으로 대표되는 일상 가운데 생겨난 문제들에 대해서 논의해야 한다고 생각합니다. 그리고 이러한 논의들 가운데 불거져 나온 무수히 많은 주제들에 관해서도 터놓고 분석해야 합니다.

그 시작은 사람들을 모아 그들에게 프로젝트에 관해 대략적인 설명을 제공해 주는 것이 될 수 있습니다. 사람들을 동원하는 것은 프로젝트

실행에 필요한 조직을 구성하도록 해줍니다. 물론 이것은 민중이 가진 기본적인 동기의식을 교육가들이 이해하는 순간이기도 합니다. 더 나아가 그들이 가지고 있는 비전이나 일상적으로 경험하는 현실 가운데에서 발견한 비전을 이해하게 되는 순간이기도 하겠고요.

만약에 시작부터 사람들이 스스로에게 걸맞고 그들의 삶에 중요한 프로젝트를 구상할 수 있다면, 그들의 노력을 국가 재건을 위한 초석으로 보아도 될 것입니다.

이것이 바로 기본적인 요구 조건입니다. 이러한 조건들을 통해 정부와 당이 내세우는 정치적 원리에 충실히 따르면서도 국가 재건과 새로운 사회 건설에 대한 민중들의 창조적이고 의식 있는 참여를 독려할 수 있을 것입니다. 민중들의 참여 없이는 국가 재건과 새로운 사회 건설은 있을 수 없으리라 믿습니다.

프로젝트는 두 가지 측면에서 지역민들에게 영향을 미칠 수 있습니다. 첫째는 국가 재건에 관한 투쟁에 대해 이 프로젝트가 가지는 중요성에 관한 것이고, 또 다른 하나는 이것에 대한 사람들의 이해에 관한 것입니다. 프로젝트가 어떤 중요성을 함의하고 있는지에 대해서는 시작부터 분명하고도 객관적인 논의가 있어야 합니다. 그리고 프로젝트가 진행되는 과정 내내 필요하면 언제라도 그 의미를 되짚어 보아야 합니다.

이 두 가지 측면에 대한 충분하고 꼼꼼한 이해와 관리 없이는 프로젝트가 실천으로 옮겨지기도 전에 실패할 수 있습니다. 사람들이 국가 재건 투쟁에 관여하지 않는다면 "국가 재건"이라는 말은 아주 애매모호하고 추상적인 관념에 머무르고 말 것입니다. 그러나 투쟁에 참여한 사람들에게 이 말은 구체적인 의미를 가집니다. 그러므로 시작부터 지역 사회의 현실을 잘 반영하는 계획을 세울 필요가 있습니다. 재건이라는 말은 분명 우리 가까이에 존재하고 있습니다. 그리고 그 말이 가지는 의미는 매우 분명합니다. 그것은 바로 사람들의 삶의 주거지와 그들이 다니는 거리를 새로이 건설하는 것입니다. 사람들은 지금껏 그들이 이해하는 사안들에 동참해왔기 때문에 지역사회 문제나 국가 문제에까지 그들의 동참을 이끌어 내는 일은 가능하리라 생각합니다. 동시에 이와 같은 프로젝트들은 변화에 기반을 두어야 합니다. 변화라는 것은 사람들의 삶에 영향을 미칠 수 있는 구조의 변화를 의미하는 것입니다. 그리고 이 변화는 프로젝트를 통해 이미 일어났거나 혹은 앞으로 일어나게 될 것입니다. 전통적인 삶의 맥락 안에서 이러한 변화들은 사람들 사이에 새로운 예측을 불러일으키도록 합니다. 또한 그들의 삶에서 필수적인 문해교육이나 문해후교육이 더욱 의미를 가지도록 해줍니다. 그러므로 모든 단계의 학습 과정 속에 역동성이 생기게 됩니다. 그리고 이러한 학습의 과정은 다른 어떤 변화가 일어나는 가운데 발생하는 또 다른 역동성과 조화를 이루게 됩니다.

당신은 중국 북부의 한 작은 마을인 타차이(Tachai)에서 일어났던 변화에 대해서 알고 계실지 모르겠습니다. 이(Lee) 박사님께서는 이 마을이야말로 "농촌 지역 개발을 위한 문해교육과 민중 이데올로기 교육을 적용했던 마을들 가운데 단연 최고의 본보기"라고 말씀하셨습니다.

타차이는 중국 전역에 모범 마을로 인정받았으며, 전 세계 교육가들의 이목이 이 마을로 집중되었습니다. 앞서 말씀드렸던 역동성의 원리를 여실히 드러내 주는 전형적인 사례라고 할 수 있겠지요.

1945년 중국 공산당에 의해 일본군이 추방당한 이후 "지역사회 개발을 위한 전제 조건으로 토지 개혁 프로그램" 계획이 구상되었습니다. 이 프로젝트는 침략자들을 물리쳤던 사람들의 경험에서 싹튼 심적인 동기와 관련이 있었습니다.

문해교육 캠페인은 모든 단계에서 정치적 색채를 강하게 띠었으나 그 시작은 토지개혁과 관련된 논의에 초점이 있었습니다.

지역의 현실을 바꿀 수 있는 힘은 민중들이 개혁의 필요성을 더 잘 이해함으로써 문해의 필요성을 느끼도록 했습니다. 개혁의 원동력이 사라졌다면, 문해교육의 움직임 또한 사라졌을 것입니다. 일단 토지개혁이 마무리 되었을 때, 소작농들은 동물이나 작업도구 없이 생산량을 증가시키지 못한다는 것을 인식했습니다. 그리고 생산량의 증가 없이는 타차이

지역의 변혁은 좌절되었을 것입니다.

현실을 변혁하는 역동성의 하나인 새로운 것을 필요로 하는 경험은 문해교육 프로그램에 새로운 국면을 가져왔습니다. 새로운 문해교육은 공동 작업을 위해 농민들이 스스로를 조직하는 장점에 대한 논의를 포함하고 있었습니다.

이러한 방식으로, 농민들은 그들이 느낀 필요성을 비판적으로 받아들였습니다. 그리고 이것의 첫 반응은 첸 융퀘이(Chen Yung-Kuei)의 리더십 밑에서 협동 작업팀을 구성하는 형태로 나타났습니다. 첸은 조금씩 타차이의 개발을 위한 확실한 리더가 되어가고 있었습니다.

첸과 그의 동료들이 이룬 긍정적인 결과는 다른 많은 소작농들을 북돋았고, 이들은 첸의 무리에 합류했습니다. 그리하여 1952년 협동작업에 기반을 둔 원래의 팀은 간단한 형태의 협동조합으로 발전해 갔습니다. 1956년 이 협동조합은 사회주의자의 협동조합으로 인식되었고, 1958년 타차이 마을은 "생산 부대"가 되었습니다.

민중교육의 과정은 소작농들을 자극하고 소작농들에 의해 자극되면서 발생하는 이러한 모든 변화와 통합되어 있습니다.

첸은 마을의 문해교육 캠페인에 비문해자로 참여하고 첫 번째 협동 작업 집단을 이끌었습니다. 그 후, 중국에 방문한 미국 교육자들과 얘기하면서, 그의 마을이 변화될 수 있었던 이유를 "민중의 창의적인 힘이 타차이와 중국 전역을 변화시켰다"고 요약해서 말해주었습니다.

저는 사회구조 변화와 교육 사이의 역동적인 상호작용을 보여주는 타차이의 경험에서 이루어진 기본적인 과정들을 빠르게 개괄하고 싶습니다. 타차이에서 이루어진 교육은 일련의 활동들이 뒤따르고, 스터디 그룹을 통해 성취되는 성인문해교육을 포함합니다. 저는 앞서 이 스터디 그룹에 대해서는 언급하지 않았습니다.

1) 일본이 점령한 동안 착취와 지배가 있었고, 민중들 사이의 주도적인 움직임은 실패했습니다.

2) 1945년 중국 공산당에 의한 일본 침입자의 추방은 민중들 사이에서 희망이나 자신감과 같은 앞서와는 상반된 반응을 일깨웠습니다. 이는 마을을 재건하는 치열한 노력으로 이어졌습니다.

3) 해방에 의해 조성된 새로운 풍토는 민중들이 문해교육 캠페인과 토지개혁에 참여하도록 만들었습니다.

4) 읽고 쓰는 학습을 위한 캠페인은 민중들 자신의 현실을 더 깊이 있게 읽는 "현실 읽기"로 이어졌습니다. 그리고 사회경제적 "현실 읽기"는 기본적인 토지 개혁의 필요성을 명확히 해주었습니다.

5) 민중들은 개혁의 시급함을 인지한 후, 장애물들에 대해서도 알게 되었습니다. 그리고 이러한 과정에서 더 깊은 정치적 의식이 형성되었습니다.

6) 생산 과정에서 개인적 작업의 한계가 여럿의 힘을 합침으로써 극복될 수 있고, 이로 인해 생산량이 증가하고 성공이 확실시되며 협동 작업의 필요성이 등장했습니다.

7) 교육은 개인 작업에서 공동 작업으로의 변화를 동반하고, 이로 인해 "생산 부대 협동조합"이 설립되었습니다.

이 작업에 대한 논의에 들어가는 한 부분으로써, 저는 교육과 사회의 전반적인 계획 사이의 관계로 돌아가 이것에 대해 얘기하고 싶습니다.

우리가 논의해온 것과 같은 사회의 계획은, 매우 제한된 규모인 경우를 제외하고 사회의 전반적인 계획안에서라면, 실현될 수 없습니다. 수립된 경제발전 정책은 농업 생산으로부터 나오는 "풍부함"을 수단으로 하여 빠른 산업화를 지향하게 됩니다. 우리가 얘기해온 것과 같은 교육계획은 농업을 경제발전의 종속적인 요소가 아니라 필수적인 기반으로 상정합니다. 농업 생산에 강한 기반을 둘 때, 소작농과 도시 산업 근로자들은 사회 전체의 사회적이고 집단적인 복지를 위해 생산 활동을 할 수 있습니다. 만약에 농업이 약하면, 두 집단의 생활수준 사이에 큰 격차가 만들어집니다. 물론, 이것은 모두 생산을 관리하는 기본적인 개념과 연관됩니다.

이익이 생산관리의 기본적인 개념에서 계속해서 중요한 역할을 차지한다면, 생산은 사용의 가치가 아니라 교환의 가치로 변하게 될 것입니다. 따라서 생산을 자극하는 것이 항상 물질적인 본성을 가지게 되는 것은 놀라운 일이 아닙니다. 이는 여기서 우리가 논의해온 것과 같은 교육 프로그램을 핵심적으로 추진하는 것과 대조됩니다. 생산과 연계된 협동 작업으로서 사회적 인센티브를 만들려고 하는 사업과 공동의 이익에 대한 고려는 인간에 대한 믿음에 기반을 둡니다. 이런 프로그램은 사회 재건 과정에서 새롭게 만들어지는 민중의 능력을 믿되 순진하게 받아들이기보다는 비판적으로 받아들입니다.

제가 제언해왔던 것과 같은 프로젝트의 장점 중 하나는, 이 사업이 민중들이 살아가는 맥락적인 현실에 대한 비판적인 성찰을 가능케 한다는 것입니다. 이 사업은 기니비사우와 카보 베르데(Cape Verde)의 새로운 사회를 위한 계획과 조화를 이루는 학교 유형을 필요로 합니다. 이에 걸맞는 학교는 이론과 실천을, 성찰과 행동을, 지적 노동과 육체 노동을 따로 떼어 구분하지 않아야 합니다.

모든 것을 이분화 하는 구식 학교는 모든 곳에서 하루 빨리 폐지되어야 한다고 생각합니다. 학교의 분리 기능에 대해 모르는 곳에서는, 이러한 학교가 시작되도록 절대로 허용돼서는 안 됩니다.

약 1년 전에, 캐리비안의 시골 지역에서 아주 풍부한 실험을 관찰할 수 있는 기회를 얻었습니다. 이 실험의 몇몇 특징들, 특히 소작농들이 그들 스스로의 교육을 구성하는 방식은, 우리가 여기서 논의하고 있는 프로젝트에 상당히 중요한 시사점을 줄 것입니다.

생산조합26으로 조직된 소작농들은, 각각 최소 15명의 농부들이 배

---

26 이 협동조합은 소작농들과, 토지와 소작농의 노동력을 착취한 외국계 기업 사이의 분쟁 속에서 만들어졌습니다. 고용된 지 얼마 되지 않은 국가 소속 농학자의 부당한 해고는 소작농과 외국계 기업 사이의 분쟁을 야기하였습니다. 이 농학자가 소작농들과 함께 한 개방적이고 민주적인 작업 방식 덕분에, 그와 소작농들은 완벽히 결합되었습니다. 이 분쟁은 파업으로 발전했으며, 이러한 파업은 이 지역에서 최초로 일어난 것이었습니다. 파업

정된 작업단위에서 경작하도록 농토를 분할하였습니다. 각자의 농지에는 식당과 학습센터로 기능하는 작은 쉼터들이 만들어졌습니다. 두셋의 여성들은 아직은 남자들이 요리하는 것에 대한 편견을 극복하지 못했기 때문에 점심을 준비했습니다. 각 농민들은 아침 일찍 작업하러 나올 때 음식을 가져옵니다. 닭, 생선, 고기, 채소와 과일 등이지요. 점심시간에 그 누구도 자신이 가져온 음식을 먹겠다고 주장할 권리는 없습니다. 모두가 공동의 식사로 준비된 것을 먹습니다. 작업에서의 연대는 공동의 식사로 나타납니다.

각 집단은 지도자를 뽑습니다. 이 지도자는 다른 사람이 들판에서 일하는 것과 같은 방식으로 일하지만 작업을 조직, 조정하고 가끔은 정부 앞에서 다른 사람들을 대표할 책임을 가지고 있습니다.

농민들은 점심시간으로 2시간을 할애합니다. 그 동안 다양한 범위의 문제들을, 즉 농업기술, 보건문제, 재정, 경영문제, 그리고 이러한 모든 문제들의 정치적인 측면에 대해 논의합니다. 그들은 그들 자신의 실천에 대해 평가합니다. 저는 이러한 모임 중 하나에 참석해, 다시 한 번 확실하게 '우리가 실천에 대해 생각하면서, 바르게 생각하는 것을 배운다는 것'을 알게 되었습니다.

일주일에 한 번 집단의 지도자는 매일 농지에 나가는 농업공학자와 만나서 함께 그 주의 작업에 대해 평가합니다. 다음의 집단 구성원들의 모임에서 지도자들은 구성원들과 함께 농학자와의 모임에 대해서 분석합니다. 농학자는 협동조합의 직원이면서 소작농들을 위한 기술자입니다.

집단들의 모임과 농학자, 집단 지도자의 모임 외에도, 몇몇의 특별 모임 뿐 아니라 협동조합 관리자의 행정적인 모임도 있습니다. 그 자신도 소작농인 협동조합의 장은, 그의 동료들과 함께 행동의 일반적인 절차, 그들이 직면한 시급한 문제들, 그리고 집중을 요하는 다른 문제들

은 외국계 기업에 의해 착취된 모든 토지의 국유화로 마무리되었습니다. 오직 착취된 토지의 일부만이 조정 과정에서 토지를 경작하면서 돈을 지불하고자 하는 소작농들에게 이양되었습니다.

모두에 대해 논의합니다.

이러한 방식으로 작업한 후에, 소작농들은 그들의 경험을 넓히기로 결정했습니다. 소작농들은 그들이 사는 시골 지역과 밀접히 연관된 주변의 작은 도시 중심부의 사람들에게 동기를 부여하기 시작했습니다. 그들은 매년, 자신의 경험에 대한 분석을 시작하고 지역 현실 내의 광범위한 문제점들을 포함하는 네 차례의 세미나를 진행했습니다.

소작농들은 회의의 안건들을 정하고 이후에 소집되는 총회의를 위한 대표 몇 명을 선출합니다.

저는 캐리비안의 시골 지역에 머무르는 동안 협동조합장의 집에서 지냈습니다. 저는 도시민을 위한 세미나에 참석했는데, 다양한 주제의 세미나에서 소작농들의 명쾌한 매너를 보고 그다지 놀라지 않았습니다. 개인주의, 기회주의, 개성주의에 대한 비판, 협력의 필요성에 대한 강조, 수직적 문제 해결에 대한 거부, 자신들의 목소리를 내는 권리에 대한 방어, 그들을 급진적이게 만든 정치적 활동, 가장 근본적인 문제의 원인에 대한 그들의 통찰력과 같은 것들은 하루아침에 생겨난 것들이 아닙니다. 그들은 전체에 대한 시야를 조금씩 넓혀왔고, 그들의 지엽적인 상황을 조금씩 극복해왔습니다.

이 편지를 쓰고 있는 지금, 저는 이 실험이 폐지되지는 않았는지 혹은 계속된다 하더라도 왜곡되지는 않았는지 알 수 없습니다. 어떻게 되더라도 모두 예상했던 일입니다.

하지만, 이 실험이 어떻게 우리를 이전에 논의했던 지점으로 이끌고 가는지를 관찰하는 것은 흥미로운 일입니다. 그 중 하나는 정치적 의식을 분명하게 하는 갈등의 역할이었습니다. 자신의 이익을 대변하기 위해 활발하게 조직화하는 소작농들은 단 수년 전에는 무관심한 사람들이었습니다.

정치적 명료화의 결과에서 보았듯이 우리는 기니비사우 공화국의 해방 투쟁이 얼마나 적극적인지 알 수 있습니다.

사회기반시설의 변형과 교육과의 관계는 또 다른 논점입니다. 분쟁의 결과로 나온 협동조합의 탄생과 그것이 가져온 사회적 관계의 변화가 있기 이전에 소작농들은 교육의 주체도 대상도 되지 못했습니다. 하지만, 새로운 국면이 열리면서 실천과 이론, 행위와 성찰, 육체 노동과 지적 활동의 구시대적 벽을 허무는 활동을 시작할 수 있게 되었습니다.

마침내, 이 실험은 전체 생산 지역이 거대한 문화 써클을 이룰 수 있다는 가능성을 보여주고 있습니다. 이곳에서는 모두가 교육을 받고 모두를 교육시킵니다. 그들은 개인의 실천을 매일의 삶을 비판적으로 수용하고 분석하는 출발점으로 삼습니다.

이 편지에서 말한 프로젝트의 주요한 요점들만 정리하겠습니다. 이것들은 고정된 처방이라기보다는 요점들에 대한 정리에 가깝습니다.

1. 지역을 선택할 때는 이미 이전부터 공동체를 형성하고 있는 곳을 선택하고, 그곳이 거대한 문화 써클이 되도록 합니다.

2. 구성의 시작점부터 지역 주민들은 그 프로젝트에 참여하고, 행정적인 역할을 맡아야 한다고 느껴야 합니다. 신중하게 목표가 설명되어야 하며, 사용될 방법론에 대한 것도 중요합니다. 최근 리쎄를 졸업한 젊은이들은 프로젝트에 함께 참여해야 합니다. 그들은 지역 주민의 구성원이 되어야 하고, 그들의 활동을 "죽음"의 일부분으로 이해해야 합니다. 그것은 생산 노동과 그곳에 종사하는 사람들로부터 동떨어진 곳에서 발생하는 지식인의 형성에 대한 거부입니다. 그들을 구성원의 진정한 동지로서 받아들이는 것은 필수적인 것입니다. 제대한 젊은 군인들 역시 이 일에 동참해야 합니다. 그들에게는 수월한 일일 수 있습니다. 왜냐하면 그들은 교외 지역에서 왔거나 혹은 문해교육과 문해후교육을 경험했을 수 있기 때문입니다. 리쎄 교육을 마친 많은 젊은이들이 해방 투쟁에 참여할 수 없었기 때문에 이 프로젝트에의 참여는 국가 재건을 위한 투쟁에 공헌을 하는 것이 될 겁니다. 2년간의 생산 사업과 다른 소작농 동지들과 정치적이고 교육적인 일에 참여하면 리쎄

에서는 결코 배울 수 없는 것을 얻을 수 있습니다. 때때로 리쎄의 학생들과 교사들은 그들이 참여하고 있는 실험 주제에 대한 세미나에 참석하기 위해 비사우로 가기도 합니다. 이러한 경우에는, 일을 하고 있는 다른 소작농들과 함께 해야 합니다. 그래서 그들이 젊은이들에게 동기와 본보기가 되어야 합니다. 이러한 실천은 이 국가의 교육 개혁에 영향을 주게 될 것입니다.

3. 프로그램에 따른 교육의 내용은 끊임없는 비판적 숙고의 과정에서 나타납니다. 특히 생산과 관련이 있는 사회적 실천은 결정적 요소 중에 하나입니다. 생산에서의 분석적 실천은 점차적으로 더 깊은 단계의 연구를 가능하게 합니다. 그것은 사물이 존재하는 근본적인 이유를 이해하는 단계입니다. 이 풍부하고 다원적인 주제는 단순한 농업기술의 문제로부터 시작합니다. 씨 뿌리기, 수확, 농지관리, 곤충, 전염병, 침식과의 싸움이 있습니다. 이것은 생산 그 활동 자체에 대한 이해로 이끕니다. 무엇을, 왜, 그리고 어떻게 생산하는가에 대한 국가의 정치경제와 건강 문제 그리고 예방의학 모두가 고려될 수 있습니다. 예방 의학에 대한 논의는 보건위원회에 의해서 지역의 "전통적인 의술을 사용하는 의사"에게 특별 훈련을 제공하도록 이끌 수 있습니다. 그것은 지역 주민에게 새롭고 더 나은 의료 서비스를 주는 결과를 낳을 것입니다. 우리는 여기에 생산 활동 반영에서 나올 수 있는 모든 주제를 나열하지 않을 겁니다. 단지 그 숫자는 헤아릴 수 없이 많다는 것을 지적하겠습니다. 그것들은 상호 연관된 시리즈로서 프로그램에 따른 교육의 내용이 될 수 있습니다. 가장 중요하게 고려할 점은 그것들이 지금까지 한 번도 완성된 공식이나 통계 혹은 관료제적 해답이 된 적이 없다는 것입니다. 해답은 참여자들에 의한 열린 조사 안에 있고 그리고 그것은 그들에게 속해 있습니다.

4. 이러한 프로젝트를 실천에 옮기기 위해서는 모든 위원회(교육, 농업, 보건, 커뮤니케이션, 재정, 상업)의 협력이 필요합니다. 마을, 지역, 국가

기구의 정당은 프로젝트에 대해 알고 있는 것에서 그치는 것이 아니라 계속해서 그 진척 사항을 보고받아야 합니다. 때에 따라서는 정당이 관련 위원회와 협력하여 지역적으로 프로젝트를 시작해야 합니다. 이러한 프로젝트에 대한 가능성이 처음 논의될 때는 관련 가능성이 있는 모든 이들이 함께 참석해야 합니다. 그들의 참여는 교육자들의 훈련 과정과 프로젝트 진행의 모든 단계에서 꾸준히 이뤄져야 합니다.

5. 지역 위원회와의 관계는 필수적입니다. 실제적인 실천은 이들과의 관계를 성립하고 유지하기 위한 가장 좋은 방법을 나타낼 것이고, 이것은 관료제적 성격을 최소화하고 효율성은 최대화 할 것입니다.

6. 주어진 지역에서 이러한 실험을 얼마만큼의 주민의 참여 정도로 이끌어 나가느냐는 다른 이들에게 본보기가 되고 지도자 훈련의 중심이 되는 것을 결정지을 것입니다.

7. 실제로 실천을 하게 되면 이 편지에서는 언급되지 않았던 다양한 양상과 문제점들을 참여한 모든 이들에게 알려 줄 겁니다. 또한 여기서 제시된 제안들의 오류들을 바로잡게 될 것입니다. 어디서든지 가능하다면 논의와 토론이 이뤄질 때는 학습을 위해서 그리고 이전 편지들에서 말했던 다른 이유를 위해서 그 내용을 기록하는 것이 좋습니다.

형제애를 담아,
파울로 프레이리

열여섯 번째 편지

제네바
1976년 4월

엔지니어 마리오 카브랄
국가교육문화위원회
비사우, 기니비사우공화국

동지 마리오 카브랄,

다시 한번 지난 IDAC 팀 방문 때 저와 엘자가 당신과 함께 하지 못한 것에 대해 유감을 표합니다.

파울로와 전체 팀에게 쓴 저의 편지를 함께 보냅니다. 당신이 이것을 읽게 되면 몇 가지 문제에 대한 저의 의중을 알게 될 겁니다. 저는 그 문제들을 실천적 측면에서 조명하려고 합니다. 그것은 우리가 해답을 제시하는 입장이기보다는 함께 동참하고 있기 때문입니다.

만약 당신이 제 편지에서 국가의 현실과 부합되지 않는 내용을 발견한다면 제게 꼭 알려주기를 바랍니다. 그렇게 된다면 저는 일을 더 잘해 나갈 수 있을 겁니다.

미구엘을 통해서 보내드린 제 편지에서 이야기했었는데요. 저희는 재원 송금 문제에 대해서 당신의 지도를 기다리고 있습니다.

다음 달 다르에스살람에서 만나뵙기를 바랍니다. 당신 친구들과 동지들에게 포옹을 보냅니다.

파울로

열일곱 번째 편지

제네바
1976년 봄

파울로에게,

며칠 전 당신에게 온 편지 한 통을 받았습니다. 그 편지에서 당신은 성인문해교육 분야에서 서로 다른 전문성과 관련된 회의를 갖는다고 이야기했었습니다.

저는 고집스런 모습을 보이고 싶지는 않습니다. 그러나 전문성의 범위를 넘어 모두가 함께 일하는 것의 중요성에 대한 느낌을 다시 말씀드리지 않을 수 없습니다. 더욱이 저희 사이에 아주 명료해 보이는 것, 즉 경험을 공유하는 것에서 나오는 풍부함에 대해 재차 강조하고 싶지 않습니다. 저는 당신이 지금 직면하고 있는 어려움에 대해서 아주 쉬운 방법이 있다고 확신합니다. 일반적으로 여러분 모두가 가진 하나의 공통분모가 있습니다. 군인이었다는 입장 말입니다. 우리는 정치적 실천과 충성심을 명확히 하고 우리가 누구 편에 서 있는지, 우리가 누구를 위해 헌신하는지 앎으로써 더 전투적이 됩니다. 그러할수록 우리는 팀워크를 어렵게 하는 개인주의적인 유혹을 극복할 수 있을 것입니다. 군인은 전문가보다 훨씬 더 중요합니다. 군인 정신은 보다 잘 훈련받도록 해주고, 다른 전투원들과 함께 변혁하고 새롭게 창조해나가야 할 실제를 보다 더 잘 이해하도록 이끕니다. 우리는 모든 종류의 위협에 저항하여 함께 깨어있어야 합니다.

이러한 맥락에서 자신들의 실천을 민중을 위한 것이 아니라 민중과 함께 평가하기 위한 군인들의 회합은, 서로에게서 스스로를 방어할 필요성을 느낄 수밖에 없는 전문가들의 모임과는 다릅니다. 군인들의 회합은 논쟁이 아니라 대화에 의해 특징지어집니다. 여기에서 제가 하고 싶은 말은, 서로 다른 관점이 있을 수 없다는 것이 아니라, 이러한 서로 다른 관점들이 진중한 토론을 통하여 극복되어야 한다는 점입니다. 교육가와 나눈 대화에서, 저는 늘 정치적 명료화의 필요성을 강조했었습니다. 기술이나 방법에 천착하기보다는 특별히 누구의 이익을 위하여 봉사하고 있는지에 관한 것입니다.

군인 정신은 무엇보다도 저희에게 교육적 문제가 정치적이고 이념적이라는 점을 가르쳐줍니다. 이런 제 입장에 대해, 교육에 관해 가장 추상적인 방식으로 말하기 좋아하는 교육자들이나 우리 모두가 지금 발딛고 서 있는 구체적이고 현실적인 모든 조건으로부터 완전히 동떨어진 존재로 인간형을 만들자고 하는 사람들이 아무리 발버둥치며 화를 낸다하더라도 이 말만큼은 진실합니다.

새로운 남자와 새로운 여자는 교육가의 머리에서 만들어지는 것이 아니라 새로운 사회적 실천에서 구성됩니다. 새로운 사회적 실천은 자체적으로 새로운 인간을 창조하는 것이 불가능하다는 것이 밝혀지는 구시대 속에서 발생하는 것이지요.

바른 군인 정신 또한 실천과 이론, 행동과 성찰 사이에의 변증법적 일치를 요구합니다. 이러한 일치는 관료주의의 위험으로부터 가장 잘 보호할 수 있는 창의적 정신을 자극하지요.

저의 오랜 관심의 대상이었던 주제에 깊이 관여해 왔다고 해서, 이들에 대한 제 호기심이 절대 관료화되지는 않았습니다. 저는 그 주제에 접근하면서도, 동시에 이들을 문제 진술과 의미가 드러나는 도전들로 다루면서 일정한 거리를 두고 있습니다.

이들을 드러내거나 다시 보는 행위에서, 저는 과거에 이들을 대하면서 성찰했을 때 가졌던 인식들에 대해 다시 검토해보아야 합니다. 거기다가, 이러한 주제와 관련하여 제가 행했던 실천, 즉 제가 현재 하고 있는 실천과 다른 사람들의 실천을 다시 보고, 재검토합니다. 이러한 모든 것들이 제가 현재 분석하고 있는 것들의 대상이 됩니다. 이런 실천에서 그 주제는 항상 문제로 비춰지게 되지요.

제가 성찰하는 데 있어 다룰 수 있는 핵심적 자료는 곧 실천입니다. 제 실천이 호기심이 되지 않는 한, 제 호기심 그 자체는 절대 관료화될 수 없습니다. 따라서 제가 훈련하고 있는 끊임없는 성찰의 연습은 제가 관여하고 있는 구체적인 문제들을 늘 향하고 있습니다. 제가 구체적인 문제로부터 뭔가를 끌어내 성찰할 수 있는 주제로 삼고 그렇게 된 연유를 이해하려고 할 때, 저는 아주 모호하고 추상적인 무엇인가로 만들어버리려는 유혹을 절대 받아들일 수 없습니다. 제가 그러한 유혹을 받아들이는 순간 저는 제 자신의 실천으로부터 유리되어서 성찰의 핵심적 역할을 부인해버리는 꼴이 되거든요. 추상적인 것에 대한 성찰은 온전한 학문적 (혹은 지성적) 영역의 일입니다. 제가 밝히는 이러한 견해가 심오할지 혹은 공허할지 모르겠습니다만, 실제 이루어지는 실천으로부터 분리되는 순간 그 의미는 사라지고 말 것입니다.

제 자신을 발견하게 되는 맥락이 구체적인지 혹은 이론적인지에 대해서, 행동과 성찰, 그리고 이론과 실천 사이의 변증법적 일치는 제게 늘 강요되는 것입니다. "거리두기"라는 관점에 있어서, 제가 있는 어느 곳에서라도 실제 일어나고 있는 것을 보다 더 잘 살펴보기 위해서 저는 단순히 그렇게 합니다.

실천에 관하여 생각을 실천하는 것이 바르게 생각하는 최고의 방법이라 주장하는 것 또한 이러한 이유 때문입니다.

저는 당신들에게 강의하거나 혹은 기껏 조언하는 위치에 있고 싶지는 않습니다. 그러나 진정한 군인 정신이 요구하는 당신의 실천에 관한 이러한 비판적 성찰은, 당신의 편지에서 그려졌던 첫 번째 만남에서 당신들이 위원회에 가지는 핵심적 관심 사항이 되어야 할 것입니다.

저는 이러한 기회를 활용하여 1976년 2월에 가졌던 회의에서 자주 등장했던 요점을 다시 언급하고자 합니다. 그때 저희가 마지막으로 만났었지요. 그 회의에서 제시된 자료에 따르면, 비사우의 과밀 인구 지역에서 성인문해교육은 FARP에서 확인한 것보다 훨씬 더 적은 결과를 보였습니다. 거의 같은 수준의 노력을 기울였음에도 불구하고 말이지요.

문해교육을 통해 상이한 결과가 나타나는 원인을 알아 낼 수 있다고 하더라도, 지금까지 행했던 일들을 다시 죽 돌아보고 성찰하는 것이 중요하다고 생각합니다. 이것이 시민들에게 보다 효과적으로 일할 수 있는 새로운 방법들을 찾아내도록 도와줄 것입니다. 저는 당신이 이미 이러한 과정을 시작했다고 알고 있습니다. 저는 이러한 당신의 시작에 제 의견을 단순히 얹어 놓은 것에 불과합니다.

FARP 내에서 이루어졌던 문해교육의 노력이 훨씬 빠른 진전을 보였던 주요한 원인은, 해방을 향한 긴 투쟁 중에 성장해 온 군인들의 정치적 인식 수준이 확실히 높았기 때문입니다.

국가 재건이라는 대의명분에 봉사하는 하나의 방법으로서 읽고 쓰는 방법을 익혀야 할 필요성을 이 군인들이 충분히 이해하고 있었다는 점은 크게 놀랄 바가 아닙니다. 그들에게 있어 이는 앞선 투쟁을 아주 자연스럽게 이어나가는 것이었으니까요. 그들은 자신의 이해관계에 따른 것이 아니라, 자신이 봉사해야 할 대의명분에 따른 것이었습니다. 그러나 진짜 이상해 보이는 것은 그들이 문해교육을 더 나은 취업의 수단과 특권적 지위 획득으로 보았다는 점입니다. 그들에게 "국가 재건"은 아주 구체적인 의미를 갖고 있습니다. 이 의미는 투쟁 속에서 아주 분명하게 만들어진 것입니다. 그 속에서 그들은 아밀카 카브랄의 경계를 이해했어야만 했습니다: "민중들은 사상이라거나 단지 사람의 머릿속에 들어있는 어떤 것을 위하여 싸우지 않습니다. 그들은 보다 더 잘살고 행복하게 살 수 있기 위해서 투쟁하는데 요구되는 희생을 받아들입니다. 그들은 자신들의 자녀들을 위한 미래와 진보를 보증하기 원합니다. 이런 것이 없이는 국가 해방도, 반식민지 투쟁도, 독립도, 심지어 평화와 진보도 쓸데없는 말일뿐입니다. 만약 그러한 것들이 그들의 삶의 조건에 아주 실제적인 개선으로 반영될 수 없다면 그것은 아무 쓸모없는 것입니다."

엘자와 제가 FARP의 한 문화 써클을 방문하였을 때입니다. 토론은 해방 투쟁의 어떤 사건에 관한 것이었고, 그것이 국가 재건과 어떤 연관성을 갖느냐는 것이었습니다. 한 참가자가 말하더군요. "재건 기간 동안 생산 증대를 위한 투쟁이 우리에게 하루 한 끼만 먹으라고 요구한다면, 그렇다면 우리는 하루 한 끼만 먹을 것입니다. 온 민중의 관심은 우리 개개인의 이해관계보다 더 중요합니다."

FARP 내에 어떤 류의 비문해가 존재한다는 것은, 언어적일 뿐 결코 정치적이지 않습니다. 정치적 관점에서 보자면, 군 인사들은 정치적으로 비문해자들인 소위 문자 해득이 가능한 사람들과 달리 문해 수준이 높습니다.

PAIGC 특성 중 하나는 민족의 해방을 "문화적 사실과 문화의 요인"으로 이해하고 있다는 것입니다. 정치와 군대 간에 이분법이란 전혀 없었습니다.

아밀카 카브랄은 그의 저작에서 단지 한두 번이 아니라 여러 번에 걸쳐 이렇게 강조했습니다. "우리의 무장 저항은 정치적인 행위입니다. 우리의 무장 저항은 또한 우리의 문화적 저항의 표현이기도 합니다."

아밀카 카브랄과 독립당 동지들이 군대의 엄격한 훈련에 그 정도의 중요성을 부여하게 된 것은 투쟁 그 자체의 내부에서 형성된 역동적인 이해 때문입니다. 그 훈련은 결코 단순히 무기를 사용하는 것으로 축소될 수 없습니다. 군인은 총기가 무엇이고 그것을 어떻게 사용하는가를 배웠을 뿐만 아니라 그것이 무엇을 위해 사용되어져 왔고, 왜 사용되었으며, 누구에 맞서고, 무엇에 맞서며, 그것이 누구를 위해 사용되어 왔는가에 대한 것 또한 배웠습니다.

카브랄이 말했습니다. "우리는 민병대이지, 단순한 군인들이 아닙니다." 그는 "무장군의 중심에 있는 효과적인 정치 작업"을 주장했습니다. 그가 말했습니다. "그것 없이도 어떤 특정한 군대식 사고방식이 창조될 수 있습니다. 그러한 경향이 다시 나타날 수 없도록 완전히 뿌리 뽑아야 합니다."

FARP의 민병대원들은 그들의 계급이 무엇이든 투쟁에 대해 성찰하도록 배웠습니다. FARP에 근무한다는 것은 무엇보다도 끊임없이 생각하고, 배우고, 비판하고, 비판받도록 요구받는 민병대원이 된다는 것을 의미합니다. 그것은 자신의 성과와 실수에서 배울 수 있다는 것을 의미합니다. 이것이 투쟁의 분위기였습니다.

카브랄은 그의 저작에서 이렇게 말했습니다. "우리는 반드시 당, 위원회, 게릴라 부대와 민병대 내 무장 병력의 모든 회의에서 비판 원칙을 발전시켜야 합니다. 적에 대항하는 모든 행위 이후에 우리는 반드시 결과와 모든 전투원에 의해 수행된 부분에 관해 살펴보아야 합니다." 또 다른 기회에 그는 이렇게 말했습니다. "우리는 우리가 한 일을 바로잡고 당에 대한 우리의 봉사를 지속적으로 개선하기 위해 반드시 우리의 오류와 실패에 대한 의식을 높여야 합니다." 나중에 그는 다음과 같이 말했습니다. "투쟁의 약속에 비추어 우리는 모든 문제를 깊이 연구하고 최고의 해결책을 찾아야 할 필요가 있습니다. 우리는 행동하기 위해 반드시 생각해야 하고, 더 나은 생각을 하기 위해 행동해야 합니다."

이러한 투쟁성과 헌신에 대한 이해는 비판적인 호기심과 더불어 변형되는 현실을 더욱더 명확하게 이해해야 하는 필요성을 포함하고 있으며 지속적으로 FARP를 특징짓습니다. 그렇지 않았다면 국가적 전기에 이렇게 중대한 시기가 될 수 없었을 것입니다. 이러한 투쟁성에 대한 이해는 그것이 암시하는 모든 것을 포함하여 우리가 FARP 내부의 문해교육과 문해후교육의 대단히 긍정적인 결과를 이해할 수 있게 해주었습니다.

그러나 우리가 비사우의 일반 시민들 사이에서 맞닥뜨린 상황은 매우 달랐습니다. 주민들은 권력과 유혹과 폭력의 측면을 모두 포함하는 식민주의자들의 존재에 노출되어 있었습니다. 주민들은 투쟁에 전혀 또는 거의 노출되지 않았고, 결코 정치적으로 각성되어 있지도 않았습니다.27 FARP의 민병대는 문해교육과 문해후교육을 민중의 집단적 이해에 대한 그들의 정치적 대응 부분으로 인식하는 것이 자연스러웠지만, 자료가 우리에게 말하는 것과 같이 민간인 대부분은 문해를 그들의 개인적 문제에 대한 해결책으로 보았습니다.

우리는 이러한 태도를 당의 과거와 정부, 민중에 대해 헌신하는 독립당이 물질적 상황을 개선하면서 이러한 헌신을 지속적으로 증명하며 극복할 수 있는 것이라고 믿고 있음에도 불구하고 구체적인 자료를 무시할 수는 없습니다. 카브랄은 해방 투쟁적 의미에서 민중은 모호한 이상이 아니라, 오직 자신들의 삶의 상당한 개선을 위해서만 투쟁한다는 것을 상기시켜 주었습니다. 그리고 우리가 반드시 국가 재건 동안 같은 말을 기억하고 성인문해교육의 과정과 연관시켜야 한다는 것을 상기시켜 주었습니다.

그러므로 우리는 민간 구역의 문해교육을 계획하며 다음과 같은 일련의 문제들에 직면하고 있습니다. 무엇이 우리의 접근법이 되어야 하는가? 우리는 어떻게 자연발생적인 문해에 대한 개인적 인식을 문제로 만들 것인가? 문해를 개인적 발전에 기여하는 지적인 활동으로 인지하는 현재의 인식을 영속시키기보다는, 어떻게 문해를 대중과 최초로 접촉하는 것부터 시작하는 상호협조를 통해 성취될 수 있는 구체적 과업과 연관 지을 수 있을 것인가?

이 지역 활동을 다시 생각하기 시작하면서 저는 위원회가 실험적 작업을 위해 몇몇 장소를 선정하고 문해교육을 하는 새로운 접근법을 만드는 데 극도로 조심해야 한다고 믿고 있습니다. 선정 과정에 조심해야

---

27 이 의견은 비사우에서 1956년에 창설되어 시작된 PAIGC의 노력을 부정하고자 하는 것이 절대 아닙니다. 또한 1959년 Pidjiguiti 대학살을 포함하여 대중 반란의 첫 번째 징후에 대한 식민주의 권력의 끔찍한 탄압을 부정하고자 하는 것도 아닙니다.

하는 한 가지 이유는 우리가 그곳에서 얻어진 결과가 무엇이든지 그것이 전체 캠페인에 중요한 역할을 할 것이며 다른 지역으로의 확장에 영향을 미칠 수 있다는 점을 알고 있기 때문입니다. 우리는 실험에서 배우고 어떤 성과나 오류가 발생하더라도 그 배후의 이유에 대해 분석하고 논의해야 할 것입니다. 이는 또한 카브랄이 해방 투쟁 승리의 근본으로 묘사했던 전투적이고 창의적인 규율을 우리의 문해를 위한 조직적이고 기능적인 노력에 적용하는 것을 의미합니다.

당연히 선정 과정은 특정한 기준에 근거할 것입니다. 저는 적어도 두 가지를 제안하고 싶습니다. 어떤 체계적이고 생산적인 활동이나 그러한 노력을 막 시작하는 데 참여하는 지역 주민과, 주민의 현재 정치적 참여 수준이 고려되어야 할 것입니다. 인근 당 위원회의 정치적 동원에 대한 반응은 어떠했습니까? 당연히 당은 지역의 선정뿐만 아니라 프로그램의 이행에도 중요한 역할을 맡고 있습니다.

숫자는 상관없지만 두세 개의 지역이 선정된 다음의 첫 번째 단계는 지역 정치 위원회의 대표자들과 동행하여 당 위원회의 구성원들이 지역에 방문하는 것입니다.

이 지점에서 당신이 이 지역을 방문하는 이유를 얘기하고 앞으로 착수될 문해교육에 관한 무언가를 설명하는 것이 아마도 적절할 것 같습니다. 당신이 비사우에 사는 것인지, 전에 그 지역에 와본 일이 있는지에 대해 얘기할 수 있을 것입니다. 그 지역에 방문한 적이 있거나 지역의 거리를 걸어본 일이 있는지에 대한 사실이 반드시 지역에 대해 진정으로 비판적인 비전이 있다는 것을 의미하는 것은 아닙니다. 우리는 단순히 방문하거나 거리를 걸으며 보고 듣는 것보다 더 많은 일을 할 때 비로소 그런 종류의 비전을 가질 수 있습니다. 우리가 그 지역이나 거리를 우리 자신의 문제로 받아들이고 그것을 "보고자" 노력하고 사람들이 하는 말을 "듣고자" 노력하면, 그 때 우리는 그들과 소통하게 됩니다. 우리는 지역 주민을 분석하는 냉정하고 거리감 있는 전문가 이상이 되는 것입니다.

이러한 방문에서 거리의 상태, 주민들의 건강, 사람들이 모여서 서로 이야기 할 수 있는 공간들의 존재 여부, 거리에서 어린이들이 노는 방법과 같은 가장 사소한 세부 사항들에 주목해야 합니다. 이러한 세부 사항들과 무한한 사실들은 우리가 더 이상 단순히 거리를 걷는 것이 아니라 오히려 그것들에 대해 궁금해 할 때 드러나게 됩니다.

그 지역의 진정한 기호화로서 지역의 이러한 측면들을 사진으로 찍는 것도 가능할 것이고, 이것들에 대해 이후에 문화 써클의 참여자들끼리 논의할 수 있을 것입니다.

이 방문 중에 우리는 처음으로 마을에 대한 비판적 접근을 시도했고 그 지역을 이해하기 시작했습니다. 그곳에 살고 있는 사람들과 우리들이 단지 문화 써클 뿐만 아니라 무엇보다도 주민들과 함께 계획한 구체적인 행동 프로그램 안에서 공유하는 친밀감이 높아지는 만큼 주민들을 실제적으로 이해하게 될 것입니다.

어떤 경우에는 우리들이 문해후교육 단계부터 시작하기를 원할 수도 있고, 그것은 그 지역에서 구체적인 삶의 측면과 작은 지역 문제를 해결하기 위해 함께 일하는 방식에 대한 논의와 함께 시작하는 것입니다. 예를 들어, 물이 고이고 침체되어 모기의 산란 장소가 되는 웅덩이를 막는 것이 필요하다면, 공중위생에 영향을 미치는 다양한 다른 요인들도 함께 고려될 수 있습니다. 이를 넘어서 서로 돕고 문제를 해결하기 위해 함께 노력하는 것의 가치가 검토될 수 있습니다. 그러한 논의는 마을 내의 재건을 위한 특정한 수요에서 지역 자체의 재건으로 옮겨집니다.

민중이 구체적인 과업에 참여하는 과정의 특정한 지점에서 문해의 필요성이 인지되기 시작합니다. 우리가 문해후교육이라고 불러온 것이 이 경우 문해교육에 선행하였습니다. 어떠한 상황에서도 문해교육과 문해후교육을 공동 이익을 추구하고 협력적으로 착수하는 실용적 활동과 연관시키는 것이 매우 중요합니다. 제안될 수 있는 보증된 처방이나 이미 주어진 프로젝트는 존재하지 않습니다.

마을에서 사람들과 함께 생활을 해야만 우리는 그들에게 무엇이 필요한지를 발견할 수 있습니다. 일을 함께 하면서 무엇을 하고 있는지를 생각할 때, 우리는 더 잘 배울 수 있습니다.

문해교육 프로그램 내용 —생성어들과 공동체와 관련된 주제들— 은 마을에 대한, 그리고 마을 안에서 형성되는 행위들에 대한 이해 속에서 나타나게 됩니다.

거듭 말하지만, 나는 이러한 일련의 행위들을 제안할 때 질문을 제기하는 행동 이상을 바라지 않습니다. 제 목적은 해결책을 제공하는 것이 아닙니다.

비사우의 성인문해교육이 좀 더 역동적일 수 있도록 새로운 방법들을 찾고자 하는 데 당신에게 보탬이 되고자 편지를 보냅니다.

형제애를 담아,
파울로 프레이리

후기

후 기

　　1976년 12월의 상투메 프린시페 지역 방문, 1977년 2월 앙골라 방문, 1977년 3월에 있었던 기니비사우의 첫 번째 방문은 이 책의 서문 부분을 최종 수정하고 편지들을 준비하는 과정과 함께 진행되었습니다. 성인문해교육 조정위원회와 코 지역에서 공부를 하던 교사, 직원, 국장, 교육위원회에서 다양한 활동을 책임지고 있는 많은 분들은 모임에서 후기를 작성해달라고 요구했습니다. 후기는 엘자, CCPD의 줄리오 드 산타 아나(Julio de Santa Ana) 그리고 코 지역 사람들과 내가 나누었던 세세한 대화들로부터 거리를 두고 작성할 예정입니다. 나는 후기를 통하여 간단하게 몇 가지 고려사항과 분석들, 그리고 이 책의 도입 부분에서 소개되었던 정보들을 업데이트 하고자 합니다.

교육과 생산과의 관계

　　우선 내가 지속적으로 도입 부분에서 언급하였던 교육과 생산과의 관계를 강조하고 싶습니다. 교육과 생산과의 관계는 PAIGC 그리고 교육위원회를 통한 정부의 최우선 고려사항이었습니다. 최근 리스본 데일리와의 인터뷰에서 마리오 카브랄은 다음과 같이 말하였습니다. "교육위원회가 그 동안 행해온 모든 노력과 과업 중 교육과 생산과의 연계성 확립은 나에게 가장 많은 영향을 주었으며 인터뷰에서 내가 가장 말하고 싶은 부분입니다."

오래된 해방촌에서의 장기간 투쟁 과정 중 PAIGC는 결코 생산으로부터 교육을 떼어놓고 생각하지 않았으며 이는 PAIGC 과업의 특징이 되었습니다. 이는 국가를 위한 새로운 교육제도에 중요한 요인이 되었습니다. PAIGC가 비사우에 들어간 지 몇 달이 지나지 않은 1975학년도 초반에 교육위원회는 우선적으로 교육과 생산을 통합시키는 작업을 진행하면서 오래된 해방촌에서는 이 작업을 지속하고 촉진하였습니다.

마리오 카브랄과 그의 가까운 동지들 ─특히 학업과 근로 연계성을 증진시키는 책임을 지고 있던 카를로스 디아즈(Carlos Dias)─ 은 만일 모든 수업이 말뿐이고 학생들을 생산 활동으로부터 멀어지게 한다면 기존의 교육 시스템을 바꾸는 일은 불가능하다고 알고 있었습니다. 또한, 사상적 이유로 인한 몇몇 학생들의 저항에 대해서도 이해하고 있었습니다. 이 나라의 미래를 위하여 이런 근본적이고 미묘한 사안에 대해 우리는 그 동안 PAIGC가 투쟁 속에서 쌓아온 지식에 대해 한 번 더 기대해봅니다. PAIGC가 추구했던 해결 방법은 성급함과 인내 그리고 성급하면서도 참을성 있는 행동들 사이의 균형을 유지하는 것입니다. 이 단계에서는 비사우의 리쎄 학생들을 생산 활동에 의무적으로 참여시킬 수밖에 없습니다. 문제는 학생들에게 근로에 대한 가치 형성을 설득하는 것보다 근로와 학업의 일치 안에서 그들만의 사회를 재창조하는 과제를 위해 경쟁을 유도하는 시도가 요구된 것입니다.

사실 이는 교육위원회가 1975학년도 초반에 비사우 지역의 학생들에게 제안했던 학업과 생산 활동 연계성에 기반을 둔 첫 번째 프로젝트의 핵심 목표였습니다. 교육위원회가 젊은이들과 대화를 시작하면서 이러한 신념은 확고해졌습니다. 새로운 사회활동 속에 학업과 근로의 연계성이 스며들어 있지 않을 경우 육체 노동과 지적 노동 사이의 차이점을 극복하여 이루고자 했던 새로운 사회 형성은 불가능하다고 확신합니다. 노동자들의 사회를 이루고자 꿈을 꾸고 있는 사회는 반드시 그 근간을 완전 고용과 사회적으로 유용한 재화 생산에 두어야 합니다. 이는 새로운 남성성과 여성성을 형성하는 근본이기 때문입니다.

카를로스 디아즈는 다음과 같이 주장해왔습니다. "교육과 산업을 떼어서 이해하는 것은 불가능한 일입니다. 이는 마치, 우리가 형성 과정의 가장 중요한 부분을 이해하지 못한 채 미래에 하고 싶은 일을 갈망하거나 또는 우리 자신을 준비하는 것과 같습니다. 그러므로 공부를 하면서 일을 하고, 일을 하면서 공부를 하는 것은 우리의 운명인 것입니다." 이 개념은 자본주의 사회의 노동자 배출과 산업 계급 노동력 제공에 필요한 노동자 양성을 위해 통용되고 있는 노동 – 학업 프로그램들과는 다른 개념입니다.

카를로스 디아즈의 다음 이야기도 생각해볼 필요가 있습니다. "우리가 지금 살고 있는 이 사회를 노동력을 착취하고 착취당하는 사람들이 없는 사회로 전환하는 시점에서 볼 때 노동(유용하고, 풍요롭고, 창의적인 노동)과 학업의 연계성 형성에는 두 목적이 있습니다. 첫째는 아직 우리가 육체 노동과 지적 노동 간의 분절성을 극복하기에는 부족하기 때문에 둘 사이의 모순에 경각심을 일으키는 일입니다. 둘째는 순차적으로 교육의 재정자립도를 이룩하는 것입니다. 교육 재정 자립 없이 현 상황에서 우리 사회를 전적으로 민주화하는 일은 불가능합니다."

내가 제안했듯이 만일 교육위원회가 이러한 확고한 신념을 가지고 비사우 지역의 중학생 연령의 젊은이들과 첫 번째 대화를 시도했다면, 젊은이들에 대한 카를로스 디아즈의 확신과 젊은이들의 자신들에 대한 확신을 모두 강화하였을 것입니다. 카를로스 디아즈는 젊은이들이 국가 재건사업에서 자신들이 맡아야 할 알맞은 역할들에 도전할 것이라는 사실을 믿고 있었습니다. 그의 확신은 기회주의적이며 모호하거나 불분명하지 않았습니다. 오히려 학생들 자신들이 재건사업에서 어떠한 역할을 맡아야 하는지를 그들 스스로 탐색하도록 아밀카 카브랄, 사모라 마셸, 피델, 나카렌코(Nakarenko), 프레네, 니에레레가 주장했던 실질적인 정치적 교수법과 비슷하였습니다.

카를로스 디아즈가 리쎄의 학생들과 대화를 시작하였을 때, 교육위원들은 오로지 몇 명만이 그의 제안을 받아들여 처음으로 실시되는 생산 활동 실험에 참여할 것이라는 점을 알고 있었습니다. 지속적인 정치 활동을 통하여 이 소규모 그룹의 경험은 나머지에게 전달되었습니다.

사실상 1975년에 시작된 운동은 같은 해에 널리 퍼졌으며 1976년 3월까지 참여 학생 수는 놀라울 정도로 늘어났습니다. 1975년에는 생산적 노동 활동에 참여했던 학생들은 소규모였지만, 1976년에는 학생들의 대부분이 참여하게 되었습니다. 오늘날 이 학교의 800명 학생들은 위원회를 구성하고 그들의 지도자들을 선출하여 생산적 노동 활동에 전반적으로 참여하고 있습니다. 마지막 방문 기간 동안, 나는 행복해 보이고 잘 훈련된 그들이 이른 아침에 도시 곳곳으로 그룹을 지어 가는 모습을 보았습니다. 어떤 그룹은 학교에서 25분 거리에 위치하고 있는 시마오 멘데스(Simao Mendes) 병원 주변의 밭을 향해 걸어갔으며 다른 그룹은 병원보다 훨씬 더 멀리 떨어진 도시 밖에 위치하고 있는 농촌 지역의 밭으로 이동하였습니다. 자신들의 어깨에 농기구들을 메고 도시의 길들을 따라 이동하는 학생들의 모습은 새로운 사회 형성을 알리는 새로운 "언어"였습니다. 이 현상은 무엇인가 도시에서 새로운 일들이 벌어지고 있다는 점을 증명해주었습니다. 젊은이들은 그들의 학습을 "소비"하는 활동을 멈추고 그들의 일터에서 자신들의 학습을 위한 기본을 찾기 위해 도시 문화의 역사와 지리를 암기하였습니다.

한 달 동안 그들은 시마오 멘데스 병원에서 1,377시간을 일하였고, 비사우에서 몇 킬로 떨어진 안투타(Antuta) 근처에서 농작 활동에 2,187시간을 할애하였으며, 기술, 상업위원회가 후원하는 지역에서 1,908시간을 보냈습니다.

병원 근처의 밭에서 일하는 학생 몇몇은 환자들을 위해 꽃을 심었습니다. 그들은 장미가 가진 의미와 환자들에게 어떠한 메시지가 전달될지에 대해 생각하는 법을 배웠습니다. 그들은 과일나무를 심는 땅을 개간하면서도 같은 방법으로 생각하였습니다. 그들은 혁명적 사회재건사업을 위한 자신들의 노력에 영향을 주는 삶을 사랑하는 법을 배웠습니다.

투쟁에 관한 국민들의 오랜 염원 덕분에 국가 내정에 관한 경우에는 그 실상이 훨씬 더 여실히 드러납니다. 가령 톰발리(Tombali)에서는 청소년들이 바나나 나무 917그루를 심었고 1,020kg이나 되는 쌀을 재배하였습니다. 그리고 또 다른 837평방미터에 이르는 경작지를 일구었습니다. 같은 지역에 속하는 베단다(Bedanda)라는 곳에서는 이보다 훨씬 더 넓은 지역이 경작지로 일구어졌죠.

바파타는 가장 조직화가 잘 된 모범 지역으로 꾸준히 인정받고 있습니다. 1974년 즈음에 바파타에 있는 대부분의 학교는 이미 농경지를 소유하고 있었습니다. 그리고 현재는 모든 학교가 그들 소유의 농경지를 가지고 있죠. 학생들과 교사들이 함께 감자 24,516kg에 달하는 감자와 4,823kg의 쌀, 11,177kg의 밀과 800kg의 땅콩을 비롯해 콩 250kg을 심어 거두었죠.

그것은 분명 집단의 공동 생산 활동이 교사와 학생들로 하여금 스스로 발전을 일구어 가야 한다는 확실한 목표를 갖게 한 결과였습니다. 또한 학교라는 것이 외부에서나 혹은 권력을 가진 이들에게서 주어지는 것이 아니라 자신들의 삶 가운데에서 스스로 일구어가는 것이라는 점을 지역민들이 분명하게 인식할 수 있게 해주었습니다. 학교는 분명 국가 전체에 쓸모 있다고 인정받았습니다. "그 순간 우리가 혼신을 다해 몰두했기 때문에 학교와 학생들의 가정이 하나되어 생산 활동에 기여할 수 있었습니다. 불라(Bula)에서 우리는 단일 소농과 학생, 그리고 FARP 군부가 힘을 모아 생산 활동에 박차를 가할 수 있도록 우리의 실험을 시작하려 합니다."라고 카를로스 디아즈는 말했습니다.

이 모든 것이 아직은 시작 단계에 머물러 있다는 점을 말씀드립니다. 그러나 말은 이렇게 해도 마리오 카브랄과 그의 동지들의 얼굴에는 그들이 거둔 결과에 대한 만족감이 역력해 보였습니다. 그들은 국가 교육 시스템에 영향을 미칠 모든 분야에 걸쳐 앞으로 그들이 해결해야 할 과제가 무엇인지 잘 인식하고 있습니다. 자신들의 조국에서 어떤 일들이 벌어지고 있는지, 그리고 그들이 제언한 바를 현실화시킬 구체적인 방안을 언제쯤 우리들에게 보여줄 것인지에 대해 말하면서도 지나치게 낙관하지도 그렇다고 스스로를 낮추려는 모습도 보이지 않았습니다. 국가 재건을 위해 어떤 과업들을 수행해왔는지 우리들에게 말하는 자리에서 그들은 혁신 정신에 가득 찬 겸손을 보였습니다. 그 모습은 그들이 예전에 겪었던 해방 투쟁에 대해 말할 때 더욱 도드라졌습니다.

연구와 노동의 관계를 두루 아우르는 주제 가운데, 모든 사안을 고려할 때 성인문해교육이 국가의 다른 지역에서 본보기가 될 수 있음을 보여주는 실험이 있었습니다. 물론 한 지역의 사례를 다른 지역에서 똑같은 방식 그대로 베껴 적용할 수는 없을 것입니다. 그러나 적어도 그 사례를 통해 배울 수는 있으리라 생각합니다. 위원회 위원들뿐만 아니라 우리 팀들 모두가 말이죠.

실험은 세부 항목에 대한 분석을 통해 적용해 볼 만한 다양한 요소들을 추출해 낼 수 있다는 사실만으로도 가치가 있습니다. 가령 그 중 하나는 제가 15번째 편지에서 말씀드렸던 타차이 마을에서 일어났던 일들과 비슷합니다. 이 지역에서의 교육과 사회경제적 변화는 이 두 영역이 서로에게 영향을 미치는 역동적인 관계를 맺고 있음을 보여줍니다.

또 다른 사례로는 우리가 통상 "문해후교육"이라 부르는 교육이 경우에 따라 실제로는 적용될 때에 기초 문해교육 이전에 진행되었던 지역의 경우가 있습니다. 다시 말해 이것은 성인문해교육이야말로 진정한 문화적 행위임을 보여주는 사례라고 저는 일찍부터 생각해오고 있습니다. 아마도 이 경우에는 "성인문해교실"보다는 오히려 "문화 써클"이 여기서 강조하려는 의도를 더 잘 드러내 주는지도 모르겠습니다. 다른 말로 표현하자면 현실에 대한 "해독(decodification)" 혹은 "재해독(redecodification)"을 최우선으로 고려하는 것으로 이해할 수 있겠네요. 이는 단지 문자 언어를 익히는 행위보다 훨씬 우선되는 것입니다. 심지어 아이들을 지도할 때에도 그 과정은 다분히 사회적이면서도 세상을 "해독"하는 과정을 포함해야 합니다.

현실을 "해독"하는 것이 항상 언어적 상징들을 이해하는 것을 배우는 과정, 다시 말해 우리가 통상적으로 문해교육으로 이해하는 것과 병행되어야만 하는 것은 아닙니다. 경우에 따라서는 지역민들이 오랜 기간에 걸쳐 자신들의 현실에 대해 실천적으로 사고하면서 그들의 실질적 이익에 관련되는 생성 주제를 논의하는 것도 가능합니다. 가령 그들은 필요한 것을 협력해서 만들어 냈던 경험과 이런 경험이 국가 재건과 어떤 관련이 있는지에 대해 논의해 볼 수 있습니다. 이런 과정을 통해 그들은 우리가 문해후교육에 대해 일반적으로 생각해 왔던 것을 다시 생각해 볼 수 있습니다. 사람들이 문해교육이란 언어 기호를 배우는 것으로만 이해하고 그저 말 배우는 데만 관심을 가지기 전에 말입니다. 이런 과정이 있어야만 사람들은 문자 언어를 익히기에 앞서 스스로의 삶에 대한 반성을 통해 언어 기호를 다루는 방법을 배우게 되겠죠. 비록 순서를 바꾸는 것이 그리 쉽지 않을 수도 있더라도 말이죠.

물론 읽고 쓰기를 배우는 것이 사람들에게 동기를 부여해서 이전에 알지 못했거나, 쓸모없다고 여겼던 것들을 실천으로 옮길 수 있도록 도와주는 경우도 있을 수 있습니다. 어떠한 행위를 계획하고 실천하는 것은 종전에는 그저 "느끼기"만 했었던 어떤 욕구가 현재는 도전과제로서 부각될 때 생겨나는 대응방식입니다. 마치 진정으로 새로운 무엇인가를 발견하게 된 것과도 같다고 말해야 할까요? 그리고 이러한 실천은 욕구를 감지하는 순간부터 문해교육을 통해 자연스럽게 실천을 위한 프로젝트를 계획하도록 이끕니다. 그리고 그 결과 프로젝트를 가능하게 했던 교육적 실천에 변화가 생겨나겠죠.

이 모든 것들이 1975년 10월에 북부 세덴갈(Sedengal) 지역에서 시작되었던 실험의 특징을 잘 보여 줍니다. 성인문해교육 조정위원회가 비사우에 위치한 한 리쎄에 재학하고 있는 중부 지방 출신 학생들이 문해교육 프로그램에 관심을 가지고 있다는 사실을 확인하면서부터 사건은 시작되었습니다. 위원회는 학생들의 이러한 관심을 장기간의 방학을 적절히 이용해 그들이 학생단에 소속되어 일할 수 있도록 했습니다. 무려 200여 명의 학생이 동원되었습니다.

학생들이 방학을 이용해 고향으로 돌아갈 때, 이들은 학생단의 핵심 목표를 각 지역에서 실천으로 옮겼습니다. 그들은 혼자서 일하지 않고 각자 나름의 구성원들로 팀을 이루어 일을 했습니다. 우선 사업 지역으로 선정된 곳에서 일하는 동안 학생들은 지역민들을 동원해 함께 일했습니다. 학생들은 문해교육의 의미를 지역민들에게 잘 전달했고 이 과정에서 학생단에서 훈련받은 몇몇 지역 청년의 흥미를 불러 일으켰습니다. 작업은 어느 정도 확실성이 보장된 가운데 진행되었습니다. 진정한 리더십이란 학생단이 떠난 후에도 작업을 계속해서 이어나갈 해당 지역의 젊은이들에게 전달되는 것이기 때문에 가능했던 일이죠.

모든 학생단이 그들의 목표를 분명히 하지는 못했습니다. 원인 가운데 일부는 비사우에서 받았던 훈련이 중요한 실천으로 이어지기에는 역부족인 데 있었습니다. 그리고 이것은 결국 그들이 지지하는 이론이 공허하다는 것을 보여주었습니다. 또 다른 이유는 지역민들이 함께 일하는 것이 생각보다 허술하게 계획되었거나, 그들의 열정과 동기를 지속적으로 유지시킬 만한 방법이 결여되어 있었기 때문이었습니다. 그러나 세덴갈에서와 같은 실험이 가능하게 했기에, 그들의 노력은 빛을 볼 수 있었습니다. 뿐만 아니라 그들은 조정위원회에게 엄청난 양의 데이터를 제공함으로써 이 실험을 통해 드러난 긍정적인 결과와 부정적 결과를 분석할 수 있도록 도움을 주었습니다. 학생단 구성원들 또한 참여하는 과정에서 많은 것들을 배웠습니다. 그들 가운데 일부는 과업을 끝낸 이후에도 학기 중에는 비사우에 머물고 또 방학 동안에는 농촌 지역에 머물면서 성인문해교육에 관련된 일을 계속해서 도왔습니다.

문해교육 프로그램을 구성하는데 지역민들의 참여를 독려하는 것은 그들의 기초적인 필요와 요구를 반영하려는 시도에서 비롯되었습니다. 지역민들의 요구에 대한 평가는 그리 철저하지는 못했습니다. 그러나 지역민들이 기초 자료를 수집하는 과정에 관여하게 되었다는 그 사실만으로도 의미는 있었습니다. 이 과정을 통해 지역민들은 단순한 교육 대상 그 이상의 대우를 받게 된 것이죠.

학생단의 경험을 분석하는 과정에서 지역 정당 위원회 또한 중요한 역할을 했음이 재차 확인되었습니다. 저는 그들의 협력이 있다면 어떤 모험도 성공적으로 이루어 낼 수 있음을 말씀드리는 것이 아닙니다. 그들의 협력 없이는 우리에게 성공 가능성이 거의 없었을 것이라는 점을 말씀드리려고 하는 것입니다. 세덴갈의 경우 지역 위원회는 처음부터 지역민을 동원하고 그들의 필요와 요구를 분석하는 일에 깊이 관여하였습니다.

물론 실질적으로는 학생단이나 PAIGC의 지역 위원회가 주축이 되어 세덴갈 주민들을 동원했던 것은 아닙니다. 지역민들 스스로가 자발적으로 참여한 것이죠. 지역민들 스스로가 현실을 직시하고 읽기 쓰기를 배우는 것에 참여하기 시작했고 이런 과정에서 학생과 지역민들이 주축이 되어 문화 써클을 조직한 것입니다. 지역 주민들 스스로에게서 발현된 책임감이야말로 성공을 보장하는 프로젝트의 힘이 무엇인지를 효과적으로 보여주었습니다. 지역 주민들의 대대적인 참여는 학생단으로부터 훈련 받은 그 지역의 많은 문화 써클의 리더가 된 젊은이에게까지 영향을 미치는 결과를 낳았습니다. 이 젊은이들은 기껏해야 3, 4년의 학교 교육을 받았을 뿐입니다. 이들은 세덴갈에서 나고 자랐으며, 세덴갈의 현실을 "재해독"하고 "재기록"하는 과정에서 선배 동지들에게 힘을 보태었습니다. 그러나 그들이 했던 일은 단순히 글을 읽고 쓰는 것 그 이상이었습니다.

이 젊은이들은 가끔 그들이 직접 생산한 바구니와 장판을 팔기 위해 한 커뮤니티에서 다른 커뮤니티로 10km의 거리를 걸어갔습니다. 그들은 번 돈을 가지고 문화 써클이 밤에 모일 때 쓸 램프를 밝힐 등유를 샀습니다. 대부분의 사람들이 문화 써클의 젊은 지도자들과 함께 조정위원회의 주기적인 모임에 항상 참석했다는 것을 통해, 이 커뮤니티가 책임감을 갖고 있다는 것을 알 수 있었습니다. 오직 지도자들만이 이 평가 모임에 반드시 참석할 의무가 있었음에도 불구하고, 커뮤니티 전체가 무슨 일이 진행되고 있는지 관심을 갖고 모임에 참여했습니다.

모든 징표들이 그 커뮤니티 전체가 하나의 큰 문화 써클이 될 것임을 보여주고 있습니다. 이 가설은 문화 써클에서의 실제 경험과 함께 시작되었기 때문에 현실이 될 것입니다. 젊은이들이 현실을 "읽고" 이로부터 배우면서, 그리고 읽고 쓰는 것을 배우는 불안정한 첫 발을 내딛으면서, 그들의 거주지에서 4~5km 떨어진 국가가 소유한 땅을 협동조합28의 형태로 경작하는 주요한 사업에 헌신해야 할 필요성을 점차 깨달았습니다.

그 순간부터 작업의 각각의 측면에 책임을 갖는 작은 팀들로 분할하면서, 스스로를 조직했습니다. 그들은 커뮤니티의 모든 사람들에게 사업을 설명하고 완전한 참여를 확보했습니다. 또한 작업 도구를 얻기 위해 힘을 모았습니다. 그들은 무엇을 생산할지 논의했고, 모내기를 위해 경작지를 준비하기 시작했습니다. 이러한 방식으로 그들은 자신의 현실을 "다시 쓰기" 시작했습니다. 그들은 개인 작업에서 공동 작업으로 전환하였습니다. "요즘 공동 작업에 헌신하지 않는 사람들은 세덴갈에서 쫓겨납니다."라고 조정위원회의 위원들과 함께 한 모임에서 한 관계자가 말했습니다.

1977년 3월, 조정위원회의 위원들 중 한 명이 저에게 말했습니다. "세덴갈 사람들의 특징적인 표식은 열정입니다. 삶에서 느끼는 즐거움인 열정은 우리가 완전히 새로운 것을 발견했을 때 찾아오는 것과 같습니다. 그리고 우리는 어떻게 이렇게 오랫동안 열정 없이 살 수 있었는지에 대해 스스로에게 묻게 됩니다. 이것은 마치 열정이 나타날 적절한 순간을 기다리면서 우리 안에 잠재되어 있었던 것과 같습니다. 그 적절한 순간이 오면 열정을 발견할 수 있을 것입니다. 이러한 방식으로 저는 세덴갈의 사람들과, 그들의 열정, '그들의' 새로운 일인 협동 작업에서 그들이 느끼는 채워지지 않는 즐거움을 볼 수 있었습니다. 협동 작업의 방식을 발견한 것은 세덴갈 사람들이 개인적인 노력을 부정하도록 만들지 않았습니다. 오히려 개인적인 노력을 더욱 풍성하게 만들었습니다." 그

---

28 농업위원회는 이 사업에 대해 기술적 지원을 확대하고 있습니다.

위원은 "집단적인 노력이 눈에 띄게 민중들의 정치적인 의식을 고양하고 있습니다. 세덴갈에서 열린 최근의 모임에서 우리가 제 3당 의회에 대해 말할 때 민중들은 그들이 기여한 바에 대해 말하고, 그들이 할 수 있는 최고의 기여는 자신들이 일하는 곳에서 협동 작업을 확장하고 완벽하게 하는 것이라고 동의했습니다."라고 계속해서 말했습니다.

조정위원회의 위원은 계속해서 다음과 같이 말했습니다. "세덴갈은 놀라운 장소입니다. 그곳에 가면 항상 새로운 무언가에 도전을 받습니다. 우리는 세덴갈의 지역 주민들로부터 배우면서 그들과 함께 여기저기를 뛰어다녔습니다. 왜냐하면 그들이 새로운 무엇인가를 발견한 사람들이었기 때문입니다. 세덴갈의 한 지역 주민은 최근에 실제로 '전에는 우리가 무엇을 알고 있는지에 대해 전혀 몰랐습니다. 하지만 지금 우리는 우리가 무엇을 알고 있는지 알 뿐만 아니라, 우리가 더 많은 것을 알 수 있다는 것을 압니다'라고 말했습니다."

문화적인 행동으로서 성인문해교육을 시행해 본 것은, 세덴갈의 민중들이 협동성의 힘을 발견하게 된 계기가 되었습니다. 세덴갈의 모든 민중들은 협동 작업에 참여하게 되었습니다. 문화 써클과 생산적인 노동 간의 역동적인 상호작용은 협동 "농장"에서 만들어지고 확대되었습니다.

하지만 협동 생산의 경험이 언어라는 가장 근본적인 문제를 극복할 수 있기를 바라는 것은 지나친 바람이었습니다. 세덴갈의 민중들은 크레올(creole)을 이해하고 말할 수 있었습니다. 그들은 포르투갈 사람들과 일해 본 경험이 전혀 없었습니다. 이것은 세덴갈 뿐 아니라 기니비사우의 다른 지역들에서도 실질적인 장애물이 되었습니다. 마리오 카브랄은 조정위원회의 마지막 회의에서 이 부분을 확실히 했습니다.

기니비사우 교육위원회가 성인문해교육의 과제에서 직면한 어려움을 완전하게 이해하기 위해서는, 이러한 특정한 문제들과 가끔 잊혀지는 비슷한 규모의 다른 문제들을 이해해야만 합니다. 예를 들면, 실제로 읽고 쓸 줄 아는 인구수와 그러지 못하는 인구수 사이에는 큰 차이가 존재합니다. 기니비사우에서 5세기간의 "도움"이 지난 후 남은 식민주의의 유산

중 하나는 90-95%의 인구가 비문해자로 남겨졌다는 것입니다.

어떤 경우에는 크레올을 포함한 이중 언어나 심지어 삼중 언어 지역에서 포르투갈어를 배우는 것이 큰 어려움 없이 이루어지고 있습니다. 실질적으로 비문해자가 한 명도 남아있지 않는 FARP에서의 상황은 이에 딱 들어맞는 사례입니다.

세덴갈의 경우, 문화 써클과 협동 생산 사이의 역동적인 관계는 계속되겠지만, 포르투갈어를 배우는 것에 대한 관심은 어느 시점에서는 어려움에 직면하여 크게 줄어들 것이라는 인상이 남았습니다. 이에 대해 독단적으로 말하는 것이 아닙니다. 다만 일어나고 있는 일을 보고 제가 성찰한 바의 결과를 말씀드리는 것입니다. 하지만 이러한 일이 정말로 발생한다고 해도, 이것이 주된 비극이 되지는 않을 것입니다. 이것은 조정위원회가 세덴갈의 민중들에게 작별을 고하고 절망한 채로 떠날 충분한 이유가 되지 않습니다. 표현의 총체적인 시스템으로서의 언어를 지배하는 것은 계속해서 남아있을 것입니다. 세덴갈에서의 경험은 우리가 이미 알고 있는 것은 확실하게 해줍니다. 언어적인 상징을 읽고 쓰는 것을 배우지 않고도 현실을 "읽고 다시 쓰는 것"은 가능하다는 것을 말입니다.

FARP에서의 활동

FARP에서 이루어지는 많은 활동들은 서론에 언급된 생각들을 실제로 수행할 것입니다. 제가 언급한 것들 중 많은 부분은 이러한 활동들을 분석한 것을 기반으로 하고 있습니다. 이 활동들은 줄리오 드 카르발류라는 군의 정치위원과 그의 직속 조수와의 회의에서 우리에게 보고되었습니다. 현재 그들의 뇌리를 사로잡고 있는 생각은 몇몇의 특정 분야들입니다. 이 중 하나는 문해후교육 단계입니다.

최근에 와서야 문해후교육 프로그램을 우선 수도인 비사우에서 강화하고 기니비사우의 다른 지역으로 확대할 수 있었습니다. 현재 문해후교육 프로그램에 필요한 보조 자료들은 있습니다. 여기서 보조자료란 문화 써클의 지도자들을 위한 오리엔테이션 정보와 제안을 담은 지침서, 그리고 국가 현실을 "비판적으로 읽는" 과정에서 분석되고 논의되는 주제를 담은 글을 비치한 지침서와 같은 '기본적인 지침서'를 말하는 것입니다. 이러한 문해후교육 지침서를 만드는 노력이 시작되었고, 이제는 아프리카의 현실을 반영하기 위해 이러한 노력이 더 확장되어야 합니다. 계산과 같은 수학 과목이 이 자료의 일부로 개발되고 있습니다.

학습자들은 이러한 지침서를 구성하는 데 중요한 역할을 차지하고 있습니다. 대부분의 글들은 문화 써클에서 생성어가 언급된 상황을 해독하는 과정에서 발생한 토론 기록을 토대로 구성됩니다. 편집된 지침서를 마련하는 것에 책임이 있는 팀은 학습자의 언어에서 너무 많이 괴리되지 않은 언어로 자료를 구성하고 체계화합니다. 지침서는 학습자 자신이 예전에 분석한 것을 나타내는 글, 즉 조직된 형태로 학습자에게 돌아가려는 시도를 보여줍니다. 이 글들은 실제로 몇몇의 새로운 요소들이 더해진 기호화입니다. 학습자들이 글을 비판적으로 분석하기 위해 문해후교육 단계로 "초대될" 때, 그들은 실제로 예전에 분석한 것을 합성한 자료를 다시 분석합니다. 비사우 지역의 지도자들도 이러한 지침서를 만드는 데 기여했습니다. 지침서 담당 팀은 그룹별로 지도자를 모아서 하나하나의 자료를 살펴보았습니다. 이러한 방식으로, 지도자들은 지침서의 글을 스스로 개발하는 것뿐만 아니라, 글의 내용들을 개발하는 과정에 참여하면서, 문해후교육 프로그램의 다음 단계를 준비시키는 훈련 과정에 참여할 수 있었습니다. 지도자의 중요한 과제는 학습자와 지도자가 새롭게 분석하도록 하는 도구로서 지침서의 글을 사용하는 것입니다. 이러한 가르침과 배움의 모델이 가진 실제 위험 중 하나는 지침서의 글 자체가 일종의 "독해 수업"이 될 수 있다는 것입니다. 즉, 글이 나타내는 현실의 구조를 관통하는 투쟁의 대체물로서 독해 수업이 이루어 질 수 있다는 것입니다. 이러한 이유로, 지도자의 훈련과, 그들의 실제 수행을 다루는 평가 세미나를 통한 지속적인 재훈련이 매우 강조되고 있습니다.

FARP의 문해후교육 분야에서는, 명백한 함의를 가지고 시행된 실험이 하나 있습니다. 그것은 FARP와 교육위원회 간의 긴밀한 협력의 결과물입니다. 200명의 군인들이 참여하며 처음으로 읽기와 쓰기를 배웠고, 그것은 황야의 한가운데서 자유를 위한 투쟁 중에 진행됐습니다. 국가의 완전한 독립 이후 문해 프로그램에 참여한 200명의 군인들은 투쟁 중 교육을 통해 보통 FARP가 강조하는 문해후교육으로 넘어가는 과도기적 단계로 빠르게 넘어갈 수 있었습니다.

줄리오 드 카르발류는 다음과 같이 말했습니다. "이 프로젝트는 우리에게 평가를 할 수 있는 기회를 줬습니다. 그것은 전통적이지 않은 방법이었고, 동지들의 지식의 세계로 들어갈 수 있게 했으며 그들이 현실을 어떻게 바라보는지를 이해할 수 있게 했습니다. 거기에는 아프리카의 현실이 있었고, 그들의 정치적 의식의 단계를 발견하고 국가 재건의 투쟁에서 그들 스스로가 가지고 있는 책임감과 같은 것이 포함되었습니다. 아주 만족스러운 결과를 이끌어 낸 그 평가 이후에 200명의 동지들은 준비과정과 같이 아주 강도 높은 과정에 참여하기 시작했습니다. 하지만, 그 내용은 이 과정에서 보통 배우는 것 이상의 것을 다루기도 했습니다."

이 프로젝트는 교육위원회와 FARP가 두 번째 큰 우려라고 여겼던 내용을 보여주고 있습니다. 가장 중심적인 문제는 타당한 방법을 찾는 것입니다. 그것은 국가 안에서 꾸준한 가능성을 가지고 있어야 하고 FARP의 구성원들이 시작한 문해 학습의 연장을 위한 것이어야 합니다. 효과성을 높이기 위해, 이러한 방법은 군대에 있을 때나 혹은 제대 후에도 지속 가능한 것이어야 하며 그것은 농업과 산업에서도 생산적인 활동으로 포함되어야 합니다. 이것은 자연스럽게 FARP와 정당, 그리고 정부가 세 번째로 고민하는 것이 되었습니다. 그것은 이전 군인들이 다른 활동을 할 수 있도록 하는 적절한 재교육에 대한 질문이었습니다.

여기서 줄리오 드 카르발류의 말을 빌려 옵니다. "제대한 군인 대부분을 생산 활동을 위해 교외 지역으로 보낼 것입니다. 그 이유는 농업이 우리의 주요 활동이기 때문입니다. 그러나, 여전히 중소 규모의 산업들이 있습니다. 예를 들면, 설탕 정제와 같은 것이 있고, 제대한 군인들 중 몇몇은 그쪽 산업으로 합류하게 될 것입니다. 이번 달 (1997년 3월) 우리는 시범사업으로 생산협동조합을 설립하는 첫 번째 그룹을 만들었습니다. 우리는 전체적인 과정 안에서 생산과 교육, 일과 공부의 통합을 꾸준히 강조할겁니다. 우리는 이 전역 군인들이 수확 준비나 다른 농사일, 사탕수수를 심는 일, 과수 재배와 쌀농사와 같은 일에 참여토록 준비시키는 것에 높은 관심을 가지고 있습니다. 따라서 우리는 이 생산협동조합을 아이들과 젊은이들을 위한 비슷한 종류의 투자를 개발하기 위한 일종의 실험으로 보고 있습니다. 이러한 실험들은 자연스럽게 학교와 생산 활동 사이에 다리를 놓을 것입니다. 농업, 보건, 교육위원회들은 이 실험에 높은 관심을 가지고 우리에게 협조하고 있으며, 우리는 PAIGC의 정신을 이어나가고 또한 교육위원회가 국가적 차원에서 진행해 나가고 있는 프로그램과도 긴밀하게 연결되어 있습니다.

덧붙여 줄리오 드 카르발류는 다음과 같이 말합니다. "만약 우리가 이 실험을 성공한다면, 올해가 마무리 될 때 즈음 변화가 필요한 다른 지역에도 적용할 수 있는 유용한 모델을 갖게 될 것입니다."

학습자를 위한 연습장

다시 성인문해교육의 논의로 돌아가서, 학습 교구 준비에 관해 말해 보겠습니다. 제가 여러 차례 말했듯이 문화적 행동으로써 문해교육은 이전에 존재하던 전통적인 지침을 사용할 수 없습니다. 그 대신에, 연습장이 준비되었습니다. 마리오 카브랄의 제안에서 이것은 노 핀차(Nô Pintcha)라고 불리고 대중교육을 위한 첫 번째 연습장을 의미합니다. 이것은 나와 엘자가 상투메 프린시페에서 사용하기를 제안했던 것과 같은 맥락의 일입니다. 물론, 이것은 기니비사우 공화국에서의 현실적인 삶에 순응한 형태였습니다.

이것은 두 부분 혹은 두 "순간"으로 나뉘고, 서로는 극적으로 연결되어 있습니다. 노 *핀차*에는 세 가지 목적이 있습니다. 학습자에게 그들의 창의성을 자극함과 동시에 학습의 과정 가운데 지지와 더 나은 보호를 제공하기 위함입니다. 또 다른 하나는 가능한 한 쉽고 빠르게 문해후교육 단계로 넘어가게 하기 위함입니다. 마지막으로, 지도자들의 정치적이고 교육적인 일을 돕기 위함입니다.

우리는 노 *핀차*의 두 "순간"을 차례대로 분석할겁니다. 첫째로, 학습자들은 기호에서 나타나는 현실을 "읽고", "또 읽는" 과정에서 사용되는 언어적 기호들을 읽고 쓰는 경험을 시작합니다. 이 순간에는 많은 관심이 요구됩니다. 생성어가 의미하는 바를 해석해야 하고 기호화된 상황을 학습자가 그들의 비판적인 분석을 통해 입으로 표현한 것을 알아내야 합니다.

따라서 노 *핀차*의 첫 번째 단계는 모든 생성어를 포함합니다. 기니에서는 총 스무개의 단어가 있고 이것들은 기호와 연관되어 있습니다. 처음 아홉 개의 단어들은 기호화 외에는 아무것도 없으며, 생성어는 이 기호화를 바로 따라가면서 기호화를 참고합니다. 그리고 단어는 음절들로 해체됩니다. 그러고 나서 두 장의 빈 종이가 학습자의 창의성을 끌어내는 역할을 합니다. 그 곳에는 학습자들이 음절의 결합으로 창의적으로 단어들을 써 넣을 겁니다. 이후에 그들은 그것들을 조금씩 구성하고 문구를 만들고 문장을 만들 수 있게 될 겁니다.

창의적인 경험을 가진 학습자들에게는 그들 스스로의 현실을 해석하는 활동 안에서 어느 정도의 필수적인 시간이 허용됩니다. 그들은 생성어를 분석할 뿐만 아니라 그것의 양상을 이해하는 데 입문하게 됩니다. 그들은 어떻게 생성어를 음절들로부터 분리시킬 수 있는지를 배웁니다. 또한 통합의 순간에는 그들이 다른 단어들을 발견한 이후에 다시 생성어로 결합시켜놓습니다. 혁명적 관점에서 볼 때, 문화적 활동으로서의 문해교육은 학습자들이 활동적인 주체가 되는 배움의 활동이라 할 수 있습니다.

오직 9개에서 10개의 생성어만이 제가 말하는 학습자의 "첫 번째 책"에서 나타납니다. 심지어는 이 표현들이 노트의 어디에도 쓰여 있지 않을 수 있습니다. 이것은 단어들로 만들어진 간단하고 직접적인 문장입니다. 이 중에 어떤 것도 9개의 생성어가 제안하는 조합 밖에 있을 가능성은 없습니다. 마지막 분석에서, 이 간단한 문장은 접근이 용이한 언어로 쓰인 기호화입니다. 그리고 그것은 그 자체로서 인정을 받아야 합니다. 그것은 단순히 독해 연습을 위해서 연습장에 쓰인 것이 아닙니다. 전통적인 문해 교실에서와 같이 암기를 위하거나 단순한 반복을 위한 것도 아닙니다. 대신에 학습자들이 처음으로 비판적 읽기 속에서 의미의 표면 구조를 넘어서 심층 구조에 도달하고, 이를 통해 글과 글의 사회적 맥락의 관계를 이해하는 연습을 할 수 있도록 의도되었습니다.

이 시점까지 학습자들은 사진과 그림의 해석을 통해 현실을 "읽는" 경험을 하게 될 것입니다. 현재 그들은 같은 방식으로 글을 통해 현실을 "읽고" 있습니다. 이러한 이유로 글을 독해하는 것에 큰 의미를 두는 것입니다. 이것은 학습자들에 의해 구두로 "다시 쓰일" 수 있습니다.

열 번째에서 열네 번째 생성어에도 동일한 과정이 적용됩니다. 기호화와 생성어가 나타내는 것, 생성어로부터 구별되는 것, 그리고 두 장의 빈 종이입니다.

학습자들은 그들만의 단어를 만들어내는 문화 써클의 창의적 활동에 고무되고, 첫 번째 글을 읽은 것에 자극을 받습니다. 학습자들은 이 시점이 되면 빈 종이에 단어뿐 아니라 짧은 글도 쓰기 시작할 수도 있습니다. 그리고 이들은 그렇게 하도록 격려되어야 합니다.

열네 번째와 열다섯 번째 생성어 사이에는 첫 번째 문장보다는 조금 더 어렵고 긴 두 번째 문장이 소개됩니다. 이 또한 비판적 분석 대상이 되며 학습자들에 의해 구두로 "다시 쓰이게" 됩니다.

이제 그들은 44개의 단어들을 익혔고 두 문장을 읽을 수 있게 됐습니다. 학습자들은 문화 써클이 열리는 장소의 현실과 밀접하게 관련되도록 계속해서 발명되고 재발명되어야 하는 창의적인 연습을 할 준비가 되었습니다. 비사우나 다른 도시 지역 센터의 학습자 중에 적절한 예를 들어 말하자면, 그들은 이제 그들의 연습장에 정당의 슬로건이나 건물의 벽에 붙어 있는 포스터와 글귀들을 적게 되었습니다. 그들은 학습자와 지도자들에 의해 수집된 자료를 노 *핀차* 신문에 실을 수 있으며, 이 자료는 문화 써클에서 소리 내서 읽고 분석하는 대상이 될 것입니다.

이런 방식으로 진보는 일어납니다. 이 진보는 맥락과 관련된 텍스트를 읽고 사진과 그림을 해석함으로써 실재에 관한 '읽기'들을 통합하는가 하면, 글쓰기 실천으로 이러한 '읽기'에 대한 기호화와 해독 간의 통합을 통하여 만들어집니다. 다른 한편으로 연습장이 불러일으킬 수 있는 동기로 시작하는 것과 조정위원회, 노 *핀차* 신문, 국영 라디오 사이의 밀접한 협력의 가능성을 연구하는 것은 아주 중요합니다. 이와 같은 종류의 협력은 상투메와 프린시페에서 현재 연구되고 있습니다.

문화 써클의 학습자와 지도자들에게 할애되는 신문의 한 면은 아주 유용할 수 있습니다. 그러한 페이지는 문화 써클에서 일어나고 있는 새로운 뉴스를 전달할 수 있을 것입니다. 예를 들면, 진전 상황, 학습자들의 문제, 그리고 이들 가운데서 발견할 수 있었던 해법들 등, 혹은 학습자들에 의해 작성된 간단한 기사나 혹은 국가적 이해관계에 관련된 특정한 주제에 대해서 토론했던 내용을 일부 간추려 실을 수 있을 것입니다. 그러한 페이지는 연습장이 학습자들에게 줄 수 있는 것이 무엇인지 잘 알게 해 줄 것입니다. 연습장은 학습자들에게 더 많은 독서 자료들을 제공하고, 자신들에 관한 자료, 그리고 자신들이 말하도록 할 수 있는 수단을 제공해 줄 것입니다.

라디오가 운영되는 한, 모든 것이 가능합니다. 문화 써클에서 일어나고 있는 어떤 논쟁들을 방송하는 프로그램이 있을 수 있지요. 또는 조정위원회는 그 녹음된 논쟁들을 분석하여, 청취자들이 자신의 집, 거리, 이웃에서 문화 써클을 조직할 수 있도록 새로운 프로그램을 만들어낼 수도 있을 것입니다.

아마 "당신 가정의 문화 써클"로 이름붙일 수 있을 그런 프로그램은 라디오 방송으로 먼저 송출되고, 나중에 문화 써클 본부 혹은 당 사무소로부터 적어도 비사우의 다른 도시민들에게 확성기를 통하여 전달될 수 있을 것입니다. 그러한 프로그램은 그 지역 인구들의 정치적 의식 형성에 기여할 것입니다.

연습장의 가장 첫 부분에 두 가지 내용의 글이 더 있습니다. 열여덟 번째와 열아홉 번째 생성어 사이에 하나가 있고, 스무 번째와 마지막 단어 사이에 다른 하나가 있습니다. 두 개 모두 아밀카 카브랄에게서 온 것들로, 두 번째 것은 기니와 카보 베르데의 통일에 관한 문제를 다루고 있습니다.[29]

연습장의 두 번째 부분은 학습자들을 확실히 문해교육과 문해후교육 사이의 전환 단계에 위치시킵니다. 저는 여기서 어떤 방법론적인 면에 대해 이야기하는 것이 아닙니다. 즉, 어떻게 학습을 강요할 수 있을 것인가 하는 점, 단어를 익숙하게 할 수 있도록 돕는 것들, 혹은 조기 학습의 어려움을 극복할 수 있도록 돕는 것들 말입니다. 이러한 것들은 모두 학습자들이 읽고 쓰는 데 필요한 것이면서 그들이 자신들의 탐색에 있어 한 단계 더 뛰어오르기 시작할 때 활용될 수 있는 훈련들이지요.

요약해보자면, [민중교육 연습장 제 1권]의 두 번째 부분은 동기 부여를 목적으로 하여 두세 가지 부분의 한 텍스트에서 소개되고 있습니다. 이 단계부터는 아무런 생성어 없이 여덟 가지의 기호화를 담고 있습니다. 아무것도 쓰여지지 않은 백지가 몇 장, 그리고 저항의 형태에 관한 아밀카 카브랄의 경제적, 정치적, 문화적, 그리고 군사적 형태의 저항에 대한 네 가지 글로 이어지고 있지요.

여덟 가지 기호화는 사진들입니다. 몇몇은 아주 아름답습니다. 모든 것은 여덟 가지 국가의 "생성 주제"와 관련되어 있습니다. 국가 재건이란 과업에 있어 생산, 방어, (형식. 비형식) 교육, 보건, 문화, 그리고 노동자

---

29 IDAC 팀의 미구엘 다르시 드 올리베이라(Miguel Darcy de Oliveira)가 제안한 바에 따르면, 연습장의 처음 4페이지는 기호화를 위한 공간과 생성어들로부터 끄집어낸 음절어군일 뿐이라고 합니다. 문화 써클 하나가 어떤 기호화와 생성어를 더하거나 대체하려고 할 때마다, 문화 써클은 백지 공간에 무언가를 채움으로써 이를 행할 수 있습니다.

의 역할(소작농, 도시 근로자, 여성 및 청소년 노동자) 등입니다.

아밀카 카브랄의 글들은 사진에 나타나 있는 것들의 해독이라는 제안도 없이 기호화들로만 서로 엮여 있습니다. 해독은 학습자들과 지도자 모두의 과제입니다. 말로 풀어내는 것을 먼저 하고, 나중에 글로 옮깁니다. 문해교육과 문해후교육 사이의 이행 과정에서, 학습자들은 자신들의 학습을 계속 심화시키고, 동시에 자신들의 의견을 말과 글로 전달하는 능력을 강화해 나갑니다.

이 단계 동안 생산되는 자료들은 학습자들이 뭔가 그려내는 방식의 표현력뿐만 아니라 국가적 실재에 대한 이해를 드러내는 데에 있어 풍성합니다.

문화 써클에서 배태되어 [민중교육 연습장 제 1권]에 실려 있는 이러한 글들의 일부는 몇 년 전 몬테비데오(Monte Video) 민중들 사이에서 배태되어 [당신의 능력대로 살아간다]라는 이름으로 출간된 아름다움과 힘으로 넘쳐나는 책과 아주 유사한 "민중"들의 첫 번째 집단 작품이 될 수 있습니다. 아마도 그 책은 현재 몬테비데오에서 금서 목록에 올라있을 것입니다.

연습장은 조정위원회의 지도하에 비사우 전 지역에 준비되어 있습니다. 모든 글들이 선정, 편집, 그리고 완전히 엮어지고 나면, 마리오 카브랄 위원과 당 조직비서인 호세 아라우호(José Araujo) 동지에게 제출될 것입니다. 호세 아라우호 동지는 모든 출판에 대해서 최종 결정 권한과 책임을 가지고 있는 사람이지요. IDAC 팀의 클라우디우스 세콘은 마지막으로 예술적 감각을 더하여 편집할 것입니다. 일련의 조직화된 그래픽들과 사진들의 배치, 그리고 타이핑 작업 등이 이루어질 것입니다.

모든 지시사항들은 이 작업이 진전되고 문해후교육 단계가 요구되면 다른 연습장들이 첫 번째로 따르게 될 것입니다. 기니비사우팀은 연습장 제 1권을 활용한 경험을 통해 앞으로 일어날 일들에 대비할 수 있을 것입니다.

---- 코(Có) 지역의 막심 고리키 센터 방문

이 후기에는 엘자, 줄리오 드 산타 아나, 헤굴라(Regula), 스위스로부터 함께 온 사진사, 그리고 내가 코 지역의 막심 고리키 센터를 마지막으로 방문했던 내용을 결코 빼놓을 수 없습니다. 우리는 거기서 공부하고 있는 60여 명의 교사 및 이들을 가르치고 있는 교수진과 함께 3일 동안 지냈습니다.

그들과 함께 지내는 동안 저는 이 센터에 대해서 이전에 제가 이야기했었던 것들을 평가하는 데 관심이 있었습니다. 저는 이 책의 서문 초안을 가지고 가, 그 짧은 시간 동안 그들에게 아주 조심스럽게 읽어 주었습니다.

제가 작성한 모든 근본적 사안들이 프로그램에 참가한 지도자들과의 대화 및 농업 지대를 방문했던 것에서 확인될 수 있었다는 점에서 대단히 만족스러웠습니다. 모든 사람들이 육체적 노동에 참여하기 시작하는 아침 여섯 시에 갖는 즐거운 혼란스러움, 세넨갈과 그리 다르지 않은 언어적 문제에도 불구하고 문화 써클이 계속해서 기능하고 있는 센터 주위의 거주지를 방문하는 것, 그들의 삶과 역동적 토론에 의해 깊은 감명을 받으며 가졌던 정기적 세미나 등, 이 모든 것들은 제가 이전에 이 센터에 대해서 가졌던 열의를 새삼 확인시켜 주었습니다.

뭔가 새롭고 지극히 흥미로운 일이 시작되었습니다. 또 다른 스위스 여성(그녀의 이름도 우연하게 '헤굴라'였네요)이 그 지역의 문화적, 역사적 측면에 대해 조사하면서 그들과 함께 일하고 있었습니다. 우선, 그곳 어르신들의 이야기와 기억을 녹취하고, 그곳 사람들의 집단 기억을 채록하고 있었습니다.

저희는 코 지역의, 학생과 교사 모두의 회합에 참여했습니다. 저는 코 지역에서의 경험을 기술한 이 책 서문 초안 몇 페이지를 읽었습니다. 그리고 나서 일반적인 대화를 이어나갔습니다. 대화의 주제는 해방 투쟁 기간 동안 오래된 해방촌에서 시작되고 발전해온 교육적 경험의 연속선상의 일부로서 센터를 이해하는 것으로 점진적으로 모아져 갔습니다. 그리고 토론의 주제는 아밀카 카브랄로 돌아갔습니다. 그들은 아밀카 카브랄이 현존하는 것처럼, 단지 과거 하나의 신화로서가 아니라 그들에게 현재 실재하는 것처럼, 느끼고 있다는 인상을 주었습니다. 그들은 아주 특이한 비전을 이야기했지요. 카브랄이 미래에 일어날 일을 예언하는 능력과 그의 꿈과 그의 영향 등에 대해서 말이지요.

"아밀카 카브랄은 죽지 않았습니다. 그는 우리 속에서 계속 살아 있습니다." 한 참석자가 이야기했습니다. "그가 말한 모든 것은 우리의 노동 속에서 매일 매일 새롭게 태어나고 있지요. 그가 꿈꾸어 온 많은 것들(민중의 꿈, 곧 우리들의 꿈)이 지금 실현되고 있습니다. 적들은 전 세계에 카브랄의 죽음을 뉴스로 보도하였습니다. 아마도 PAIGC도 끝이 나리라 생각하였을 것입니다. 그러나 PAIGC는 죽지 않습니다. 카브랄은 죽지 않았습니다. 우리는 모두 카브랄입니다."

저는 코 지역의 모든 곳에서 이와 같은 군인 정신을 만나고 있습니다. 이는 가장 주요한 활동 속에서 가장 창의적으로 존재하고 있습니다. 말끔하게 정리된 센터의 테라스와 아침부터 밤까지 보살펴지는 바나나 농장을 통해 이러한 군인 정신을 확인할 수 있었습니다. 또한 각자의 방이 정결한 모습과 모두가 먹을 빵을 위한 밀을 빻는 데에서, 설거지를 하는 것과 모든 세미나에 열성적으로 참여하는 것에서 확인할 수 있었습니다. 여기에는 팀으로 함께 일하는, 즉 일치의 정신이 있습니다. 이 팀에는 소외도 아무런 특권도, 그리고 타인을 억압할 그 어떤 권한도 있을 수 없습니다. 민중 및 국가 재건 투쟁과 관련되어 센터의 사람들은 사회적, 정치적 책임을 표출하고 있습니다.

이 페이지를 코 지역 센터의 한 교수의 말을 인용하면서 끝맺는 것이 가장 좋을 것 같습니다. 그의 아주 간략한 코멘트는 센터를 특징짓는 아름다운 참여의 정신, 창의적 훈련, 그리고 헌신을 잘 표현하고 있습니다. "우리 모두는 센터 '안'에서 센터'에 대해' 책임이 있습니다." 그는 우리에게 다른 어떤 코멘트 없이 이 이야기를 했습니다.

맺는 말

맺는 말

　예외 없이, 저의 모든 책은 제가 청년 시절 이후 관여해왔던 정치-교육 활동의 어떤 단계를 보고하고 있습니다. 어떤 것은 이미 종료된 경험이고, 그리고 어떤 것은 여전히 일어나고 있는 경험이었습니다. 「과정으로서의 교육: 기니비사우에 보내는 프레이리의 편지」는 이러한 책들 중에서 가장 분명할 것입니다. 이 제목으로 시작할 수밖에 없는 것이지요. 도입과 후기는 편지의 맥락을 보여주고, 편지가 어떻게 쓰이게 되었는지 설명하고 있습니다.

　이 책에서 기술된 내용을 경험하면서, 제 주장의 깊이를 더하고, 이미 주어졌거나 이들의 일부라도 교정할 수 있는 분석을 심화시킬 수 있는 경험을 계속 보고해야 한다는 의무감이 있었습니다. 그것에 기니비사우에서의 작업에 관한 이 첫 번째 보고서에서 다루어지지 않은 것들을 담을 것입니다.

　제가 돌아가고자 하는 요점은 언어에 관한 것입니다. 기니비사우의 경험에 제가 깊이 들어가면 들어갈수록, 저는 이 문제가 점점 더 중요하다고 생각하게 됩니다. 아주 다른 환경에서는 아주 다른 대응이 요구됩니다. 사실상, 언어는 식민주의에서 스스로 해방되고 신식민주의로 빠져드는 것을 거부하기 위해 스스로 재창조하려는 탐색이 이루어지는, 모든 사회에서 피할 수 없는 중요한 과제입니다. 사회를 재창조하려는 투쟁에서 민중들이 자기 스스로의 말을 재정복하는 것은 가장 중요한 요인입니다.

찾아보기

인명색인

공역자 약력

유성상 (교수, 서울대학교 교육학과)

방용환 (교수, 건양사이버대학교)

장은정 (교육전문관, 한국국제협력단[KOICA])

이정민 (연구원, (미) International Rescue Committee)

이한별 (전문연구원, 한국직업능력개발원)

이은혜 (박사수료, 서울대학교 글로벌교육협력)

과정으로서의 교육: 기니비사우에 보내는 프레이리의 편지

초판발행   2020년 2월 28일
중판발행   2020년 8월 10일

지은이   파울로 프레이리
옮긴이   유성상·방용환·장은정·이정민·이한별·이은혜
펴낸이   노 현

편 집   배근하
기획/마케팅   이선경
표지디자인   이미연
제 작   우인도·고철민

펴낸곳   ㈜ 피와이메이트
           서울특별시 금천구 가산디지털2로 53 한라시그마밸리 210호(가산동)
           등록 2014. 2. 12. 제2018-000080호
전 화   02)733-6771
f a x   02)736-4818
e-mail   pys@pybook.co.kr
homepage   www.pybook.co.kr
I S B N   979-11-90151-01-6   93370

* 잘못된 책은 바꿔드립니다. 본서의 무단복제행위를 금합니다.
* 역자와 협의하여 인지첩부를 생략합니다.

정 가   17,000원

박영스토리는 박영사와 함께하는 브랜드입니다.